教育部高等学校机械类专业教学指导委员会规划教材

现代电动汽车原理与设计

邓 涛 主 编
尹燕莉 副主编

清华大学出版社
北京

内 容 简 介

本书主要分析了纯电动汽车、混合动力电动汽车、插电式混合动力电动汽车、增程式电动汽车、燃料电池电动汽车等电动汽车的技术与研究概况，通过列举市场上应用最为广泛的典型实例，对不同类别电动汽车的结构形式和种类加以介绍，并探讨了具有不同特点的电驱动系统和储能装置形式。为进一步细化各类电动汽车的设计过程，从工作模式分析、控制策略研究、设计目标与要求、参数设计过程以及设计实例列举与仿真分析等五个方面加以详细讲述。本书可作为普通高等院校车辆工程专业电动汽车和新能源汽车方向的专业基础课和专业选修课教材，也可供从事新能源汽车、电动汽车研发的技术人员参考。

版权所有，侵权必究。举报电话：010-62782989，beiqinquan@tup.tsinghua.edu.cn。

图书在版编目（CIP）数据

现代电动汽车原理与设计/邓涛主编. —北京：清华大学出版社，2019（2025.3重印）
（教育部高等学校机械类专业教学指导委员会规划教材）
ISBN 978-7-302-52846-3

Ⅰ. ①现… Ⅱ. ①邓… Ⅲ. ①电动汽车－基础理论－高等学校－教材 ②电动汽车－设计－高等学校－教材 Ⅳ. ①U469.72

中国版本图书馆CIP数据核字（2019）第082683号

责任编辑：许　龙
封面设计：常雪影
责任校对：赵丽敏
责任印制：杨　艳

出版发行：清华大学出版社
网　　址：https://www.tup.com.cn，https://www.wqxuetang.com
地　　址：北京清华大学学研大厦A座
邮　　编：100084
社 总 机：010-83470000
邮　　购：010-62786544
投稿与读者服务：010-62776969，c-service@tup.tsinghua.edu.cn
质量反馈：010-62772015，zhiliang@tup.tsinghua.edu.cn

印 装 者：涿州市般润文化传播有限公司
经　　销：全国新华书店
开　　本：185mm×260mm　　印　张：13　　字　数：312千字
版　　次：2019年6月第1版　　印　次：2025年3月第5次印刷
定　　价：39.80元

产品编号：080553-02

前　言
FOREWORD

　　能源紧缺、交通拥堵、环境污染使汽车产业可持续发展面临诸多制约因素。节能减排、动力升级推动汽车技术不断创新，以电动汽车为特色的新能源汽车技术的推广成为必然。作为当前汽车产业发展的重要方向，电动汽车包括了纯电动汽车、混合动力电动汽车、插电式混合动力电动汽车、增程式电动汽车、燃料电池电动汽车等多种类型。电动汽车的技术核心是要实现其动力性、经济性、安全性等多个方面的平衡。因此，了解各种类型电动汽车的结构形式、工作原理、设计方法、控制策略及其储能装置的特点对于设计制造出满足多种性能的电动汽车尤为重要。

　　本书基于目前电动汽车的发展，从构型、原理与设计三个方面阐述了电动汽车的技术与发展。全书分为9章。第1章简要介绍了发展电动汽车的必要性以及电动汽车的定义、分类、关键技术、发展现状与趋势。第2章首先分析了各种类型电动汽车的基本结构和工作原理，然后探讨了具有不同特点的电驱动系统和储能装置形式，为更好地说明不同种类电动汽车的结构形式和应用，在每一节后列举了几个市场应用最为广泛的典型实例。第3~9章从工作模式分析、控制策略研究、设计目标与要求、参数设计过程以及设计实例列举与仿真分析等五个方面详细分析了从纯电动汽车到燃料电池汽车等多种电动汽车的设计过程。本书可作为普通高等院校车辆工程专业电动汽车和新能源汽车理论与技术等研究方向的专业基础课和专业选修课教材，也可供从事电动汽车技术研发的专业技术人员阅读。

　　本书由重庆交通大学机电与车辆工程学院邓涛教授、尹燕莉博士等编著，参加编写的还有研究生唐鹏、李鑫、冉艳、罗远平、苏振华、邓彪、张国栋、谭海鑫，同时实验室的赵柯、许辉、张露、邓凇也为本书提供了相关资料并进行了部分编写工作。在本书完稿之际，对书中所引参考文献的作者，以及由于编者疏漏而未注明参考文献的作者致以衷心的感谢！

　　电动汽车技术覆盖知识面广，涉及机械、电子、电力、微机控制等多方面技术。由于编者学识有限，书中不妥或错误之处在所难免，恳请读者提出宝贵建议，以便修订时予以纠正。

编者
2019年1月

目 录
CONTENTS

第1章 绪论 ··· 1
  1.1 发展电动汽车的必要性 ································ 1
  1.2 电动汽车的定义和分类 ································ 2
    1.2.1 电动汽车的定义 ································ 2
    1.2.2 电动汽车的分类 ································ 2
  1.3 电动汽车的关键技术 ·································· 4
    1.3.1 电池与电池管理系统技术 ························ 4
    1.3.2 驱动电机技术 ···································· 5
    1.3.3 电机控制技术 ···································· 5
    1.3.4 系统集成化技术 ································ 6
    1.3.5 材料工艺技术 ···································· 7
    1.3.6 汽车轻量化技术 ································ 8
  1.4 电动汽车的发展现状和趋势 ···························· 8
    1.4.1 发展现状 ·· 8
    1.4.2 发展趋势 ·· 14
  思考题 ··· 19
  参考文献 ··· 19

第2章 现代电动汽车构型和原理 ···························· 20
  2.1 纯电动汽车 ·· 20
    2.1.1 基本结构与工作原理 ···························· 20
    2.1.2 电驱动系统 ····································· 21
    2.1.3 储能装置形式 ···································· 26
    2.1.4 典型实例 ·· 31
  2.2 混合动力汽车 ·· 35
    2.2.1 串联式混合动力汽车 ···························· 37
    2.2.2 并联式混合动力汽车 ···························· 42
    2.2.3 混联式混合动力汽车 ···························· 52
  2.3 插电式混合动力汽车 ·································· 64
    2.3.1 基本结构与工作原理 ···························· 64

  2.3.2 电驱动系统与储能装置 ⋯⋯⋯⋯⋯⋯⋯⋯⋯⋯⋯⋯⋯⋯⋯⋯⋯⋯⋯⋯⋯⋯ 66
  2.3.3 典型实例 ⋯⋯⋯⋯⋯⋯⋯⋯⋯⋯⋯⋯⋯⋯⋯⋯⋯⋯⋯⋯⋯⋯⋯⋯⋯⋯⋯ 67
 2.4 增程式电动汽车 ⋯⋯⋯⋯⋯⋯⋯⋯⋯⋯⋯⋯⋯⋯⋯⋯⋯⋯⋯⋯⋯⋯⋯⋯⋯⋯⋯⋯ 73
  2.4.1 基本结构与工作原理 ⋯⋯⋯⋯⋯⋯⋯⋯⋯⋯⋯⋯⋯⋯⋯⋯⋯⋯⋯⋯⋯⋯ 73
  2.4.2 电驱动系统 ⋯⋯⋯⋯⋯⋯⋯⋯⋯⋯⋯⋯⋯⋯⋯⋯⋯⋯⋯⋯⋯⋯⋯⋯⋯⋯ 74
  2.4.3 储能装置 ⋯⋯⋯⋯⋯⋯⋯⋯⋯⋯⋯⋯⋯⋯⋯⋯⋯⋯⋯⋯⋯⋯⋯⋯⋯⋯⋯ 75
  2.4.4 典型实例 ⋯⋯⋯⋯⋯⋯⋯⋯⋯⋯⋯⋯⋯⋯⋯⋯⋯⋯⋯⋯⋯⋯⋯⋯⋯⋯⋯ 76
 2.5 燃料电池汽车 ⋯⋯⋯⋯⋯⋯⋯⋯⋯⋯⋯⋯⋯⋯⋯⋯⋯⋯⋯⋯⋯⋯⋯⋯⋯⋯⋯⋯⋯ 78
  2.5.1 基本结构与工作原理 ⋯⋯⋯⋯⋯⋯⋯⋯⋯⋯⋯⋯⋯⋯⋯⋯⋯⋯⋯⋯⋯⋯ 79
  2.5.2 电驱动系统 ⋯⋯⋯⋯⋯⋯⋯⋯⋯⋯⋯⋯⋯⋯⋯⋯⋯⋯⋯⋯⋯⋯⋯⋯⋯⋯ 82
  2.5.3 储能装置 ⋯⋯⋯⋯⋯⋯⋯⋯⋯⋯⋯⋯⋯⋯⋯⋯⋯⋯⋯⋯⋯⋯⋯⋯⋯⋯⋯ 86
  2.5.4 典型实例 ⋯⋯⋯⋯⋯⋯⋯⋯⋯⋯⋯⋯⋯⋯⋯⋯⋯⋯⋯⋯⋯⋯⋯⋯⋯⋯⋯ 87
思考题 ⋯⋯⋯⋯⋯⋯⋯⋯⋯⋯⋯⋯⋯⋯⋯⋯⋯⋯⋯⋯⋯⋯⋯⋯⋯⋯⋯⋯⋯⋯⋯⋯⋯⋯⋯⋯⋯ 90
参考文献 ⋯⋯⋯⋯⋯⋯⋯⋯⋯⋯⋯⋯⋯⋯⋯⋯⋯⋯⋯⋯⋯⋯⋯⋯⋯⋯⋯⋯⋯⋯⋯⋯⋯⋯⋯ 90

第3章 纯电动汽车设计 ⋯⋯⋯⋯⋯⋯⋯⋯⋯⋯⋯⋯⋯⋯⋯⋯⋯⋯⋯⋯⋯⋯⋯⋯⋯⋯⋯ 92

 3.1 工作模式和控制策略 ⋯⋯⋯⋯⋯⋯⋯⋯⋯⋯⋯⋯⋯⋯⋯⋯⋯⋯⋯⋯⋯⋯⋯⋯⋯ 92
 3.2 设计目标和要求 ⋯⋯⋯⋯⋯⋯⋯⋯⋯⋯⋯⋯⋯⋯⋯⋯⋯⋯⋯⋯⋯⋯⋯⋯⋯⋯⋯ 93
 3.3 参数设计 ⋯⋯⋯⋯⋯⋯⋯⋯⋯⋯⋯⋯⋯⋯⋯⋯⋯⋯⋯⋯⋯⋯⋯⋯⋯⋯⋯⋯⋯⋯ 94
  3.3.1 电动机参数设计 ⋯⋯⋯⋯⋯⋯⋯⋯⋯⋯⋯⋯⋯⋯⋯⋯⋯⋯⋯⋯⋯⋯⋯⋯ 94
  3.3.2 传动系统传动比 ⋯⋯⋯⋯⋯⋯⋯⋯⋯⋯⋯⋯⋯⋯⋯⋯⋯⋯⋯⋯⋯⋯⋯⋯ 96
  3.3.3 电池组参数匹配 ⋯⋯⋯⋯⋯⋯⋯⋯⋯⋯⋯⋯⋯⋯⋯⋯⋯⋯⋯⋯⋯⋯⋯⋯ 97
  3.3.4 续驶里程 ⋯⋯⋯⋯⋯⋯⋯⋯⋯⋯⋯⋯⋯⋯⋯⋯⋯⋯⋯⋯⋯⋯⋯⋯⋯⋯⋯ 98
 3.4 设计实例和仿真分析 ⋯⋯⋯⋯⋯⋯⋯⋯⋯⋯⋯⋯⋯⋯⋯⋯⋯⋯⋯⋯⋯⋯⋯⋯⋯ 99
思考题 ⋯⋯⋯⋯⋯⋯⋯⋯⋯⋯⋯⋯⋯⋯⋯⋯⋯⋯⋯⋯⋯⋯⋯⋯⋯⋯⋯⋯⋯⋯⋯⋯⋯⋯⋯⋯ 104
参考文献 ⋯⋯⋯⋯⋯⋯⋯⋯⋯⋯⋯⋯⋯⋯⋯⋯⋯⋯⋯⋯⋯⋯⋯⋯⋯⋯⋯⋯⋯⋯⋯⋯⋯⋯ 104

第4章 串联式混合动力电动汽车设计 ⋯⋯⋯⋯⋯⋯⋯⋯⋯⋯⋯⋯⋯⋯⋯⋯⋯⋯⋯⋯ 105

 4.1 工作模式 ⋯⋯⋯⋯⋯⋯⋯⋯⋯⋯⋯⋯⋯⋯⋯⋯⋯⋯⋯⋯⋯⋯⋯⋯⋯⋯⋯⋯⋯⋯ 105
 4.2 控制策略 ⋯⋯⋯⋯⋯⋯⋯⋯⋯⋯⋯⋯⋯⋯⋯⋯⋯⋯⋯⋯⋯⋯⋯⋯⋯⋯⋯⋯⋯⋯ 107
  4.2.1 恒温器式控制策略 ⋯⋯⋯⋯⋯⋯⋯⋯⋯⋯⋯⋯⋯⋯⋯⋯⋯⋯⋯⋯⋯⋯⋯ 107
  4.2.2 功率跟随式控制策略 ⋯⋯⋯⋯⋯⋯⋯⋯⋯⋯⋯⋯⋯⋯⋯⋯⋯⋯⋯⋯⋯⋯ 108
 4.3 设计目标和要求 ⋯⋯⋯⋯⋯⋯⋯⋯⋯⋯⋯⋯⋯⋯⋯⋯⋯⋯⋯⋯⋯⋯⋯⋯⋯⋯⋯ 109
 4.4 参数设计 ⋯⋯⋯⋯⋯⋯⋯⋯⋯⋯⋯⋯⋯⋯⋯⋯⋯⋯⋯⋯⋯⋯⋯⋯⋯⋯⋯⋯⋯⋯ 109
  4.4.1 发动机-发电机额定功率 ⋯⋯⋯⋯⋯⋯⋯⋯⋯⋯⋯⋯⋯⋯⋯⋯⋯⋯⋯⋯ 109
  4.4.2 电动机功率 ⋯⋯⋯⋯⋯⋯⋯⋯⋯⋯⋯⋯⋯⋯⋯⋯⋯⋯⋯⋯⋯⋯⋯⋯⋯⋯ 112
  4.4.3 储能装置 ⋯⋯⋯⋯⋯⋯⋯⋯⋯⋯⋯⋯⋯⋯⋯⋯⋯⋯⋯⋯⋯⋯⋯⋯⋯⋯⋯ 115
  4.4.4 耦合装置 ⋯⋯⋯⋯⋯⋯⋯⋯⋯⋯⋯⋯⋯⋯⋯⋯⋯⋯⋯⋯⋯⋯⋯⋯⋯⋯⋯ 115
 4.5 设计实例和仿真分析 ⋯⋯⋯⋯⋯⋯⋯⋯⋯⋯⋯⋯⋯⋯⋯⋯⋯⋯⋯⋯⋯⋯⋯⋯⋯ 119

  4.5.1 电动机设计 ……………………………………………………………… 120
  4.5.2 齿轮传动比的设计 ……………………………………………………… 120
  4.5.3 爬坡能力检验 …………………………………………………………… 120
  4.5.4 加速性能检验 …………………………………………………………… 121
  4.5.5 发动机-发电机设计 …………………………………………………… 122
  4.5.6 峰值电源功率容量的设计 ……………………………………………… 124
  4.5.7 峰值电源能量容量的设计 ……………………………………………… 124
  4.5.8 耗油量 …………………………………………………………………… 125
思考题 ……………………………………………………………………………… 125
参考文献 …………………………………………………………………………… 126

第 5 章 并联式混合动力电动汽车设计 …………………………………………… 127
5.1 工作模式 ……………………………………………………………………… 127
5.2 控制策略 ……………………………………………………………………… 128
  5.2.1 基于规则的逻辑门限控制策略 ………………………………………… 129
  5.2.2 瞬时优化控制策略 ……………………………………………………… 129
  5.2.3 全局优化控制策略 ……………………………………………………… 130
  5.2.4 智能控制策略 …………………………………………………………… 131
5.3 设计目标和要求 ……………………………………………………………… 132
5.4 参数设计 ……………………………………………………………………… 132
  5.4.1 发动机 …………………………………………………………………… 133
  5.4.2 电动机 …………………………………………………………………… 134
  5.4.3 电池组 …………………………………………………………………… 136
  5.4.4 动力耦合装置 …………………………………………………………… 137
5.5 设计实例及仿真分析 ………………………………………………………… 137
  5.5.1 发动机基本参数 ………………………………………………………… 138
  5.5.2 驱动电动机参数 ………………………………………………………… 139
  5.5.3 电池参数设计 …………………………………………………………… 142
  5.5.4 动力耦合装置参数设计 ………………………………………………… 144
思考题 ……………………………………………………………………………… 144
参考文献 …………………………………………………………………………… 145

第 6 章 混联式混合动力电动汽车设计 …………………………………………… 146
6.1 工作模式 ……………………………………………………………………… 146
6.2 控制策略 ……………………………………………………………………… 149
  6.2.1 发动机恒定工作点控制策略 …………………………………………… 149
  6.2.2 发动机最优工作曲线控制策略 ………………………………………… 149
6.3 设计目标与要求 ……………………………………………………………… 149
6.4 参数设计 ……………………………………………………………………… 150

  6.4.1 发动机功率设计 ·· 150
  6.4.2 电动机驱动功率设计 ·· 150
  6.4.3 峰值电源设计 ·· 151
  6.4.4 电动机/发电机转矩和功率容量的设计 ·· 152
 6.5 设计实例及仿真分析 ·· 152
 思考题 ·· 155
 参考文献 ·· 155

第7章 插电式混合动力电动汽车设计 ·· 156
 7.1 工作模式 ··· 156
 7.2 控制策略 ··· 159
 7.3 设计目标与要求 ··· 159
 7.4 参数设计 ··· 160
  7.4.1 电动机 ··· 161
  7.4.2 发动机 ··· 162
  7.4.3 储能装置 ·· 162
 7.5 设计实例及仿真分析 ·· 163
  7.5.1 整车动力传动系统参数选择 ··· 164
  7.5.2 整车性能仿真分析 ··· 165
  7.5.3 仿真结果分析 ·· 167
 思考题 ·· 168
 参考文献 ·· 168

第8章 增程式混合动力电动汽车设计 ·· 169
 8.1 工作模式 ··· 169
 8.2 控制策略 ··· 171
 8.3 设计目标与要求 ··· 173
 8.4 参数设计 ··· 173
  8.4.1 发动机 ··· 173
  8.4.2 电动机 ··· 174
  8.4.3 动力电池 ·· 174
  8.4.4 传动系统 ·· 175
 8.5 设计实例 ··· 176
 8.6 仿真分析 ··· 178
 思考题 ·· 182
 参考文献 ·· 182

第9章 燃料电池电动汽车设计 ··· 183
 9.1 工作模式和控制策略 ·· 183

9.2 参数设计 …………………………………………………………………… 186
　　9.2.1 驱动电动机 ………………………………………………………… 186
　　9.2.2 传动系统传动比 …………………………………………………… 189
　　9.2.3 燃料电池 …………………………………………………………… 189
　　9.2.4 辅助动力源 ………………………………………………………… 191
9.3 设计实例及仿真分析 ……………………………………………………… 193
思考题 …………………………………………………………………………… 195
参考文献 ………………………………………………………………………… 196

第 1 章

绪　　论

1.1　发展电动汽车的必要性

我国汽车产销规模在过去 15 年间飞速增长,已连续 10 年稳居全球第一,成为汽车制造大国和最大的汽车市场。截至 2018 年年底,我国汽车产销量进一步增加,而汽车保有量也达到了 2.35 亿辆,居世界第二。汽车产业已成为国民经济重要的支柱产业,汽车也成为国民消费的重要领域。然而,汽车石油消耗占国内石油总需求的 70%,对外石油依存度达 65.4%,汽车尾气排放在我国城市大气污染中的分担率达 80% 以上。因此,汽车产业的持续健康发展必须突破石油资源短缺、环境污染、影响气候变化的瓶颈。在这一背景下,电动汽车成为当前国际公认的主要发展方向,也是我国从汽车大国到汽车强国的必由之路。

近 10 年来,以纯电动汽车(Electric Vehicle,EV)和插电式混合动力电动汽车(Plug-in Hybrid Electric Vehicle,PHEV)为代表的电动汽车已成为实现大规模生产、替代传统汽车能源动力系统的关注焦点。此外,电动汽车与智能电网、可再生能源的紧密结合,对促进我国电力产业的转型升级具有重要的意义。因此,发展电动汽车是我国高新技术创新的重要方向和汽车产业可持续发展的必然选择,其必要性可总结为以下几点:

(1) 发展电动汽车对调节、优化道路交通领域能源结构,缓解我国对进口石油的高度依赖,保障国家能源安全,具有非常重要的战略意义,同时也是汽车产业持续较快增长的根本保障。

(2) 我国经济发展已经并将长期受到来自环境污染、气候变化带来的严重制约,不少中心城市的空气污染、PM2.5 排放已经超出环境容量极限,一些城市已开始实施限制汽车消费和限制汽车使用的限购、限行政策,我国汽车产业发展遇到了环境的瓶颈。电动汽车中的纯电动汽车具有零排放,混合动力电动汽车(Hybrid Electric Vehicle,HEV)和插电式混合动力电动汽车等具有日常出行零排放和长距离出行低排放的卓越的环境友好特性。因此,大力发展电动汽车符合绿色发展的理念,是国际公认的汽车产业发展的战略选择。

(3) 电动汽车既是交通工具,又是分布式电能储备装置,它与智能电网的有机融合,具有实现"削峰填谷"的重要作用,有利于提升发电设备的利用效率,在重大灾害期间还可作为电力供给的重要补充。更重要的是,大力发展电动汽车,能够更加有效地利用风能、太阳能等可再生能源,有助于我国电力能源结构的清洁化和加强智能电网建设。

(4) 充电技术和充电基础设施是支撑电动汽车产业发展的必要条件。突破充电装备关键核心技术、多能源融合的电网智能控制技术,建设基于互联网的智能化服务体系,对实现汽车强国战略目标具有重要的支撑作用。

因此,电动汽车的发展不仅可以缓解石油资源短缺压力,也承载着解决日益突出的环境污染问题,以实现我国汽车产业结构调整、转型升级和汽车产业做大做强的历史使命。

1.2 电动汽车的定义和分类

1.2.1 电动汽车的定义

电动汽车是指汽车行驶的动力全部或部分来自电机驱动系统的汽车,它主要以动力电池组为车载能源,是涉及机械、电子、电力、微机控制等多学科的高科技产品。按照汽车行驶动力来源的不同,一般将电动汽车划分为纯电动汽车、混合动力(电动)汽车、插电式混合动力(电动)汽车、增程式(混合动力)电动汽车(Extended-Range Electric Vehicle,E-REV)和燃料电池(电动)汽车(Fuel Cell Electric Vehicle,FCEV)。

1.2.2 电动汽车的分类

1. 纯电动汽车

纯电动汽车是指车辆的驱动力全部由电机供给,电机的驱动电能来源于车载可充电蓄电池或其他电能储存装置的汽车。图 1.1 所示是蔚来 ES8 纯电动汽车。

图 1.1 蔚来 ES8 纯电动汽车

2. 混合动力汽车

混合动力汽车是指驱动系统由两个或多个能同时运转的单个驱动系联合组成的车辆,车辆的行驶动力依据实际的车辆行驶状态由单个驱动系单独或多个驱动系共同提供。因各个组成部件、布置方式和控制策略的不同,混合动力汽车有多种形式。图 1.2 所示是 Polestar 1 混合动力汽车。

3. 插电式混合动力汽车

插电式混合动力汽车是指车辆的驱动力由驱动电机及发动机同时或单独供给,并且可由外部提供电能进行充电,纯电动模式下续驶里程符合我国相关标准规定的汽车。图 1.3

所示为丰田 Prius 插电式混合动力汽车。

图 1.2　Polestar 1 混合动力汽车

图 1.3　丰田 Prius 插电式混合动力汽车

4. 增程式电动汽车

增程式电动汽车是一种配有地面充电和车载供电功能的纯电驱动的电动汽车,其运行模式可以根据需要处于纯电动模式、增程模式或混合动力模式,是介于纯电动汽车和混合动力汽车之间的一种过渡车型,具有纯电动和混合动力汽车的特征。图 1.4 所示为理想智造 ONE 增程式混合动力电动汽车。

图 1.4　理想智造 ONE 增程式混合动力电动汽车

5. 燃料电池汽车

燃料电池汽车是利用氢气和空气中的氧在催化剂的作用下，以燃料电池中经电化学反应产生的电能作为主要动力源驱动的汽车。燃料电池汽车实质上是纯电动汽车的一种。图1.5所示为现代NEXO燃料电池汽车。

图1.5 现代NEXO燃料电池汽车

1.3 电动汽车的关键技术

电动汽车的关键技术包括车身技术、底盘技术、电池技术、电机控制技术、能量管理系统技术和安全防护技术。电动汽车所特有的技术包括电池与电池能量管理系统技术、电机技术及其控制技术。而系统集成化技术、材料工艺技术、汽车轻量化技术作为进一步降低生产制造难度、提高汽车质量、降低汽车能量消耗的核心技术也是目前电动汽车发展中不可或缺的一部分。因此，在分析其主要技术后，对所有目前与之相关的技术进行整合，研发出成本最优、各项技术指标相对最优的通用技术是未来电动汽车进一步产业化的关键。

1.3.1 电池与电池管理系统技术

基于新材料、新结构的高比能动力电池技术已经成为各国竞争的焦点。在美国、日本、德国、韩国及欧盟其他成员国等国家的科技规划以及重点企业战略规划中，高性能电池材料、高性能锂离子动力电池、高性能电池包、电池管理系统、热管理技术、电池标准体系、下一代锂离子动力电池、电池梯级利用及回收技术、电池生产制造技术及装备等都是重点关注的内容。国外电池生产企业采用高效、全自动、人员非接触式生产方式，行业合作模式也发生了变化，在制浆技术及装备、涂布技术、组装生产线、制造过程在线检测技术等单项技术方面，单元自动化、流程自动化、集成一体化、非接触生产方面，以及制造控制及管理系统一体化、制造执行系统制造全过程管理等方面均处于领先地位。

我国已具备主流动力电池的大规模产业化基础。国内磷酸铁锂电池单体能量密度已达到140W·h/kg，接近国际先进水平，其产业成熟度和规模国际领先。锂离子电池产业链已基本完备,镍-钴-锰三元材料锂离子动力电池单体能量密度在130~220W·h/kg。

但是,我国电池关键材料的总体技术水平与国外还存在一定差距,尤其是高性能动力电池正极材料及高端隔膜方面;缺乏动力电池制造相关的自动化生产技术、高精度制造装备及品质保证技术,导致电池产品的安全性、一致性、制造成本较国外还有一定差距;在电池管理系统开发及系统集成方面投入较少,系统级别的可靠性、安全性还有待进一步提高;动力电池测试评价及标准体系方面以法规测试验证为主,缺少机理层面的测试分析标准等。

当然,动力电池的发展仍以保证电池可靠性和安全性,提高电池能量密度、功率密度,降低成本为主要目标。为此,我国确定了以下三点发展目标:

(1) 2020年之前,为动力电池技术提升阶段。新型锂离子电池实现产业化。能量型锂离子电池单体能量密度达到350W·h/kg,能量功率兼顾型动力电池单体能量密度达到200W·h/kg。动力电池实现智能化制造,产品性能、品质大幅提升,成本显著降低。

(2) 2020—2025年,为动力电池产业发展阶段。能量型电池单体能量密度超过400W·h/kg,动力电池产业发展与国际先进水平接轨。

(3) 2025—2030年,为动力电池产业成熟阶段。新体系电池实现实用化,电池单体能量密度超过500W·h/kg,成本进一步下降,动力电池技术及产业发展处于国际领先水平。

1.3.2 驱动电机技术

当前,国际上电动汽车驱动电机仍然是永磁电机和非永磁电机并存。由于永磁电机具有效率高、功率密度高、功率因数大等优点,越来越多的电动汽车趋向于采用永磁电机驱动系统,但仍然有不少车型采用感应电机。

大陆集团研制出了用于电动汽车的电励磁同步电机,其峰值功率70kW,最高转矩226N·m,最高转速12 000r/min。美国特斯拉汽车公司的Modle S纯电动汽车采用了异步电机,最大功率接近300kW,最高转矩370N·m。通用Volt、丰田Prius、奥迪e-tron和宝马e系列为代表的国际主流整车企业采用的电机峰值功率密度可达3.8kW/kg。从电机转速来看,国外车用电机最高转速可达16 000r/min。

在用于分布驱动的轮毂/轮边电机方面,米其林开发出集成悬浮驱动电机及减速机构的电动轮,功率密度超过4.0kW/kg;英国Protean轮毂电机采用一体化结构,电机输出能力也达到了80kW/800N·m;德国Fraunhofer将轮载电机与电力电子控制器实施一体化集成,其功率和转矩分别达到55kW和700N·m。但是,至今全球搭载轮边/轮毂电机的量产车仍为数不多,大规模产业化仍面临诸多挑战。

1.3.3 电机控制技术

电机驱动汽车前行,而电机控制器控制电机工作。电机控制器由逆变器和控制器两部分组成。逆变器接收电池输送过来的直流电电能,逆变成三相交流电给汽车电机提供电源。控制器接收电机转速等信号反馈到仪表,当发生制动或者加速行为时,控制器控制变频器频率的升降,从而达到加速或者减速的目的。由于国内电力电子技术起步较晚,使得电机控制

器的功率密度水平和国外量产的产品比较存在差距。随着近年来技术不断进步,电机控制技术呈现出以下发展趋势:

(1) 高安全性。这是基本要求,集成功能越来越多,对安全性的要求也越高。

(2) 高功率密度。电机控制器的外形、体积不断向小型化发展。

(3) 高压化。这是电机控制器发展的基本趋势,GB/T(推荐性国家标准)的方向是650V绝缘栅双极型晶质管(Insulated Gate Bipolar Transistor,IGBT)的设计不断向更高的750V以及1200V发展。

(4) 电磁兼容性(Electro Magnetic Compatibility,EMC)等级越来越高。接下来要做到class5水平。

应用于异步电机控制的技术主要有电压和频率(Voltage and Frequency,V/F)控制、转差频率控制、矢量控制和直接转矩控制。

20世纪90年代以前,电机控制方式主要是V/F控制和转差频率控制,但这两种控制技术转速控制范围小,转矩特性不理想,对于需频繁起动、加/减速的电动汽车不太适宜。矢量控制也称磁场定向控制,实现了异步电机的转矩和磁场的解耦控制,使异步电机的控制运行既能保持稳态精度,又具有很好的动态性能。近年来,国内矢量控制技术正逐渐推广。下面着重介绍几种近年来比较受关注的矢量控制方法和直接转矩控制方法。

1. 矢量控制方法

矢量控制分为有传感器矢量控制和无传感器矢量控制。有传感器矢量控制成本比较高,对安装精度要求也很高,与电机本身参数关系密切,有些问题难以解决。在高温高湿的情况下,传感器的输出精度容易受到电磁干扰,电动汽车使用中速度传感器的速度反馈成为不可靠环节。而无速度传感器的优点主要是增加可靠性、降低硬件成本、减少接线。矢量控制方案比较复杂,要使用高级核心控制芯片来实现矢量控制算法。目前,随着各种高级核心芯片性价比的不断提高,矢量控制的应用也将越来越广泛。

2. 直接转矩控制方法

近年来,继矢量控制变频调速技术之后,直接转矩控制也慢慢发展成为一种新型的高性能交流变频调速技术。它的控制方式主要有使定子磁链依照正六边形轨迹运动和定子磁链运动轨迹近似为圆形两种控制方案。

目前,我国已基本掌握了先进驱动电机设计及开发关键技术,自主开发的电机产品已经实现了与整车的产业化配套,功率密度、效率、电机控制器等关键技术与国际水平基本相当,电机峰值功率密度达到 2.8~3.0kW/kg,系列化产品可覆盖大多数车用电机需求,规格化驱动电机及其控制系统产品已具备量产能力,并有个别产品实现出口。

1.3.4 系统集成化技术

为了提高电动汽车的整体性能和功能模块化的应用,系统的高度集成化就显得尤为重要。系统集成化技术是指在功能和场景的约束下,实现紧凑和轻量化的设计,目前主要体现在电驱动系统集成以及其他主要部件的集成上。

在电驱动系统集成方面,目前行业内都在做"三合一",就是把驱动电机、减速器和电控部分集成为一体,可以实现轻量化、高效、小型化,同时降低成本,在一定程度上解放了空间,利于整车布置。将驱动电机与逆变器集成一体,逆变器配置在驱动电机旁,连接电机与逆变器的线束就可以缩短或者置换,不仅减小了机构的尺寸和重量,还降低了线束产生的能量损耗。如博世、GKN Driveline、三菱电机和舍弗勒,不仅实现了逆变器与电机之间的连接配线缩短,尺寸更小,还降低了连接部位的电力损耗,提升了驱动系统效率。再如,将驱动电机与减速箱集成为一体,减速器齿轮的润滑油和电机的冷却油就可以共用,精简了冷却机构,从而可以实现小型化。

综合来看,目前大多数企业只能做到"二合一"(电机集成减速器)的电驱动总成方案,但预计未来几年内,"三合一"电驱动总成方案将成为主流。而从长远来看,电机、减速器、电机控制器、高压分线盒、DC/DC、DC/AC、充电机等零部件都会集成为一个大的动力总成,即"多合一",代表车型是宝马i3。

1.3.5 材料工艺技术

电机功率、转矩、效率和寿命与所用硅钢片有很大关系,尤其是电机转子所用的无取向电工钢片,其磁性能决定了电机的转矩和效率,铁损越低电机效率越高,磁感增大电机转矩才能增加,硅钢片的力学性能决定了定子和转子的加工精度、承载强度和最大转速。

电工钢片技术要求:①电机需要提供高扭矩用于起动,必须提高电流和电工钢片的磁感;②一般电机效率为85%~93%,要提高能源转换效率,要求电机所用电工钢片具有优秀的磁性能,即中低磁场下的高磁感和高频下的低铁损;③电机转速6000~15 000r/min,要求电工钢片具有足够高的强度抵抗离心力,这就要求使用高强度电工钢片,特别是永磁驱动电机,磁极镶嵌于转子之中;④缩小转子和定子之间的间隙可有效提高磁通密度,这就要求电工钢薄片具有良好的冲片性;⑤更长的疲劳寿命。

目前电机技术的发展还包括绕组方式的合理选择和电机小型化。

(1) 合理选择电机绕组方式。合理选择电机绕组方式可以降低定子磁势的谐波含量,减少电机铁耗和定子绕组引起的电机纹波转矩,提高电机效率,降低电机振动和噪声;可以提高电机凸度和磁阻转矩,减小绕组电流,降低电机铜耗。

总体上,定子中绕线的量是决定电机功率大小的重要因素,而决定绕线量的则主要是在有限空间内铜线可以绕机芯的圈数。

(2) 实现电机小型化。本田通过使用大截面的方形导线作为线圈,使得绕线的占积率(空间中铜的比例)达到了60%,使定子体积变小。在传统电机中,使用薄的圆形线圈,占积率一般只能达到48%。由于方形线圈较圆形线圈更粗,导体(铜)中的过电流损失会增大。一般通过增大定子的槽宽度或减小每个线圈的厚度来减小过电流损耗。

为了实现小型化,本田还采用了新的绕线结构方法来缩短了从定子突出的线圈部分(线圈末端):

① 将矩形线圈塑形成U形,以形成"并列分割线圈"。
② 将该分割线圈从定子铁芯的轴方向插入。
③ 将插入侧以及对侧伸出的线圈前端焊接在一起而形成线圈。

新工艺不需要绳子捆绑,也不需要将线圈末端压扁,从而更易于自动化。由此实现高效率大批量生产,成本也能降低。

1.3.6 汽车轻量化技术

汽车减重(轻量化)是节能减排的重要举措。一般来说,汽车每降重 10%,可节油 6%~8%。按欧洲和我国的汽车油耗评价方法,对于乘用汽油车,车重每降低 100kg,最多可节油 0.39L/100km。综合考虑汽车的尺寸和主要性能,用整车轻量化指数来比较,我国自主品牌乘用车与日系车相差 11.8%,与韩系车相差 7.9%,与美系车相差 3.3%。与合资品牌相比,自主品牌乘用车有 4.9% 的轻量化空间;自主品牌商用重型自卸车比国外偏重约 15%,载质量利用系数偏小 13%;牵引车的整备质量降低和挂牵比提升都有较大潜力。

因此,我国汽车轻量化技术的发展目标是通过轻质材料的广泛应用、轻量化结构设计的深入和轻量化制造的研究与推广,提高汽车用先进高强度钢(AHSS)、超高强度钢和轻质材料的使用量。同时做出了以下具体规划:

(1) 到 2020 年,强度在 600MPa 以上的 AHSS 钢应用达到 50%,铝合金单车用量达到 190kg,镁合金单车用量达到 15kg,碳纤维有一定使用量。

(2) 到 2025 年,第三代汽车钢应用比例达到白车身重量的 30%,铝合金单车用量达到 250kg,镁合金单车用量达到 25kg,碳纤维使用量占车重 2%。

(3) 到 2030 年,强度在 2000MPa 及以上钢材有一定比例应用,铝合金单车用量达到 350kg,镁合金单车用量达到 45kg,碳纤维使用量占车重 5%。

1.4 电动汽车的发展现状和趋势

1.4.1 发展现状

自 1881 年法国电气工程师 Gustave Trouve 制造出首辆电动汽车开始,电动汽车经历了曲折起伏的几个发展阶段,其中的决定因素就是动力电池技术和人们对环境、能源的关注程度。电动汽车自身具有显著的优点:可以实现低排放,甚至零排放行驶;采用电能作为驱动能源,能源来源途径广;行驶噪声小;容易实现电传线控(Drive-by-Wire);实现了制动能量回收,降低了摩擦制动器的使用强度和维护费用等。上述优点决定了电动汽车技术发展的重要方向。

1. 国外电动汽车发展现状

1) 美国

2011 年美国政府将较为成熟的混合动力汽车技术作为电动汽车市场的主流技术大力推广,美国能源部(Department of Energy,DOE)制定了到 2015 年投放市场的插电式混合动力汽车达到 100 万辆的目标。2013 年美国能源部宣布难以实现既定目标并发布《电动汽车普及大挑战蓝图》,明确重点支持纯电动汽车、插电式混合动力汽车和增程式混合动力汽车,计划用 10 年时间通过技术创新提高插电式电动汽车的性价比和市场竞争力。

美国本土企业特斯拉、通用和福特的电动汽车发展强劲,同时日产 Leaf 在美国的市场份额呈现下滑趋势。一方面，部分车企如特斯拉针对高端消费人群，主攻纯电动汽车领域；另一方面，像通用和福特则针对中等收入家庭市场主打插电式混合动力汽车。为推动电动汽车产业发展和加快电动汽车消费市场的形成，美国政府从研发与产业化支持、税收抵免优惠、基础设施建设、示范推广等多个方面提供了有力的政策支持。

纯电动车型以特斯拉公司的 Model S 和 Model X 为代表。Model S 车型包括单电机后轮驱动和双电机全轮驱动两种形式，搭载 85kW·h 或 60kW·h 锂离子电池，0～100km/h 加速时间仅需约 5.7s，续驶里程最高达 502km。Model X 高性能版 P90D 采用双电机四轮驱动，0～100km/h 加速时间仅需 3.4s，最高车速 250km/h，续驶里程达 467km。2016 年发布的 Model 3 车型采用了钢铝混合车身，电池采用能量密度达 315W·h/kg 的 20 700 三元材料电池，续驶里程达 346km。

插电式混合动力车型的代表是通用公司 Volt。2016 款 Volt 采用排量 1.5L 压缩比为 12.5∶1 的直喷发动机和两个电机，电池容量为 18.4kW·h，纯电续驶里程为 85km，0～100km/h 加速时间 8.4s。

在市场方面，美国纯电动汽车和插电式混合动力汽车销量近年来保持增长态势，但增速有所放缓。2015 年美国市场销量达到 11.6 万辆，排在中国之后位居全球第二。2016 年上半年销量接近 6.57 万辆。在典型产品市场表现方面，以特斯拉 Model S 和日产 Leaf 为代表的纯电动车型占据 2015 年美国新能源汽车市场份额的 63%，以通用雪佛兰 Volt、福特 Fusion、C-MAX 为代表的插电式（增程式）混合动力车型占 37% 的市场份额。

2) 日本

日本在 2011 年前拥有世界上最大的纯电动汽车消费群，日产 Leaf 和三菱的 iMiEV 电动车是纯电动汽车的代表车型。老款 Leaf 搭载 24kW·h 电池组，续驶里程约为 135km。2016 年新款 Leaf 搭载单体能量密度约 157W·h/kg 的 30kW·h 电池组，采用峰值功率 80kW、最大转矩 254N·m 的电机，续驶里程达 172km，电耗 14.6kW·h/100km。

日本混合动力汽车技术已经非常成熟，以混合动力车型为基础，可快速开发出插电式车型，主要有丰田、本田、三菱、日产的车型。丰田的 Prius 插电式混合动力版汽车，搭载 1.8L 2ZR-FXZ 阿特金森循环发动机，车身整备质量 1350kg，电机的最大输出功率为 66kW，所用锂离子电池组容量 9.8kW·h，纯电续驶里程 56km，在燃油经济性方面具备明显优势。

在市场方面，日本纯电动汽车和插电式混合动力汽车销量在 2014 年达到顶峰 3.16 万辆后，受国际油价持续走低的影响，2015 年首次出现了下降，销量同比减少 22% 至 2.32 万辆。2016 年上半年市场开始回暖，销量达到 1.37 万辆规模。典型产品市场表现方面，三菱欧兰德（Outlander）占据 2015 年插电式混合动力车型市场份额的 45%，日产 Leaf 占纯电动车型市场份额的 54%。

3) 欧洲

欧洲纯电动汽车以德国产车型为代表。大众 E-Golf 采用一台峰值功率为 85kW、峰值转矩为 270N·m 的永磁同步电机，0～100km/h 加速时间 10.4s，最高车速 140km/h，采用 24.2kW·h 锂离子电池组，整备质量 1510kg，续驶里程 190km；宝马 i3 则采用全新的车身设计，车身采用全碳纤维材料，锂离子电池组与底盘一体化设计，底盘由铝合金材料制造，整备质量仅为 1255kg，电机峰值功率 125kW，峰值转矩 250N·m，最高车速 150km/h，0～100km/h 加速时间 7.2s，电池容量 19kW·h，续驶里程 160km。

欧洲插电式混合动力汽车发展较为成熟，宝马 530Le 装备的 2.0L 涡轮增压汽油机最大功率为160kW、最大转矩310N·m,电机的峰值功率70kW,峰值转矩250N·m,0~100km/h加速时间为7.1s,最高车速233km/h,纯电动模式下最高车速120km/h,纯电续驶里程58km;奥迪A6L e-tron搭载的2.0 TFSI汽油发动机最大功率155kW,最大转矩350N·m,电机峰值功率91kW,峰值转矩220N·m,锂电池组容量为14.1kW·h,0~100km/h加速时间为8.4s,最高车速210km/h,纯电续驶里程50km。

在市场方面,2015年欧洲纯电动汽车与插电式混合动力汽车销量排名前4位的国家分别是挪威、英国、法国和德国。其中挪威是全欧洲纯电动与插电式混合动力汽车市场占有率最高的国家,2015年市场份额达到22.8%。随着宝马、奥迪、沃尔沃等企业插电式混合动力车型的陆续上市,欧洲的插电式混合动力汽车市场份额逐步提升,2016年上半年纯电动汽车与插电式混合动力汽车市场推广比例已接近1:1。

纯电动汽车方面,车身结构多进行了重新设计或全新开发,部分车型采用电池箱体与底盘一体化的设计方案;采用轻量化材料有效减轻了车体质量;采用全新设计的仪表及中控屏幕,人机交互和信息化程度得到了很大提高;十分注重电池包的安全性设计,提高了电池包的安全性。在插电式混合动力汽车方面,多种插电式混合动力技术路线并存;混合动力专用发动机趋于向高压缩比、高热效率以及轻量化方向发展,混合动力机电耦合结构更加紧凑,功率控制单元趋向集成,动力性和安全性更加优秀;混合动力工况下油耗不断降低,纯电动续驶里程更长。

2. 国内电动汽车发展现状

1) 纯电动汽车

纯电动汽车是我国电动汽车的主要类型之一。国家自"十五"以来,在电动汽车项目研发中投入巨额资金,对纯电动汽车予以支持,我国的纯电动乘用车技术取得重大进展,车辆整体技术水平接近国外公司产品,部分产品性能指标已与国外公司产品不相上下,续驶里程、可靠性、安全性、动力性水平不断提高,经济性和综合效益水平持续优化,具备了商业化推广条件;纯电动客车整体技术水平达到国际领先,开发出车长覆盖6~12m的多种纯电动公交车型,大电池容量长续驶里程、使用钛酸锂电池快充、双源无轨以及快速换电等多种能源供给技术独具特色,通过关键部件通用化、总成配置模块化、机电接口标准化实现了新能源客车的共平台技术开发,在高效电驱动系统、动力电源热电集成和管理技术、城市公交示范应用技术方面取得了重大进展。此外,我国众多的专用车企业开发从微型到中型的各类纯电动物流车以及纯电动环卫用车,车辆动力性能、可靠性、安全性不断提升。表1.1为纯电动乘用车国内外典型车型的主要技术参数对比。

表1.1 典型纯电动乘用车主要技术参数对比

品牌	车型	整备质量/kg	续驶里程/km	能量/(kW·h)	能耗/(kW·h/100km)	0~100km/h加速时间/s	最高车速/(km/h)
特斯拉	MODEL S	2108	420	70	22(EPA)	5.8	225
宝马	宝马i3	1195	185	22	12.3	7.2	150
日产	Leaf	1525	160	24	14.6	11.9	145
北汽	EV200	1295	200	30.4	15	13	125
比亚迪	E6	2380	400	82	19.5	14.62	140
吉利	帝豪EV	1570	330	45.3	15.8	9.9	140

在整车集成方面,目前我国已基本掌握纯电动汽车的动力系统和车身结构设计与评价技术,包括基于整车性能提升及硬点优化的底盘匹配技术,高压系统安全设计,电驱动系统集成与标定,电气系统总线架构、仪表等关键零部件的匹配控制,以及整车总体布置与性能集成优化技术;同时,我国已基本掌握纯电动汽车产品性能优化和评价技术,包括整车及关键零部件性能、耐久性、可靠性试验与评价技术,基于计算机辅助工程(CAE)方法的碰撞安全技术,噪声振动和不平顺性(Noise,Vibration and Harshness,NVH)优化技术,EMC优化技术;此外,铝合金、镁合金、碳纤维等复合材料也开始在电动汽车整车及其零部件上得到应用。

2)混合动力汽车

在混合动力汽车的系统构型方面,国内已陆续开发出许多新的产品。目前,许多车企已开发出P2等并联式混合动力系统,湖南科力远新能源股份有限公司(简称科力远)已开发出动力分流式混合动力系统,整车搭载后油耗可降至4.9L/100km,实现了35%的节油度。广汽、一汽、奇瑞等企业搭载自主开发的混合动力系统车型也将陆续上市。表1.2列出了我国主要自主品牌混合动力乘用车研发情况。

表1.2 我国主要自主品牌混合动力乘用车研发情况

企 业	车型/系统	技术方案	节油效果
科力远	吉利MR7184	36kW+56kW双电机、6A·h/288V镍氢电池	35%
奇瑞	P2混合动力样车	动力耦合机构,电机、CVT	—
长安	逸动HEV	ISG电机、CVT	25%
一汽	B70HEV	双电机+5AMT	35%
广汽	传祺HEV	四驱、ISG电机	30%
东风	S30样车	集成式耦合、电控、电池系统	—

动力电池及电池系统已具备大规模产业化条件。磷酸铁锂电池的产业成熟度和规模处于国际领先水平,锂离子电池产业链已基本完备,采用锰酸铁锂混合三元正极材料的电池和钛酸锂负极材料的快充电池已实现示范应用,正负极材料、电解液和隔膜实现国产化,能量密度超过300W·h/kg的动力电池样品已研发成功。

国内电机设计和制造已形成量产能力。上海电驱动、精进电动等涵盖200kW以下的系列化、规格化驱动电机及其控制系统已具备产品量产能力,电机产品峰值功率密度多在2.8~3.0kW/kg,电机转速多为12 000r/min左右,电机驱动控制器功率密度为5~8kW/L,关键指标逐步达到国外同类产品水平。但在高速轴承、耐电晕绝缘材料、深加工稀土工艺以及控制芯片、数字信号处理(DSP)和汽车级半导体绝缘栅双极型晶体管(IGBT)等方面基本处于空白。

同时,整车控制技术也有良好的基础积累。受我国插电式混合动力技术发展较好的因素带动,混合动力整车控制技术形成了良好的基础积累,包括控制策略框架设计、整车模式管理策略、能量管理策略、发动机最优工作点控制策略、电池充/放电状态平衡控制策略、整车速比控制策略等整车控制方面均有一定的技术储备。

混合动力专用发动机初步开发成功,但需进一步实现优化。目前,广汽等少数企业已开发出混合动力专用的阿特金森/米勒循环发动机,实现了自主突破,发动机压缩比达13∶1,极大地提高了发动机燃烧效率,最低燃油消耗率仅225g/(kW·h)。

混合动力技术差异化发展,节油效果明显,但产业化程度较低。公交客车已规模化应用混合动力技术。混合动力客车在城市工况节油效果明显,我国自 2005 年开始对混合动力客车开展专项研究,目前自主品牌车企均已推出相应产品,搭载自主电控机械式自动变速器(Automatic Mechanical Transmission,AMT)、合作开发的交流感应电机和镍氢动力电池组的整车在各种工作模式间切换平顺、驾驶性能良好。以 12m 级混合动力公交客车为例,平均油耗在 19.5~22.3L/100km,相比同类型燃油客车节油率达 38.8%~48%,节油效果十分显著。

总体来看,国内已在系统构型、电池、电机、电控、专用发动机开发等方面实现了自主研发,产业链趋于完善,但仍需进一步对系统构型及关键零部件进行优化和提升,以不断缩小与国外先进水平之间的差距。

3)插电式混合动力汽车

进入"十二五"以来,国内企业加大插电式混合动力汽车的关键技术研发和产品开发,比亚迪秦、唐,上汽荣威 550,广汽传祺 GA5,江淮和悦,浙江豪情 VCC7204 等插电式乘用车车型,整车主要技术指标与国际先进水平基本相当并已批量上市。其中,比亚迪秦的技术水平和车型销量已进入 2015 年世界新能源明星车型的前列。此外,插电式混合动力汽车的动力耦合装置关键技术取得突破。表 1.3 为插电式混合动力汽车国内外典型车型的主要技术参数对比。

表 1.3 典型插电式混合动力汽车主要技术参数对比

品牌	车型	整备质量/kg	纯电续驶里程/km	动力电池能量/(kW·h)	综合油耗/混动油耗/(kW·h/100km)	电耗/(kW·h/100km)	0~100km/h 加速时间/s	最高车速/(km/h)
荣威	E550	1699	58	11.8	1.6/6.8	13	9.5	200
广汽	GA5	1680	80	13	2.4/7.8	16	13.5	150
雪佛兰	Volt	1700	64	16	5.6(EPA)	18	9	160
比亚迪	秦	1720	70	13	1.6/6.03	15	7.9	185

在商用车方面,国内已自主掌握了插电式混合动力汽车多能源动力系统整车控制、高功率电机系统、混合动力自动变速器、增程式辅助功率发电单元等关键技术,双电机串/并联、AMT(电控机械自动变速器)并联等不同技术路线具有不俗的市场表现。其中,双电机串/并联混合动力系统、串联式混合动力系统及 AMT 并联式混合动力系统,混合动力状态节油率最高可达 40%,插电式混合动力公交车综合节油率超过 50%。

4)增程式电动汽车

增程式电动汽车最主要的特点:①更加接近于纯电动汽车,在蓄电池电量充足时,具有 EV "零油耗、零排放"的优点,但是蓄电池容量只需要相同设计行驶里程 EV 的 30%~40%,制造成本大幅降低;②自身带有小型增程器,可以有效解决目前 EV 中蓄电池储能有限的瓶颈问题,而且增程器一直在最佳燃油经济区域工作,排放低,效率高;③相比其他混合动力汽车,蓄电池容量相对够大,增程式混合动力电动汽车利用外界电网充电达到进一步节能的能力更强。

2012 年,奇瑞推出国内首款小型增程式混合动力电动汽车 S18D,其配备 8kW 的发动机,总续驶里程达到 300km。2012 年,广汽集团开发出增程式混合动力电动汽车概念车 E-JET,搭载 1.0L 四缸汽油机、45kW 的电机和 13kW·h 的锂离子电池,总续驶里程可达 600km,纯电动行驶里程达到 100km。2014 年,北汽集团推出的 E150 增程式电动汽车,总续驶里程可达 400km 以上。2014 年,比亚迪公司推出秦双模版,搭载高电压、高转速电机,电池重量相对 F3 DM 减轻一半。

增程式电动汽车与其他类型的 HEV 一样,依然包含燃油发动机和蓄电池两个能量源,在实际路况多变性和满足驾驶员主观性的条件下,合理控制蓄电池的荷电状态(State of Charge,SOC)和发动机的工作情况,是保证增程式混合动力电动汽车高效率运行的关键。因此,开展增程式混合动力电动汽车能量管理策略相关方面的研究是我国电动汽车研究的重要方向之一,对于早日实现我国汽车工业的自主创新战略目标具有重要意义。

5)燃料电池汽车

我国基于氢燃料电池轿车和客车动力系统技术平台,开发出多款燃料电池汽车先后在北京奥运会、上海世博会、全球环境基金与联合国发展计划署(GEF/UNDP)共同支持的氢燃料电池城市客车商业化示范、新加坡首届青奥会等活动中进行了示范运行。

我国攻克了车用燃料电池动力系统集成、控制和适配等关键技术难点,形成了燃料电池系统、动力电池系统、DC/DC 转换器、驱动电机、储氢与供氢系统等关键零部件配套研发体系,实现了综合技术的跨越,总体技术接近国际先进水平。

我国在车用燃料电池堆技术方面,初步掌握了燃料电池关键材料、部件及电池堆的关键技术,基本建立了具有自主知识产权的车用燃料电池技术平台。我国车用燃料电池堆的功率密度已达 2.0kW/L,掌握了 -20℃ 低温起动技术,氢燃料电池轿车工况运行寿命超过 3000h。

国内从事车用燃料电池技术研究的机构包括大连化学物理研究所、武汉理工大学、清华大学、上海交通大学、同济大学、中南大学等诸多高校和科研院所,在国家科技计划的支持下,在车用燃料电池关键材料、部件及电池堆研究等方面都取得了明显的进展。

国内从事车用燃料电池产品开发的单位主要有新源动力股份有限公司、上海神力科技有限公司、武汉理工新能源有限公司等。质子交换膜、催化剂、炭纸、膜电极和双极板的关键技术指标接近国际先进水平,但是从这些技术和材料在氢燃料电池汽车开发中的应用效果来看,存在着技术开发不充分、产品实现能力不足、缺乏批量生产能力等问题。在产业层面上,我国还不具备完整的燃料电池堆产业链,燃料电池关键材料主要依赖进口,从事燃料电池堆相关业务的企业数量少、投入小,技术开发和制造能力与国际先进水平差距比较明显。

我国已具备设计建设 35MPa 加氢站的能力(包括固定站和移动站),关键设备国产化取得重大进展,相关标准法规也在逐步完善中。目前,国内运行的加氢站有 3 座,分别位于北京、上海和郑州。北京加氢站具备站外供氢、站内天然气重整制氢和站内电解水制氢 3 种供氢方式,加注压力为 35MPa;上海加氢站采用外供氢方式,以上海地区的工业副产氢气为气源,加注压力为 35MPa。

在氢能来源方面,目前我国存在的焦炉煤气和工业副产气中含有大量的氢,同时可再生能源,如风力发电、光伏发电、水力发电,也可作为制取氢气的来源。

1.4.2 发展趋势

1. 纯电动、插电式(含增程式)混合动力汽车的发展趋势

纯电动汽车、插电式和增程式混合动力汽车的发展趋势呈现出动力系统高效化、整车轻量化、车辆与外部环境网联化、电子设备智能化的特点。

(1) 动力系统高效化。电驱动系统高效化取决于驱动系统各关键零部件指标的有效提高和动力总成与传动系统的集成优化。乘用车驱动电机重点提高有效功率密度,商用车驱动电机重点提高有效比转矩,开发拓宽转速范围、改善转矩密度的混合励磁型驱动电机,进一步提高电机的材料利用率;插电式混合动力汽车重点开发混合动力专用阿特金森循环发动机,应用复合增压技术、高压燃油缸内直喷(Gasoline Direct Injection,GDI)技术、均质充量压燃(Homogeneous Charge Compression Ignition,HCCI)技术、辅助系统电动化技术;发动机、电机、传动系统集成优化,进一步提高动力系统的综合效率与整车能量效率;轮毂电机将在纯电驱动汽车上逐步应用,提升整车的操控性能、动力性能和整车效率。此外,集成制动助力、防抱死制动系统(Anti-Lock Brake System,ABS)、电子车身稳定系统(Electronic Stability Program,ESP)、电子驻车制动系统(Electric Park Brake,EPB)的制动能量回收制动系统以及节能型低压热泵空调技术的研究和应用,将显著提升纯电动汽车、插电式、增程式混合动力汽车的整车效率。

(2) 车身及零部件设计轻量化。电动汽车车身逐步由传统车型改制转变为全新开发,并大量应用铝合金挤压件、冲压件和铸件,客车车身逐步实现全铝骨架,乘用车可实现碳纤维材料与铝合金、高强度钢混合的车身结构;车门、发动机舱罩、翼子板等部件应用碳纤维增强复合材料;内饰大量采用长纤维增强热塑性复合材料;逐步应用铝合金悬架及副车架、镁合金轮辋等。电池包机械结构设计与车身结构设计相结合,最大限度地提升电池包的安全性和电池包的能量密度,从而在保证安全的前提下,显著提升整车轻量化水平。

(3) 电动车辆网联化与智能化。出于安全性和电动汽车能量控制的需要,电动汽车需要智能化传感器设备(24GHz、77GHz 低成本雷达,车载视觉系统)搭载、高清地图应用、多源信息融合,实施与外界的高速通信以及与智能电网的高度融合;同时,电动汽车也是智能化、网联化最佳的车辆平台。

(4) 充电基础设施网联化与智能化。融合了多种电能来源与车辆双向互联互通,先进高效的智能化、网联化充电系统是未来充电基础设施发展的必然选择。逐步建成适度超前、车桩跟随、智能高效的充电基础设施体系,逐步实现覆盖全国范围的充电网、车联网、互联网"三网融合"的充电服务网络,充分利用风能、太阳能等清洁能源,为电动汽车提供充电服务;电动汽车实现规模应用后,利用自身电池储能功能,实现对电网的削峰填谷、备用和调频功能。超高功率密度、高性能双向充/放电设备和实用化无线充电装备将逐步投入使用,充电设施的安全运营平台逐步完善,国家范围内的充电设施可兼容所有类型的电动汽车,充电设施利用效率逐步提高。

在此基础上,我国也提出了纯电动、插电式和增程式混合动力汽车的分阶段发展目标,如图 1.6 所示。

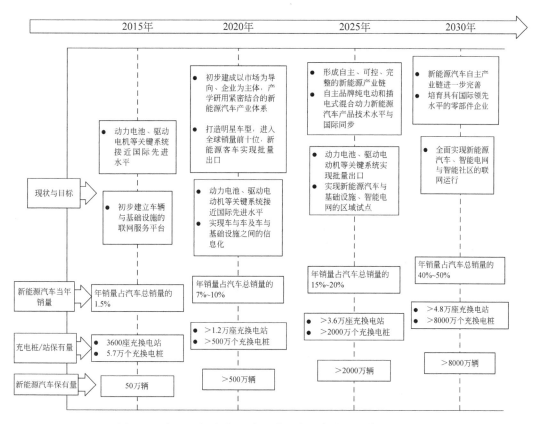

图1.6 我国纯电动、插电式和增程式混合动力汽车发展目标

2. 混合动力汽车的发展趋势

目前,各国混合动力电动汽车总体发展趋势是持续降低整车油耗,进一步提高节能水平。

日本乘用车节能水平全球领先,主推小型化和混合动力技术。目前,日本乘用车新车平均油耗已提前达到其2020年油耗法规目标值(约合4.9L/100km)。日本乘用车平均油耗水平较低的主要原因在于其0.66L排量的轻四轮车(K-car)及混合动力车占比较高,分别约为40%和20%。未来一段时期,日本仍将在自然吸气汽油机优化(热效率提高至50%)、多挡液力自动变速器(Automatic Transmission,AT)、无级变速器(Continuously Variable Transmission,CVT)及高效车用空调等基础上,继续推动小型车及混合动力车型大力发展,以进一步降低整体油耗水平。日本乘用车油耗水平分布情况如图1.7所示。

日本商用车以轻型载货汽车为主,动力总成升级及混合动力是其主要的节能途径。日本城市道路狭窄、停车困难及排放法规等因素使得轻型载货汽车占据市场主流。目前,主流品牌以日野、五十铃等为主,部分车型油耗水平已低至8L/100km。未来将重点通过增压中冷、高压共轨、6挡手动变速器(Manual Transmission,MT)等技术提升动力总成节能效果,同时逐步发展混合动力车型。客车方面,日本主要采用混合动力等技术实现节能,如日本五十铃推出了9m级ERGA混合动力公交,整车油耗约为20L/100km。

美国是全球最早创建汽车企业平均燃料经济性(Corporate Average Fuel Economy,CAFE)评价体系并予以实施的国家。CAFE标准历经多次加严有效促进了美国各项汽车

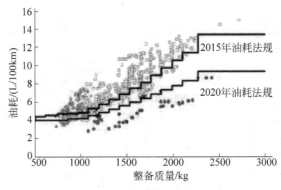

图1.7 日本乘用车油耗水平分布

节能技术的发展。大中型乘用车占比高导致美国乘用车平均油耗偏高。2015年美国乘用车新车平均油耗约为6.7L/100km(FTP75工况),高于欧洲、日本同期水平,其主要原因在于中大型轿车、运动型多用途汽车(SUV)等大尺寸车型占比较高。受CAFE新规(2025年油耗达4.32L/100km)驱动,预计未来美国乘用车将通过发动机优化(小型化、增压直喷、改善燃烧及减摩等)、变速器升级(6挡以上AT等)、电子电器节能(48V系统等)、混合动力的全面发展来实现油耗法规目标,如图1.8所示。

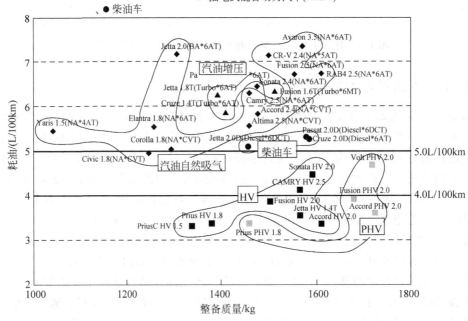

图1.8 美国乘用车油耗水平分布情况

近年来,欧盟连续出台多部车辆碳排放标准,有效促进了欧洲乘用车及商用车节能技术的不断进步与提升。在新欧洲循环行驶工况(New European Driving Cycle,NEDC)测试下,2015年欧洲乘用车平均油耗约为5.27L/100km,处于世界领先水平。欧洲乘用车主要依靠清洁柴油机及48V系统达成油耗目标。2015年、2020年、2025年欧洲乘用车企业平均油耗目标值分别约为 5.2L/100km、3.8L/100km 及 3L/100km，标准严苛程度全球领先，促使欧洲车企不断研发和应用柴油机、小排量涡轮增压汽油机、9AT 等各种乘用车节能技术。预计未来欧洲乘用车仍主要依靠清洁柴油机、48V 混合动力系统等技术组合实现法规目标，同步发展合适排量增压汽油机、多挡位变速器、低摩擦等技术。此外，欧洲仍将对天然气等替代燃料的发展给予一定支持，以减少石油消耗，保障能源安全。

总体来看，在乘用车领域，美国、欧洲、日本的节能技术路径各有侧重，但动力总成升级优化、先进电子电器技术应用、混合动力技术是共性的节能技术。日本小型车占比高的产品结构对其油耗目标贡献度直接有效。

而我国计划至 2030 年平均油耗达到 3.3L/100km，不断突破核心技术并最终达到国际先进水平。重点掌握专用发动机、专用动力耦合机构、高性能电机、高水平功率型电池、自主电控逻辑开发、系统构型六项技术。

(1) 在专用发动机方面，前期重点开发阿特金森/米勒循环等专用发动机；中期改善燃烧水平，实现冷却优化，同时降低机械摩擦损失；后期应用 HCCI 等技术，不断提高发动机压缩比。

(2) 在专用动力耦合机构方面，前期重点开发行星齿轮、一体化专用变速器等，并持续提升专用动力耦合机构的传动效率。

(3) 在高性能电机方面，近期重点开发具备完全自主知识产权的电机产品，驱动电机功率密度达到 4.0kW/kg，电机控制器功率密度达到 17kW/L；到 2025 年，驱动电机功率密度达到 4.5kW/kg，电机控制器功率密度达到 25kW/L；到 2030 年，驱动电机功率密度达到 5.0kW/kg，电机控制器功率密度达到 35kW/L。另外，不断降低电机成本，从 2020 年的 6000 元/套降低到 2030 年的 4500 元/套。同时，在 2020 年掌握低损耗定子铁芯与高密度分布绕组设计及制造工艺，2025 年掌握定子拼块铁芯与高密度绕组批量应用，2030 年实现定子拼块铁芯与高密度绕组大规模应用；大幅提升电机关键性能指标，至 2030 年将轻量化水平提升 18%，系统高效率区扩展 12%，系统最高效率提升 1.2%。

(4) 在高水平电池方面，到 2020 年，将功率型电池能量密度提高至 180W·h/kg 以上，电池寿命达到 10 年，电池成本降低 10%；到 2025 年，电池成本降低 20%；到 2030 年，电池成本降低 30%。同时，采用轻质化设计减轻电池包质量，至 2030 年质量累计降低 7%。在 2025 年实现液冷温度均匀性 3℃、风冷温度均匀性 4℃ 的水平。

(5) 在电控方面，到 2020 年左右完全掌握包括发动机、电机、电池等在内的动力系统电控逻辑自主开发及优化能力。此外，应利用电机转矩瞬态转矩补偿，控制发动机工作点在有效燃油消耗率(Brake Specific Fuel Consumption, BSFC)曲线上实现 3%～5% 的节油率；中期研究降低动力控制模块(Power Control Unit, PCU)功耗；在中后期智能网联技术逐步成熟后，在行驶过程中动态优化发动机及电机能量管理策略，减少能耗损失。

(6) 在系统构型方面，持续优化现有混合动力系统结构，并不断开发具备先进水平的构型。

3. 燃料电池汽车的发展趋势

车用燃料电池技术发展方向逐渐明确，各大汽车厂商继续进行新一代燃料电池技术的研发，目标是降低制造成本和提高可靠性与耐久性。氢燃料电池汽车技术发展的趋势表现为以下几个方面：

(1) 燃料电池模块化和系列化。为了便于提高可靠性和寿命，并降低成本，燃料电池发展出现模块化趋势。单个燃料电池模块的功率范围被界定在一定的范围之内，通过模块的组装，实现不同车辆对燃料电池功率等级的要求。

(2) 氢燃料电池汽车动力系统混合化。在目前的氢燃料电池汽车动力系统中，已经不再采用最初的动力方案而是采用氢燃料电池系统与动力电池混合驱动的方式。这种混合动力驱动方案最早由我国科技人员采用，有效提高了燃料电池的寿命，降低了车辆成本，现已被国际广泛采纳。

(3) 车载能源载体氢气化，来源多样化。经过对各种能源载体的比较和考核，基本摒弃了基于车载各种化石燃料重整制氢的技术途径，更多采用了车辆直接储存氢气的方案，储存方式以70MPa高压气态为主；而氢气制取在制氢站完成，采取了基于本地资源特点的多种制氢途径。

(4) 氢燃料电池汽车产业联盟化。在汽车制造行业，燃料电池技术通常是企业自己研发的，但目前燃料电池汽车产业正在突破这种常规发展模式。汽车整车生产企业与燃料电池生产企业加强了技术整合，汽车整车生产企业与燃料电池生产企业的合作共赢成为燃料电池汽车发展的一种重要模式。

参照国家已经发布的科技与产业发展战略，我国氢燃料电池汽车阶段性发展目标如图1.9所示。

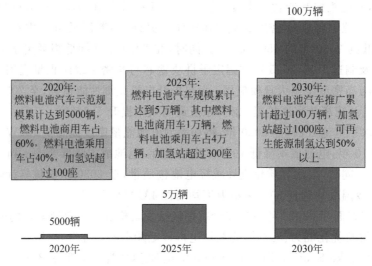

图1.9 我国氢燃料电池汽车发展目标

(1) 到2020年，实现氢燃料电池汽车技术规模化示范运行。基本掌握高效氢气制备、纯化、储运和加氢站等关键技术；基本掌握低成本长寿命电催化剂技术、聚合物电解质膜技术、低铂载量多孔电极与膜电极技术、非贵金属催化剂和新型双极板材料开发技术、高一致性电池堆及系统集成技术，突破关键材料、核心部件、系统集成等关键技术；示范车辆达到5000辆。

(2) 到2025年，实现氢燃料电池汽车技术的推广应用。以城市私人用车、公共服务用车的批量应用为主，优化燃料电池系统结构设计，加速关键部件产业化，大幅降低燃料电池系统成本;商用车达到1万辆规模,乘用车规模达到4万辆。

(3) 到2030年,实现氢燃料电池汽车的大规模推广应用。大规模氢的制取、储存、运输、应用一体化,加氢站现场储氢、制氢模式实现标准化和推广应用;完全掌握燃料电池核心关键技术,建立完备的燃料电池材料、部件、系统的制备与生产产业链。氢燃料电池汽车规模达到100万辆,氢气来源50%为清洁能源。

思 考 题

1. 我国为什么要大力发展电动汽车,有哪些主要的原因?
2. 什么是电动汽车?电动汽车包括哪些类型?
3. 电动汽车主要有哪些关键技术?还有哪些关键技术是值得重视的?
4. 国内外电动汽车的发展现状如何?我国电动汽车的发展还存在哪些不足?
5. 电动汽车的发展趋势主要是什么?

参 考 文 献

[1] 何洪文. 电动汽车原理与构造[M]. 2版. 北京:机械工业出版社,2018.
[2] 节能与新能源汽车技术路线图战略咨询委员会,中国汽车工程学会. 节能与新能源汽车技术路线图[M]. 北京:机械工业出版社,2016.
[3] 刘海潮. 技术革命之电动汽车关键技术解析[M]. 北京:中国水利水电出版社,2017.
[4] 高建平,郗建国. 新能源汽车概论[M]. 北京:机械工业出版社,2018.

第 2 章

现代电动汽车构型和原理

2.1 纯电动汽车

2.1.1 基本结构与工作原理

传统内燃机汽车主要由发动机、底盘、车身、电气设备四大部分组成。纯电动汽车与传统汽车相比,取消了发动机,传动机构发生了改变,根据驱动方式不同,简化或者取消了部分部件,增加了动力电池组和电机等新部件。

纯电动汽车(EV)是指车辆的驱动力全部由电机供给,电机的驱动电能来源于车载动力电池组或其他电能储存装置的汽车,其动力系统的基本结构如图 2.1 所示。其中,电机是纯电动汽车的核心,其作用在于将动力电池组输出的电能转化为机械能,为汽车提供能量;传动系统负责把电机输出的机械能传递给汽车的驱动轴。纯电动汽车以动力电池组为能量源,以电机取代内燃机汽车的发动机,动力电池组通过一系列反应将电池的化学能转变为电能,经电机将电能转化为机械能。纯电动汽车相比于传统内燃机汽车,具有更加灵活的结构,可通过不同类型电动机的驱动使其具有不同的行驶性能,且可使用不同类型的储能装置。

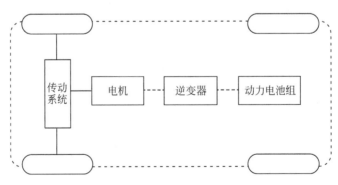

图 2.1 纯电动汽车基本结构

纯电动汽车动力电池组通过逆变器后,给电机供电,电机得电后通过动力传动系统驱动汽车行驶。

纯电动汽车具有以下特点:

1. 无污染，噪声低

纯电动汽车无内燃机汽车工作时产生的废气，不产生排气污染，对环境保护和空气的洁净是十分有益的，有"零污染"的美称。纯电动汽车电机的噪声也较内燃机小。

2. 能源利用效率高，使用成本低

研究表明，纯电动汽车的能源利用效率已超过内燃机汽车，特别是在城市运行时，汽车频繁起停，行驶速度不高，纯电动汽车更加适宜。

纯电动汽车停车时不消耗电量，在制动过程中，电动机可自动转化为发电机，实现制动减速时能量的再利用，使用成本低。

3. 简单可靠、使用维修方便

纯电动汽车以电动机代替发动机，由电动机直接驱动而无须自动变速箱，较内燃机汽车结构简单，运转、传动部件少，运行可靠，维修保养工作量少。

4. 平抑电网的峰谷差

纯电动汽车可在夜间利用电网的富余电能进行充电，用电高峰时还可向电网回馈电能，对电网起到"削峰填谷"的作用，有利于电网的高效利用和电压稳定。

2.1.2 电驱动系统

纯电动汽车电驱动系统主要由能源子系统（包括动力电池组、充电器、能源管理系统）、电子驱动子系统（包括整车控制器、功率转换器、电动机、机械传动装置）组成，如图2.2所示。

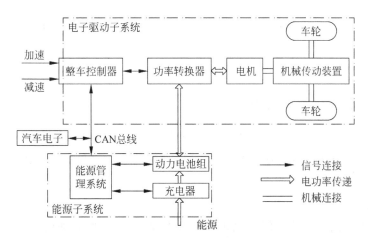

图 2.2 纯电动汽车的电驱动系统

动力电池组为整车提供能源,而充电器则是为了给动力电池组充电。能源管理系统对动力电池组充/放电时的电流、电压、放电深度、电池温度等进行监控,保持单体电池间的一致性。电动机的作用是将电能转化为机械能,通过传动系统驱动或直接驱动车轮。整车控制器将驾驶员意图通过加速踏板信号转换为动力系统的需求信号,对整车能量进行管理,对各系统进行监控并及时反馈信息和报警等。功率转换器接收来自整车控制器的指令,对动力电池直流电流进行逆变控制,形成三相交流电进行电动机转矩转速控制。

按照驱动电机种类的不同,电驱动系统可以分为直流电机驱动系统和交流电机驱动系统。电机是纯电动汽车驱动系统的核心部件,其性能好坏直接影响电动汽车驱动系统的性能,特别是影响电动汽车的最高车速、加速性能及爬坡性能等,所以当电机控制器选择恰当时,驱动系统的性能就取决于驱动电机。根据电机的工作电源、结构以及工作原理的不同,对电动汽车用驱动电机进行分类,如图2.3所示。

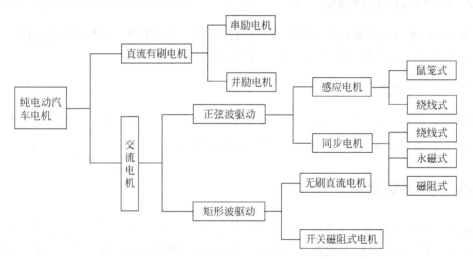

图2.3 纯电动汽车驱动电机的分类

按照动力驱动形式的不同,纯电动汽车可以分为集中驱动式纯电动汽车和分布驱动式纯电动汽车两大类。其中分布式驱动纯电动汽车又可细分为轮边驱动电动汽车和轮毂电机驱动电动汽车。

1. 集中式驱动系统及应用

集中式驱动系统是在传统汽车的基础上改装而来的,具有结构简单、电机控制维修简单等优点。具体可以分为传统的集中驱动系统、无变速器集中驱动系统和集成式集中驱动系统三种驱动系统。

1)传统集中驱动系统

早期的纯电动汽车多是在传统汽车的基础上改装的,利用驱动电机代替发动机,离合器、变速器和差速器的布置形式与传统内燃机车辆的布置形式一致。传统的集中驱动系统布置形式如图2.4所示。

2011年上市的东南菱悦V3-EV手动挡汽车,就是一款典型的使用传统集中驱动系统

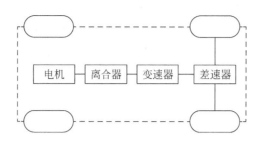

图 2.4 传统的集中驱动系统布置形式

的汽车。该车采用前置前驱形式,驱动电机的最大功率为 50kW,最大转矩为 180N·m,配备高性能的磷酸铁锂电池,最高时速可达 120km/h,最大续驶里程可达 160km。

2)无变速器集中驱动系统

无变速器集中驱动系统是用一个固定速比的减速器替代传统集中驱动系统中的多级变速器,同时省去离合器,即发展成无变速器的传动形式。这种传动系统一方面可以节省机械传动结构的重量和体积,另一方面可以减少由于换挡所带来的控制难度。无变速器集中驱动系统的布置形式如图 2.5 所示。

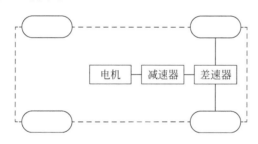

图 2.5 无变速器集中驱动系统布置形式

3)集成式集中驱动系统

集成式集中驱动系统与无变速器集中驱动系统类似,但是驱动电机、固定速比减速器和差速器被进一步整合为一体,布置在驱动轴上,整个驱动传动系统被大大简化和集成化。但是这样的布置形式要求有低速大转矩、速度变化范围大的电机。集成式集中驱动系统的布置形式如图 2.6 所示。

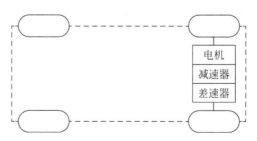

图 2.6 集成式集中驱动系统布置形式

丰田汽车公司的 RAV4 EV 电动汽车采用专用的一体化集成式集中驱动系统,第一代产品(在 1997 年推出)采用镍氢电池作为动力,第二代产品是由丰田与美国特斯拉(Tesla)汽车公司合作研发的一款纯电动汽车。电机采用永磁同步电机,最大输出功率为 50kW,最大转速为 4600r/min,减速齿轮减速比为 1:9.45。动力方面,第二代丰田 RAV4 EV 的纯电动系统是由美国特斯拉汽车公司提供的,其锂离子电池组的最大容量为 30kW·h,用家庭插座(220V)一次充满电用时约 8h,在充满电情况下,丰田 RAV4 EV 可续驶 161km。

2. 轮边驱动系统及应用

集中式驱动系统继承了传统燃油车的传动装置,传动效率较低。相比集中式驱动系统,轮边驱动系统具有结构紧凑、质量小、传动效率高等优点,从而增加了纯电动汽车的动力性以及续驶里程等。

1) 轮边减速式驱动系统

轮边减速式驱动系统是在集中式驱动系统的基础上,差速器被两个独立的驱动电机所代替,即轮边驱动无差速器的传动形式,减速器依然保留,每个电机单独完成一侧车轮的驱动任务。在车辆进行曲线行驶时,两侧的电机分别工作在不同的转速下。轮边减速式驱动系统的布置形式如图 2.7 所示。

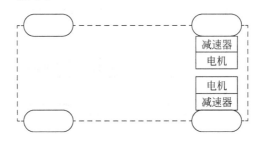

图 2.7 轮边减速式驱动系统布置形式

日本明电舍公司研发的轮边电机减速式驱动系统,采用永磁同步电机,外形尺寸为 270mm×350mm×270mm,质量为 40kg(电机质量为 22kg),额定功率为 4kW,最大功率为 5.5kW,最大转矩为 100N·m,最高转速为 12 000r/min。

2) 轮边直连式驱动系统

轮边直连式驱动系统是用一个单排的行星轮代替轮边减速式驱动系统中的减速器,能够提供良好的减速比和线性的输入/输出特性,从而达到减小转速和增大转矩的目的。轮边直连式驱动系统的布置形式如图 2.8 所示。

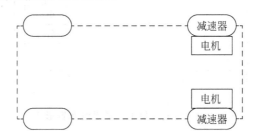

图 2.8 轮边直连式驱动系统布置形式

2010年比亚迪公司生产的K9纯电动客车就采用轮边直连式驱动系统,车身长12m,整车续驶里程达到300km,能源消耗成本不到同类燃油车的1/3。

3. 轮毂电机驱动系统及应用

轮毂电机驱动系统是将电机直接安装于车轮内,可以有效改善轮边电机驱动系统带来的电动机与独立悬架在有限空间内的布置困难、纯电动汽车底部的空气阻力大及通过性差等问题。另外,轮毂电机驱动系统不仅省略了大量传动部件,而且可以实现多种复杂的驱动方式。

轮毂电机驱动系统包括内转子轮毂电机驱动系统,如图 2.9(a)所示;外转子轮毂电机驱动系统,如图 2.9(b)所示。

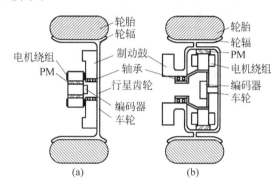

图 2.9 两种轮毂电机驱动方式内部示意图

1) 外转子轮毂电机驱动系统

外转子轮毂驱动系统是将外转子电机直接安装在车轮的轮辋内,中间无须采用减速机构,直接驱动车轮转动,从而带动汽车行驶。此系统具有结构紧凑、效率较高、功率密度高、响应速度快等优点。

纯电动汽车在起步及加速时需要较大的转矩,即安装在电动轮中的外转子轮毂电机在这些行驶模式下必须能提供大转矩,以满足整车的动力性;外转子轮毂电机驱动系统中未采用中间减速机构,为了使汽车能够有较好的动力性,外转子轮毂电机还必须具有很宽的转矩和转速调节范围。

2) 内转子轮毂电机驱动系统

外转子轮毂电机驱动系统虽然有各种优点,但纯电动汽车在起步及加速时需要较大转矩,为获得较好动力性,不得不增加电机的体积和质量,簧下质量加大,而车轮轮辋空间有限,这将造成布置困难及行驶稳定性的一些问题。而内转子轮毂电机驱动系统则可以在一定程度上解决这些问题。

内转子轮毂电机驱动系统是将内转子电机装在车轮的轮辋内,且带有减速机构。这种驱动系统允许电机在高速下运行,可采用普通的内转子高速电机,电机的最高转速可以设计在 4000~20 000r/min,可以获得较高的功率密度,而对电机的其他性能没有特殊要求。内转子电机的输出轴通过减速机构与车轮驱动轴连接,使电机轴承不直接承受车轮与路面的载荷作用,改善了轴承的工作条件;减速机构采用固定速比行星轮减速器,使系统具有较大的调速范围和输出转矩,起到减速和增矩的作用,从而保证电动汽车在低速时能够获得足够大的转矩,同时也解决了在车轮尺寸有限的情况下由电机性能引起的电机尺寸大而难以布置的问题。

2012年上市的日本KAZ轮毂驱动纯电动汽车如图2.10所示,它使用高性能内转子轮毂电机驱动系统,该电机的峰值功率为14kW,每个内转子电机配置一个减速比为1∶4.558的减速齿轮,0~100km/h加速时间仅为8s,装配为8×8的驱动模式,前轮采用盘式制动器,后轮采用鼓式制动器。

图 2.10　KAZ轮毂驱动纯电动汽车

2.1.3　储能装置形式

本书定义"能量储存"为储存能量、向外传送能量(放电)和从外部接收能量(充电)的装置。动力电池组是大部分新能源汽车上的主要能量储存装置,其本质上是一种化学蓄电池组,是一种电化学装置。在充电时,它将电能转化为化学能;而在放电时,则将化学能转换为电能。化学蓄电池组的基本部件包括正电极、负电极、隔膜和电解质,如图2.11所示。正电极或负电极中的电化学有效成分称为活性物质。在两电极上会发生化学反应,一端释放电子而另一端将其获得。两个电极必须选择导电材料并且中间用隔膜分开放置在电池容器中,电极与外电路的连接点通常称为电池极柱。外部电路保证了电池的化学能只有在需要使用电能时才会释放。

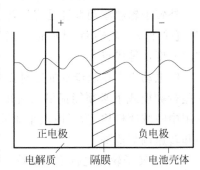

图 2.11　化学蓄电池的结构组成

化学蓄电池一般包括铅酸蓄电池、镍氢电池、锂离子电池等。而在电动汽车上还有可能采用超级电容和超高速飞轮等储能装置,本节将对其进行讲解。

1. 铅酸蓄电池

铅酸蓄电池是已知的第一种可充电电池。它是法国物理学家Planté在1860年提出的能量储存手段。在轮式移动和固定应用方面,铅酸蓄电池一直处于领先地位。其电极主要由铅及其氧化物(二氧化铅)制成,电解液为硫酸溶液。

铅酸蓄电池的功率和能量都取决于电极的尺寸和几何形状,通过增加每个电极的表面积可以提高电池的容量,这意味着电池中会有更多的较薄的电极板。

铅酸蓄电池具有低成本、高功率、易回收等优点,但它也有不可忽视的缺点,就是放电时可用容量降低。另外,由于对环境腐蚀性强,循环使用寿命短,铅酸蓄电池的能量密度大约只有锂离子电池的1/4,正逐渐被锂离子电池和镍氢电池所取代。

2. 镍氢电池

1990年镍氢电池在日本问世。镍氢电池由正极氢氧化镍、负极金属氢化物和尼龙隔膜组成,分隔板为多孔结构,孔隙中以浓氢氧化钾溶液为电解质。近年来,锂离子电池由于其优异的比能量、极小的记忆效应和较低的自放电率,成为镍氢电池强劲的竞争对手。尽管如此,镍氢电池由于其环保性、价格相对较低以及更好的热稳定性,使其仍然保持在市场上的地位。

与锂离子电池相比,镍氢电池的能量密度仅为锂离子电池的1/2,不适用于电动汽车。镍氢电池还具有"记忆效应",即电池在循环充/放电过程中容量出现衰减,而过度充电或放电,都可能加剧电池的容量损耗。此外,镍氢电池在快速充电和高负载放电过程中会产生大量热量,影响着电池的安全、性能和寿命。

3. 锂离子电池

1979年,Goodenough证明锂钴氧化物作为锂离子可充电电池的阴极,金属锂作为阳极实现高密度的能量储存是可行的。在Goodenough的发现后,Yazami开始研究石墨化合物,为锂金属作为阳极提供了一种替代方案,石墨后来成为锂离子电池中最常用的阳极。1985,Yoshino用锂钴氧化物为阴极和石墨为阳极制造了一个可充电锂离子电池原型,取消了金属锂作为阳极,显著提高了电池的安全性,同时也提高了性价比。

锂是所有金属中密度最轻的,具有最大的电化学潜力,能提供最大的能量密度。因此,锂离子电池具有高能量和高功率密度特点,与其他类型的电池相比,受记忆效应的影响较小。这些特性使锂离子电池成为最有可能支持可持续移动的电池,如作为电动汽车、混合动力汽车、摩托车和电动自行车的能量储存装置。锂离子电池的优点包括寿命长、能实现快速充电和高负载。

纯电动汽车行驶完全依赖电池的容量,电池容量越大,可以实现的续驶里程越长,但电池的体积、重量也越大。纯电动汽车要根据设计目标、道路情况和行驶工况的不同来选配电池,具体要求归纳如下:

(1) 动力电池组要有足够的能量和容量,以保证典型的连续放电不超过1C(电池组放电速率),典型峰值放电一般不超过3C;如果电动汽车上具有回馈制动功能,动力电池组必须能够接受高达5C的脉冲电流充电。

(2) 电池要能够实现深度放电(如80%)而不影响其寿命,在必要时能够实现满负荷甚至全负荷放电。

(3) 需要安装电池管理系统和热管理系统,以显示电池组的剩余电量和实现温度控制。

(4) 由于动力电池组体积和重量大,电池箱的设计、电池的空间布置和安装问题都需要认真研究。

4. 超级电容器

超级电容器（Supercapacitor，或 Ultracapacitor）又名电化学电容器（Electrochemical Capacitor），是一种电荷的储存器，其结构由采用活性碳粉或活性碳纤维的多孔化电极和采用有机电解质（如丙烯碳酸脂或高氯酸四乙氨等）的电解液组成。

当电源的电压连接在电容器的两端时，电源的电荷就储存在电容器中，电容量在可极化电极界面上形成的双电层中聚集，其多孔化电极在电解液中吸附电荷，因而可以存储很大的静电能量，超级电容器的这一储电特性介于传统的电容器与电池之间。尽管能量密度比电池低，但是超级电容器的能量储存方式有快充快放的特点，可以克服传统电池难以解决的短时高峰值电流问题。超级电容器能量密度高，功率释放能力强，清洁无污染，寿命可达百万次。电容器能够储存大量电荷，具有快速、大电流充/放电的特性，可以为电动汽车的起动提供大的电流，能够高效率地储存电动汽车制动反馈的电能，弥补动力电池组的不足，延长电池的寿命。

电容器由两个彼此绝缘的平板形金属电容板组成，如图2.12所示在两块电容板之间用绝缘材料隔开。电容器极板上所储集的电量 Q 与电压成正比。电容器的计量单位为法拉（F）。当电容器充上电压，如果极板上储存1F电荷量，则该电容器的电容量就是1F。

电容器的容量 C 为

$$C = \frac{\varepsilon A}{d} \tag{2.1}$$

式中　d——两金属板间隙的距离(m)；

　　　A——两金属板相对表面积(m^2)；

　　　ε——介电常数(F/m)。

电容器作为一种储能装置，其容量只取决于电容板的面积，且与电容板面积的大小成正比，电容板面积越大，电容器的容量也越大，与电容板的厚度无关。另外，电容器的容量还与电容板之间的间隙大小成反比，电容板之间间隙越大，电容器的容量越小。当电容元件进行充电时，电容元件上的电压增高，电场能量增大，电容器从电源上获得电能。电容器中储存的电量 E 为

$$E = \frac{CU^2}{2} \tag{2.2}$$

式中　U——外加电压(V)。

充电时，电容器的电压升高，电场能量增大，电容从电源获得电能，能储存的最大电量为 E；放电时，电容器的电压降低，电场能量减小，电容释放电能，能释放的最大电量为 E。

传统电容器又称为电解电容器，这是因为它们有液体、凝胶或固体形式的电解液作为它们的电极之一。它们为电气和电子电路提供了很大的电容，但对于大多数储能应用来说仍然太小。自20世纪70年代以来，人们开发了一些称为电化学电容器的新型电容器，如超级电容器、双电层电容器。

如前所述，简单的静电电容器包括两个具有气隙的平板，如图2.12所示。当一个电压施加到

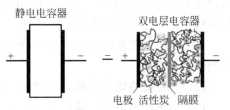

图 2.12　静电电容器、双电层电容器

平板上时，电荷就在其上积累，以便通过在平板上产生一个大小相等且极性相反的静态电荷电压来中和电压。随着电压的增加，电荷将继续积累，直到高到足以引起空气击穿并开始在平板之间导电为止，此时电容器失效。

当电压施加在超级电容器上时，极板与静电电容器一样积累正负电荷。不同的是，在这种情况下，每个极板上的电荷会被一层电解液中带相反电荷的荷电离子（称为亥姆霍兹层）中和。这样在每个极板上都产生了双电层，有效地扩大了两个电容极板荷电层，大大增加了极板所能储存的电荷量。图 2.13 为超级电容器的详细视图。

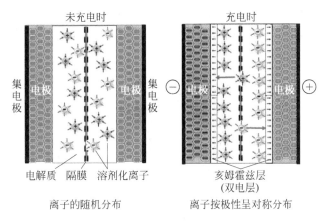

图 2.13 超级电容器工作原理

与其他各类储能装置相比，超级电容器具有以下特点：

（1）吸收和传递电力快。它以电荷的形式直接存储电力，而不是将其转化为另一种形式的能量。这意味着超级电容器中包含的静电电荷是可以立即获得的，这使得它们的动作非常快。

（2）充/放电寿命长。电化学电容器可以循环数万次而不会退化，前提是其电压保持在最大值以下，这样就不会发生内部电化学反应。这与循环寿命更有限的电池相比更有优势。

（3）功率密度高。由于超级电容器内阻很小，所以超级电容器的功率密度高达数千瓦每千克，这比大多数蓄电池系统的功率密度高出数十倍。

（4）储存寿命长。超级电容器在储存过程中，虽然也有微小的漏电电流存在，但这种发生在电容器内部的离子或质子迁移运动是在电场的作用下产生的，并没有出现化学或电化学反应，没有产生新的物质；而且，所用的电极材料在相应的电解液中也是稳定的，故理论上超级电容器的储存寿命几乎可以认为是无限的。

（5）能量密度低是目前超级电容器的显著缺陷，在一定程度上限制了采用超级电容器为电源的电动汽车的续驶里程。

5. 超高速飞轮

飞轮是一种简单的机械储能装置，由装有磁悬浮轴承的轴上的一个大轮组成。飞轮由于转动而储存动能。它旋转得越快，所储存的能量就越多。飞轮储能量 E 为

$$E = \frac{j\omega^2}{2} \tag{2.3}$$

式中 j——转动惯量,与飞轮的形状和质量有关;
ω——飞轮转动角速度。

飞轮的储能量与转子绕轴转动惯量(与其质量直接相关的特性)及其旋转速度的平方成正比。增加质量或转速都会增加存储容量,较高的转速会提供更多的能量。充电过程就是利用安装在飞轮轴上的电动机带动飞轮旋转,直到达到最高速度,将电能转化为飞轮的机械能,这样便将能量储存在飞轮中。放电时,飞轮系统则需要一台发电机,将发电机连接到飞轮轴上。飞轮带动发电机转子旋转,将机械能转化为电能。大多数飞轮将使用一个既可作为电动机又可作为发电机的单一装置,以省成本和简化设计。

典型的飞轮原理如图 2.14 所示,它主要由以下几部分组成:真空腔、磁极轴承、发电机、飞轮和真空泵等。

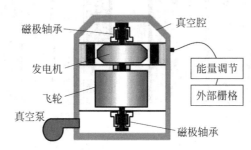

图 2.14 飞轮原理图

与其他各类储能装置相比,超高速飞轮具有以下特点:

(1)能量密度高。超高速飞轮的能量密度可达 100~200W·h/kg,功率密度可达 5000~10 000W/kg。

(2)能量转换效率高、充电快。飞轮电池工作时的能量损失很小,其能量转换效率高达 90% 以上。由于飞轮电池无最大充电电流的限制,其充电速度取决于飞轮的角加速度,因而充电很快。

(3)使用寿命长。飞轮电池无重复深度放电影响,其循环充/放电次数可达数百万次,预期寿命可达 20 年以上。

(4)维护周期长,低损耗、低维护。飞轮电池的轴承采用磁悬浮形式,飞轮在真空环境下运转,其机械损耗微乎其微,因而其维护周期长。

(5)工作温度范围宽。飞轮电池对环境温度没有严格要求。

(6)体积小、质量轻。飞轮采用了碳纤维材料,直径一般也不大。与化学电池和燃料电池相比,飞轮电池的体积小、质量轻。

(7)飞轮系统的发电机输出频率不稳定,飞轮的转速会随着它所储存能量的减少而下降。这种变速会导致发电机输出变频功率。在使用过程中需要添加电力电子装置来解决这一问题。

飞轮电池特别适合用作电动汽车的辅助蓄能装置,在车辆起步、加速、爬坡等行驶工况时,协助蓄电池供电,可提高电动汽车的动力性,并延长蓄电池的使用寿命。在车辆制动时,飞轮电池可很好地回收制动能量。用飞轮电池作蓄能装置的电动汽车也早被世界各国所关注。美国飞轮系统公司用其最新研制的飞轮电池将一辆克莱斯勒 LHS 轿车改成电动轿车,一次充电可行驶 600km,0～96km/h 的加速时间仅为 6.5s。

2.1.4 典型实例

按提供储能装置形式的不同,纯电动汽车一般可以分为电池单独驱动式纯电动汽车、超级电容单独驱动式纯电动汽车、复合电源驱动式电动汽车。

1. 电池单独驱动式纯电动汽车

电池单独驱动式纯电动汽车是指以动力电池组作为驱动电机的唯一能量来源以驱动车辆行驶的纯电动汽车。

1) 概述

电池单独驱动式纯电动汽车驱动系统由动力电池、控制器、电驱动装置等几部分组成,其结构如图 2.15 所示。

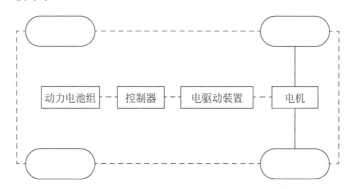

图 2.15 电池单独驱动式纯电动汽车结构简图

电池单独驱动式纯电动汽车中电池作为唯一的能量源,在汽车正常行驶时,驾驶员操作加速踏板,控制器根据整车的控制算法得出驱动电机的需求功率,从而使唯一动力源电池提供相应的功率以满足行驶需求。在制动时,驾驶员操作制动踏板,电机处于发电状态,电池回收制动能量。

2) 电池单独驱动式纯电动汽车特点

电池单独驱动式纯电动汽车的结构及控制系统比较简单,维护、使用成本较低,能够实现零排放。电池不能接受大电流充/放电,能量回收的效率较低,充电时间长,续驶里程短,电池的能量密度、功率密度相对较低,致使纯电动汽车不能满足各种行驶工况。电池单独驱动的汽车主要用于城市内上下班及城市家庭用车等短距离行驶的情况。

要使纯电动汽车满足人们对续驶里程的要求,动力电池需要的重量和体积都很大,所以动力电池的布置也是一个影响纯电动汽车性能发挥的重要因素。

3) 典型应用案例

电池单独驱动的纯电动汽车受限于其电池的功率密度、能量密度等问题,主要适用于短距离用车。特斯拉 Roadster 纯电动汽车即为该类型汽车,采用的是锂离子电池,如图 2.16 所示。

图 2.16 特斯拉 Roadster 纯电动汽车

2008 年下线的特斯拉 Roadster,其最大功率为 215kW,最大转矩为 397N·m;最高时速为 201km/h,0~100km/h 加速时间只需 3.9s。该车由 6831 个锂电池电芯组成的锂离子动力电池组提供电力,用原厂的快速充电器充满电量仅需要 3.5h,满电情况下在高速公路上可以拥有 394km 的超强续驶能力。

2. 超级电容单独驱动式纯电动汽车

电池单独驱动式纯电动汽车,由于频繁地大电流充/放电使电池的寿命更短;在制动能量回收时,由于电池不能接受大电流,而使能量回收的效率较低。而且电池的功率密度较小,不能满足纯电动汽车各种行驶工况。超级电容纯电动汽车可大电流充/放电、充电时间短,能够弥补电池单独驱动式纯电动汽车的不足。

1) 概述

超级电容单独驱动式纯电动汽车是指车载储能系统是超级电容,超级电容是驱动电动机的唯一能量来源,从而驱动车辆行驶的纯电动汽车。

超级电容单独驱动式纯电动汽车驱动系统由超级电容、控制器、电驱动装置等组成,其结构如图 2.17 所示。

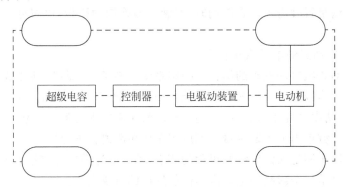

图 2.17 超级电容单独驱动式纯电动汽车结构简图

超级电容单独驱动式纯电动汽车中电容作为唯一的能量源,在汽车正常行驶时,驾驶人操作加速踏板,控制器根据整车的控制算法得出驱动电动机的需求功率,从而使唯一动力源电容提供相应的功率以满足行驶需求。在制动时,驾驶人操作制动踏板,电动机处于发电状态,电容回收制动能量。

与同样尺寸的电池相比,超级电容所能储存的能量较少,但超级电容的功率性能却优于电池,因为超级电容可以高速率充/放电,尖峰电流仅受内阻和超级电容大小的限制。

2) 超级电容单独驱动式纯电动汽车的特点

超级电容单独驱动式纯电动汽车具有如下特点:无毒性、无污染、结构简单、质量轻、体积小、免维护;超级电容纯电动汽车最短可在几十秒内充电完毕,最长充电时间不过十几分钟,远小于电池纯电动汽车的充电时间;超级电容在充/放电过程中不发生电化学反应,远比动力电池组的充/放电循环寿命长,可达 500 000 次,而动力电池组的充/放电寿命很难超过 1000 次;超级电容纯电动汽车可以在较宽的温度范围内正常工作($-40 \sim 70 ℃$),而电池纯电动汽车很难在高温或低温环境下工作;超级电容工作过程中没有运动部件,维护工作少,因此超级电容纯电动汽车的可靠性高。

超级电容能量密度小,充电一次只能跑很短的路程,所以以超级电容单独驱动的纯电动汽车一般用在固定线路的公交车上。但它的充电速度快,充完就可以继续行驶,而动力电池充一次电要 $5 \sim 10h$,所以只要在线路上合适的地方建立一个超级电容充电站就可以了,而投资建设这样的充电站的费用比建加油站少得多。

3) 典型应用案例

图 2.18 为奥威科技有限公司为上海世博会研制的无"辫子"的超级电容器纯电动汽车。该车于 2006 年 8 月 28 日在上海 11 路实现大规模商业化运营。该线路全长 5.27km,建立充电站 10 个。该车采用新一代沪版高能量超级电容,耗电量为 $1.4kW \cdot h/km$,车速达到 80km/h,充一次电可以连续行驶 8km,充电时间为 90s。超级电容器公交车也可以从刹车系统中获取能量,这类公交车使用的电力比无轨电车平均少 40%,能耗仅为燃油车的 1/3。

图 2.18 上海奥威超级电容单独驱动纯电动汽车

3. 复合电源驱动式电动汽车

电池的功率密度较低,电池单独作为纯电动汽车的动力源存在续驶里程较长、但电池寿命有限等问题。超级电容单独作为纯电动汽车的动力源存在能量密度较低、续驶里程较短等问题。因此,上述两种都不是纯电动汽车理想的动力源。

解决上述问题最好的方法,就是设法将电源系统的功率需求和能量需求解耦,将这两个指标的设计相分离。由于超级电容和动力电池分别具有较高的功率型指标和能量型指标,因此很自然地考虑将这两种已经成熟的储能元件加以组合,构成复合能源系统。

用复合电源来解决电池寿命短、能量密度低等问题是非常有效的方法。复合电源的思想接近于混合动力汽车的设计初衷,目的也是解决类似"大马拉小车"的问题。

1)概述

复合电源驱动式纯电动汽车是将高功率密度的超级电容与高能量密度的电池复合使用,从而满足当前车辆对电源高能量密度和高功率密度的双重要求,并通过合理的功率分配策略,提高纯电动汽车整车性能。

复合电源驱动式纯电动汽车驱动系统由动力电池、超级电容、DC/DC 转换器、控制器、电驱动装置等组成,其结构如图 2.19 所示。

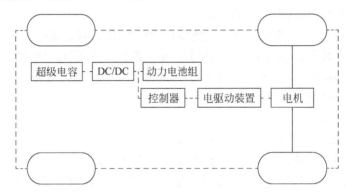

图 2.19 复合电源驱动式纯电动汽车结构简图

超级电容与电池连接的拓扑结构可以有多种,在此仅介绍超级电容通过双向 DC/DC 转换器串联后与电池并联的拓扑结构。

复合电源驱动式纯电动汽车通过特定的控制算法使两种元件发挥各自优势,满足纯电动汽车在能量和功率方面的要求。在加速或者爬坡的工况下,超级电容和电池同时提供能量,供整车发挥最大的动力性;在正常行驶低负荷工况下,主要由电池提供能量驱动纯电动汽车行驶;在制动工况下,制动时产生的瞬间大电流由超级电容回收,超级电容的 SOC 达到一定限值时,剩余能量由电池回收或超级电容与电池同时回收制动能量,以避免大电流给电池带来的损伤。

2)复合电源驱动式纯电动汽车特点

在结构设计上,复合电源系统将纯电动车辆对能量和功率的需求解耦,增加了系统设计自由度。利用高功率型储能元件和高能量型储能元件分别满足纯电动车辆对功率和能量的需求。动力电池组提供平均功率需求,由超级电容提供加速、爬坡和制动能量再生时的峰值功率补偿和吸收,发挥超级电容功率快速响应的特点,提高纯电动汽车的能量利用率。

在结构成本上,由于超级电容提供峰值功率补偿,电池可以根据能量要求设计,能够采用小容量的动力电池,缩减了电池组规模以降低成本。同时,较为稳定的工作电流为设计更高效的电池提供了条件。

在结构可靠性上,降低了单一电源结构出现故障后,纯电动汽车无法行驶的风险,采用复合电源系统,如果其中一个储能部件发生故障,纯电动汽车还具有一定的续驶能力。

3) 典型应用案例

北京理工大学与北方华德尼奥普兰客车股份有限公司于 2006 年共同研制出了纯电动旅游客车 BFC6110-EV,如图 2.20 所示。该车使用锂离子电池、超级电容储能系统以及先进的多能源控制系统、交流驱动系统。

图 2.20 BFC6110-EV 复合电源驱动式纯电动汽车

2.2 混合动力汽车

混合动力汽车(HEV)并不是一个新的概念。自 1881 年首辆纯电动汽车问世、1896 年内燃机汽车诞生以来,伴随着人们对提高汽车综合性能的不断追求,早在 1894 年就出现了第一辆混合动力电动汽车,1905 年出现了第一个混合动力电动汽车专利,该专利的目的在于通过一个电动机为内燃机助力以获得更高的车速。混合动力汽车出现的原因在于当初单一的纯电动汽车(续驶里程短和动力电池性能差)、单一的内燃机汽车(内燃机功率小、使用不方便)均存在技术弱点。不过,随着内燃机技术的进步和汽车的流水线批量生产,混合动力汽车遭遇了与纯电动汽车相同的命运,逐渐没落,直至 20 世纪 90 年代,立足解决环境和能源问题的需要,才重新引起重视,并取得了明显的技术进步。

虽然关于混合动力汽车是一种独立的车型还是纯电动汽车的过渡车型的争论一直没有停止,但是从目前已取得的研究成果来看,混合动力汽车已成为一股不可阻挡力量,正逐渐改变着汽车产品的结构,并且取得了明显的节能效果,逐步走向实用化。可以预言,在未来的二三十年间,混合动力汽车将会得到巨大的发展空间。

通常来讲,混合动力汽车具有油电混合、气电混合、电电混合等多种不同的形式,即使对应其中的一种混合形式,由于动力传动系统的组成不同,仍存在多种不同的结构。动力传动系统是汽车上用于储存、转化和传递能量并使汽车获得运动能力的所有部件的总称,具体包括车载能量源、动力装置、传动系和其他辅助系统四部分。在详细分析各种不同结构的定义、特点和工作原理之前,给出动力传动系统的基本概念。

1. 车载能量源

车载能量源是在汽车动力传动系中,用于能量储存或进行能量的初始转化以向动力装置直接供能的所有部件的总称,由能量直接储存装置或能量储存、调节和转化装置组成。例如,对传统内燃机汽车,车载能量源为油箱(能量直接储存);对燃料电池电动汽车,车载能量源由氢气罐或储氢金属(能量储存)和燃料电池电堆(能量转化)两部分组成。

2. 动力装置

动力装置是在汽车动力传动系中,用于把其他形式的能量转化为机械动能(旋转动能)的装置,并直接作为传动系的输入,如常规汽车上的内燃机、纯电动汽车上的电动机等。

3. 传动系

传动系是在汽车动力传动系中,用于调节和传递动力装置输出的动力,使之与汽车行驶时驱动轮处要求的理想动力达到较好匹配的所有部件的总称,具有减速、变速、倒车、中断动力、轮间差速和轴间差速等功能。传动系与动力装置配合工作,能保证汽车在各种工况条件下的正常行驶,并具有良好的动力性和经济性。传动系一般由离合器、变速器、万向传动装置、主减速器、差速器和半轴等组成。

4. 辅助系统

辅助系统是指在汽车动力传动系中,用于从动力装置中获得动力,区别于直接驱动车辆,主要用于维持汽车良好的操控特性、舒适性等的所有部件的总称,如转向助力系统、制动助力系统、空调系统(动力装置直接拖动)、辅助电气系统(12/24V 发电机系统)等。

基于上述给出的基本概念,汽车动力传动系可抽象为图 2.21 所示的简化模型。

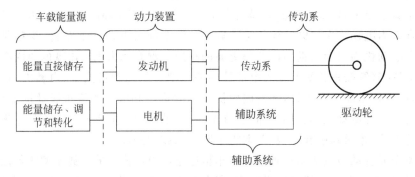

图 2.21 汽车动力传动系简化模型

基于图 2.21 建立的汽车动力传动系简化模型,对混合动力电动汽车的概念重新定义如下:混合动力汽车是指汽车动力传动系由两个或多个能同时运转的单个动力传动系联合组成的汽车,汽车的行驶功率依据实际的汽车行驶状态由单个动力传动系单独或多个动力传动系共同提供。若其中的一个动力传动系统为纯电动汽车动力传动系,则该混合动力汽车为混合动力电动汽车。

本章仅针对混合动力电动汽车展开分析。相比常规内燃机汽车和纯电动汽车,混合动力汽车传动系增加了整车能量管理和控制系统,其主要作用在于以优化发动机工作效率为目标,协调发动机和驱动电动机之间的动力分配,同时进行动力电池组的电量管理。

依据组成混合动力汽车的两个或多个能同时运转的单个动力传动系之间位置结构的不同,混合动力汽车还具有串联、并联和混联三种基本的类型。

2.2.1 串联式混合动力汽车

串联式混合动力汽车是混合动力汽车的一种基本结构,由发动机、发电机和电动机三大主要部件组成。在动力电池组电量充足的情况下发动机不工作,为纯电动行驶模式,由动力电池组直接供电;当动力电池组电量不足时,发动机工作用来发电,发电机发出的电能通过电动机控制器直接输送到电动机,由电动机产生的电磁力矩驱动汽车行驶,同时额外的电能用来给动力电池组充电。

串联式混合动力汽车具有以下特点:

(1) 污染排放小。串联式混合动力汽车以动力电池组内的电能为基本能源,当采用纯电动时关闭发动机,只用电池组电力驱动汽车,实现零排放行驶。当需要发动机工作为动力电池组充电时,发动机独立工作在高效区间,增加了续驶里程,减少了有害气体的排放。

(2) 驱动形式多样。串联式混合动力汽车可以采用电动机驱动系统或者轮毂电动机驱动系统,根据布置的不同还可以分为前轮驱动、后轮驱动或者四轮驱动等多种驱动形式。

(3) 布置方便。串联式混合动力汽车只有驱动电动机的电力驱动系统,其特点更加趋近于纯电动汽车,机械结构上因为驱动电动机与发电单元没有机械连接,因而布置起来更加容易。

(4) 对驱动电动机、发电单元和电池的要求较高。驱动电动机的功率需要满足汽车在行驶过程中的最大功率需求,这使得电动机的体积和质量都较大,同时动力电池组的容量需求也较大。所以需要一个较大功率的发动机-发电机组,外形和尺寸较大,导致在中小型串联式混合动力汽车上布置有一定的困难。

(5) 能量转换效率低。串联式混合动力驱动系统的能量通过热能-电能-机械能转换而来时,能量损失较大。

(6) 对动力电池组工作和性能要求更高。为了保护电池,获得更好性能和更长寿命,要根据动力电池组荷电状态的变化,自动起动或者关闭发动机-发电机组,以避免动力电池组过度放电,发动机-发电机组与动力电池组之间的搭配要求更加严格。

1. 基本结构与工作原理

图 2.22 所示为典型的串联式混合动力汽车动力传动系基本结构,油箱-发动机-发电机与电池一起组成了车载能量源,共同向驱动电动机提供电能。其中发动机仅仅用于带动发

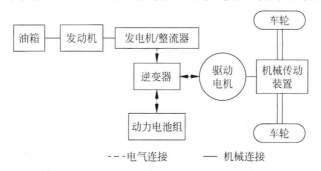

图 2.22 串联式混合动力汽车的基本结构

电机发电,所产生的电能通过电动机控制器提供给驱动电机,再由驱动电机转化为电能后驱动车辆。动力电池组对发电机产生的电能和电动机所需要的电能进行调节,从而保证车辆在行驶工况下的功率需求。串联式混合动力系统中有两个电源,即动力电池组和发电机。这两个电源通过逆变器串联在回路中,动力的流向为串联形式,因此称为串联式混合动力系统。

串联式混合动力汽车实现了车载能源的多样化,可充分发挥各种能量源的优势,并通过适当的控制实现它们的最佳组合,满足汽车行驶的各种特殊要求。例如,采用发动机-发电机组和动力电池组两种车载能量源的串联式混合动力电动车既可以满足汽车一定的零排放续驶里程又可以通过发动机、发电机的工作为动力电池组进行补充充电,延长了汽车的有效续驶里程,为实现纯电动汽车的实用化提供了解决方案。

在串联式混合动力汽车上,由发动机带动发电机所产生的电能和动力电池输出的电能,共同输送给电动机来驱动汽车行驶,电力驱动是唯一的驱动模式。电动机直接与传动装置相连,发动机与发电机直接连接产生电能,来驱动电动机或者给动力电池充电,汽车行驶时的驱动力由电动机输出。将储存在动力电池组的电能转化为车轮上的机械能,当电池的SOC降到一个预定值时,发动机即开始对动力电池组进行充电。发动机与驱动系统并没有机械地连接在一起,这种方式可以很大程度地减少发动机受到的车辆瞬态响应,瞬态响应的减少可以使发动机进行最优的喷油和点火控制,使其在最佳工况点附近工作。同时,串联式混合动力汽车对电池容量以及发电机和驱动电机的功率需求都比较大。

2. 电驱动系统

串联式混合动力电动汽车的电驱动系统如图 2.23 所示,由发动机、发电机、发动机控制器、动力电池组、电池管理系统、电耦合装置、电动机控制器、电动机、传动装置、整车综合控制系统组成。

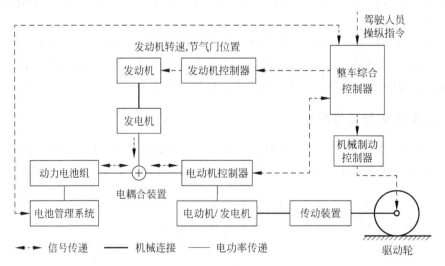

图 2.23 串联式混合动力电驱动系统

汽车由电动机驱动行驶,电动机控制器的供电来自于发动机与动力电池组成的串联式结构。整车综合控制器、电动机控制器、发动机控制器、发电机控制器、电池管理系统等通过通信线缆连接组成的整车控制系统,依据控制系统的状态信息以及驾驶人员操控指令、车速等整车反馈信息,由整车控制器实施既定的控制策略,并输出指令到电动机控制器,使电动机驱动汽车行驶(驱动)或发电(再生制动能量回收)控制,输出指令到发动机控制器、发电机控制器,实施发动机-发电机的开关控制以及输出功率控制,输出指令到电池管理系统,实施动力电池组的充/放电能量管理。

利用电动机控制器控制发电机将发动机的机械输出转化为电能,电能既可用来给电池充电,又可从电池旁路输送到驱动车轮的电动机。在串联结构中,发动机始终将机械能传递给发电机,发电机将机械能转化为电能经过整流器和控制器到达蓄电池或者电动机的工作状态,发动机在运行过程中只需通过电动机向驱动系统输送工况所需功率,即以驱动功率"调峰"模式达到汽车驱动目的。因此,发动机工作状态不受汽车行驶工况的影响,转速可以独立于车辆速度进行控制,简化了发动机的控制。最重要的是,可以允许发动机在其最佳速度下运行,以达到最佳的燃油经济性,始终保持在稳定的运行状态,所以怠速时间很短,从而减少排放,对环境更友好。

在串联式混合动力电动汽车中,发电机输出的直流电与动力电池组输出的直流电经过电电耦合装置的调整后,共同向电动机控制器提供电能。在实际的应用中有图 2.24 所示的几种典型方案。

电电耦合采用发动机-永磁发电机组与动力电池组直接并联的方案(图 2.24(a))。为了实现串联式混合动力电动汽车的各种工作模式,必须依据动力电池组的端电压进行发电机的转速控制,以实现动力电池组的充/放电管理。因为仅转速一个控制变量,所以发动机的工作点难免受到整车实际功率需求变化的影响,改进方案如图 2.24(b)、(c)和(d)所示。

在图 2.24(b)中,把永磁发电机改为励磁(可调)发电机,从而实现了发动机-发电机组直流输出的双参数调整,即发动机的转速和励磁发电机的励磁电流两个参数调整。若系统参数匹配合理,就可以实现相同输出功率条件下发动机以最佳功率工作点工作。

在图 2.24(c)中,在发动机-永磁发电机组直流输出端增加了一个 DC/DC 转换器。DC/DC 转换器可以实现输出直流电压的升压或降压变换,实现发动机-永磁发电机组直流输出与动力电池组输出的解耦,实现发动机-发电机组输出的双参数调整,即调整发动机的转速和 DC/DC 转换器的输出电流,还可以实现相同输出功率条件下发动机以最佳效率工作点工作。

在图 2.24(d)中,在动力电池组的输出端增加一个双向 DC/DC 转换器。通过对 DC/DC 转换器的升压/降压控制,实现了动力电池组充/放电的主动管理以及发动机-永磁发电机组输出电压的主动匹配,也实现了发动机-发电机组输出的双参数调整,即发动机的转速和双向 DC/DC 转换器的电压的调整,同样可以实现相同输出功率条件下发动机以最佳效率工作点工作。

3. 储能装置

串联式混合动力汽车的储能装置形式主要是动力电池组,主要结构形式同纯电动汽车电池组类似。但需要注意的是,由于串联式混合动力汽车在运行过程中需要对电池反复充/放电,因此电池寿命和安全问题应当重点考虑。在目前的串联式混合动力客车上,也有使用超级电容器作为新能源汽车辅助动力案例。例如,Nissan Diesel 公司开发了一辆 15t 的

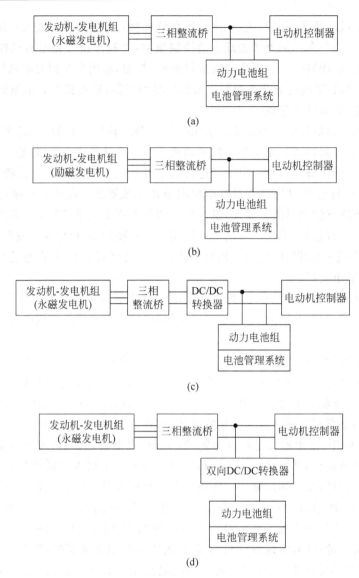

图 2.24 串联式混合动力电动汽车电电耦合方案

(a) 直接并联(永磁发电机); (b) 直接并联(励磁发电机);
(c) 间接并联(DC/DC 转换器); (d) 间接并联(双向 DC/DC 转换器)

"CNG+C"串联式混合动力大客车,如图 2.25 所示,续驶里程比常规压缩天然气(Compressed Natural Gas,CNG)大客车提高了 2.4 倍。超级电容器总重 200kg,CNG 发动机在最优效率点带动了一个 75kW 的发电机工作。

图 2.25 "CNG+C"串联式混合动力大客车

4. 典型实例

1) 梅赛德斯-奔驰 Citaro 混合动力客车

梅赛德斯-奔驰 Citaro GBlueTec Hybrid(图 2.26)是一种串联式混合动力铰接客车,由 OM924LA(160kW·h)型柴油发动机为位于车顶的 19.4kW·h 锂离子电池组发电,电池组驱动位于第二桥、第三桥的 4 个各 80kW 轮边电动机使车辆运行。电池组也能够通过再生制动回收电力为其充电。设计目标是相比于常规柴油 Citaro 客车节省 20%～30% 的燃料。

图 2.26 Citaro 外形

常规柴油版本 Citaro 可选用达到欧五/EEV 排放标准的 OM906hLA(210kW)或 OM457hLA(220kW、260kW)的柴油发动机。除了常规的柴油发动机之外,Citaro 也能选用符合欧Ⅳ排放的天然气发动机(M447hLAG),额定功率 185kW(252 马力)或 240kW(326 马力)。后者主要用于城际客车和铰接客车。

2) OrionⅦ混合动力客车

OrionⅦ混合动力客车使用的是 BAE 公司串联混合动力系统,如图 2.27 所示。该系统将最先进的电控技术和简洁的功能结合在一起,取消了主动力源(发动机)和车轮之间的机械连接。发动机驱动发电机,功率流从发电机以串联的形式流向电控系统、电池以及驱动电动机,最终到达车轮。

图 2.27 OrionⅦ外形

Orion Ⅷ 客车使用 5.9LISB 发动机,并配有柴油颗粒过滤器,从废气中去除颗粒。这类混合动力客车将发动机/发电机组(或动力单元),比如发动机和动力电池组以及电动机相结合,以获得较低的排放量和较高的燃油经济性。

3) ISE Thunder Volt TB40H 通行巴士

如图 2.28 所示,ISE Thunder Volt TB40H 客车使用了 ISE 公司的 Thunder Volt 混合动力驱动系统和可以使用氢燃料进行运转的福特公司 TritonV10 发动机。ISE 混合动力系统是一款串联式混合动力系统,动力系统和能量储存系统共同为两个驱动电动机提供电力,驱动电动机通过耦合变速器连接到驱动传动系统。

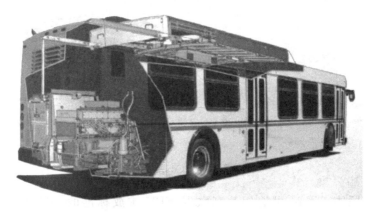

图 2.28 ISE Thunder Volt TB40H 部分剖视图

ISE 混合动力系统具备了再生制动功能,可以回收制动过程中消耗的能量并储存到电池中。推进系统的每个部件都由 ISE 开发的操作系统进行控制。

2.2.2 并联式混合动力汽车

并联混合动力汽车是混合动力汽车的一种基本结构,有发动机和电动机/发电机两套驱动系统。并联式混合动力汽车可以在比较复杂的工况下使用不同的驱动模式,应用范围较广。并联式混合动力结构根据电动机/发电机的数量和布置、变速器的类型、部件的数量(离合器、变速器的数量)和位置关系(如电动机/发电机与离合器的位置关系)的不同,具有多种类型。

并联式混合动力汽车具有以下特点:

(1) 两条驱动路径并联可以增加驱动功率。并联式混合动力汽车具有发动机和电动机两套动力系统,两大动力总成的功率可以相互叠加满足汽车行驶时的功率要求,增强了混合动力汽车的动力性。

(2) 动力元件比串联式混合动力驱动系更小,发动机和电动机/发电机的功率根据多能源动力总成匹配的要求,可以选择较小功率的发动机与电动机/发电机,与之匹配的动力电池组的容量减少,使整车动力总成尺寸小,质量也较轻。

(3) 发动机、电动机/发电机可根据工况高效工作。电动机可以带动发动机起动,调节发动机动态变化和输出功率,使发动机基本稳定在高效率、低排放的状态下运转。发动机也可以带动电动机作为发电机发电,给蓄电池充电以增加续驶里程。

(4) 发动机和驱动轮直接机械连接,使得发动机运行工况要受到汽车行驶工况的影响。当汽车行驶工况复杂时,发动机可能较多地在不良工况下运行。因此,并联式驱动的排放性能比串联式驱动的要差。

(5) 相比于串联式混合动力汽车结构和布置更复杂。并联式混合动力汽车发动机驱动路径需要配备与内燃机汽车相同的传动系统,包括离合器、变速器、传动轴和驱动器等传动总成,另外还有电动机/发电机、动力电池组以及动力耦合装置等。因此,并联式混合动力汽车的多能源动力系统结构复杂,布置和控制困难。

1. 基本结构及工作原理

并联式混合动力汽车系统结构如图 2.29 所示,主要由发动机、电动机/发电机两大部件总成组成,有多种组合形式,可以根据使用要求选用。两大动力总成的功率可以互相叠加,发动机功率和电动机/发电机功率为电动汽车所需最大驱动功率的 50%~100%。因此,可以采用小功率的发动机与电动机/发电机,使得整个动力系统的装配尺寸、质量都较小,造价也更低,行程也比串联式混合动力汽车的长一些,其特点更加趋近于内燃机汽车。并联式混合动力驱动系统通常应用在小型混合动力汽车上。

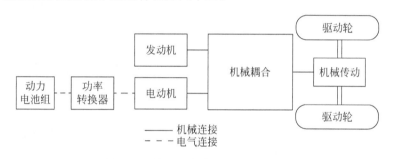

图 2.29 并联混合动力汽车基本结构

2. 电驱动系统

如图 2.30 所示,如同传统内燃机车辆一样,并联式混合动力汽车电驱动系是一个由发动机直接向驱动轮供给机械动力的驱动系,它由机械上与传动系相配合的电动机予以辅助,并通过机械耦合装置使两者共同配合提供动力。汽车的行驶动力由发动机、电动机/发电机通过机械耦合装置单独或者联合提供。整车综合控制器、电动机控制器、发动机控制器、电池管理系统等通过通信线缆连接组成整车控制器实施既定的控制策略,并输出指令到电动机控制器,实施电动机/发电机的电动(驱动汽车行驶)、发电(再生制动能量回收)控制,输出指令到发动机控制器,实施发动机的开关控制以及输出功率控制,输出指令到电池管理系统,实施动力电池组的充/放电管理。

在并联混合动力汽车中,机电耦合装置负责将混合动力电动汽车的多个动力装置的输出机械动力组合在一起。它将多机械动力合理地分配并传给驱动桥,实现各种工作模式,在并联混合动力电动汽车开发中处于重要地位。

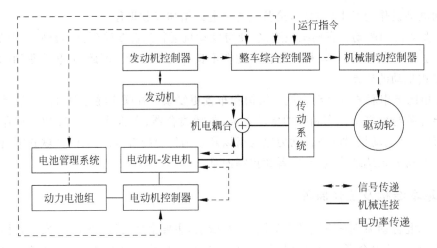

图 2.30 并联式混合动力电驱动系统

混合动力汽车机电耦合装置应具备以下 4 个功能：

(1) 动力合成功能：机电耦合装置将来自不同动力装置的机械动力进行动力的合成，实现混合动力驱动工作模式。

(2) 动力输出不干涉功能：机电耦合装置应保证来自不同动力装置的机械动力单独地输出或让多个动力装置共同输出以驱动车辆行驶，彼此之间互不发生干涉，不影响传动效率。

(3) 动力分解与能量回馈功能：机电耦合装置应允许将发动机动力的全部或一部分传递给电动机，电动机以发电模式工作，为动力电池组充电，还可以在整车制动时实施再生制动，回收制动能量。

(4) 辅助功能：机电耦合装置最好能充分发挥电动机低速大转矩的特点来实现整车起步，利用电动机的反转来实现倒车，从而取消倒挡机构。

依据机电耦合装置实现动力耦合的机理，具体可分为转矩耦合、转速耦合和功率耦合三大类。

1) 转矩耦合装置

转矩耦合装置定义为两个动力装置输出机械转矩的叠加，而工作转速之间为比例关系，数学表达式为

$$T = \eta_e T_e i_e + \eta_m T_m i_m \tag{2.4}$$

$$n = \frac{n_e}{i_e} = \frac{n_m}{i_m} \tag{2.5}$$

式中 T、T_e、T_m——机电耦合装置的总输出转矩、发动机输出转矩和电动机输出转矩；

n、n_e、n_m——机电耦合装置、发动机、电动机的工作转速；

i_e、i_m——发动机、电动机与机电耦合装置之间的传动比；

η_e、η_m——发动机、电动机与机电耦合装置之间的机械传动效率。

典型的转矩耦合装置有两大类：传动系耦合和同轴电动机耦合，分别如图 2.31(a) 和 (b) 所示。

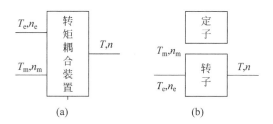

图 2.31 典型的转矩耦合装置
(a) 传动系耦合；(b) 同轴电动机耦合

转矩耦合的并联式混合动力电驱动系可以有多种不同的结构,根据输出轴的结构不同,可分类为单轴或两轴式以及分离轴的设计,如图 2.32 所示。

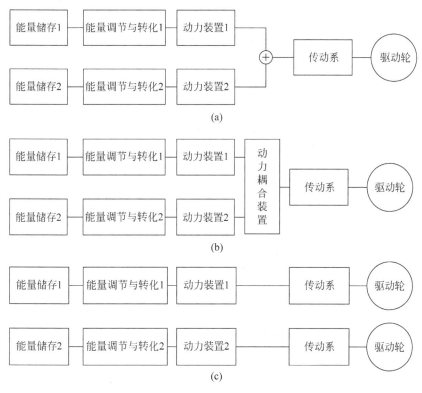

图 2.32 转矩耦合三种驱动系统结构
(a) 单轴式；(b) 双轴式；(c) 分离轴

(1) 单轴式结构。单轴式结构传动系的输入为单轴。其结构示意如图 2.32(a)所示,实际应用如图 2.33 所示。发动机的输出轴通过离合器与电动机的转子轴直接相连,而动力电池组通过控制器的调节作用于电动机定子,实现了发动机与电动机输出转矩的叠加。单轴式结构实现了把不同动力装置的机械动力输出一体化,结构紧凑,但电动机要经过特殊设计。

(2) 双轴式结构。图 2.32(b)所示为一个双轴式的结构,其中应用了两个动力装置,其一位于发动机和转矩耦合装置之间；另一位于电动机和转矩耦合装置之间。两个动力装置

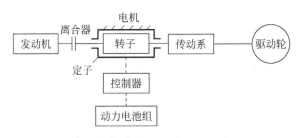

图 2.33　单轴式结构并联混合动力汽车示例

可以是单挡或多挡的传动装置。

当两个传动装置都是多挡传动装置时,此种设计为发动机和电牵引系统(电设备和蓄电池组),两者运行于最佳区域,提供了更多可能性,因此电驱动系的性能和整体效率可超过其他类型的设计。这一设计也在发动机和电动机特性的设计中提供了很大的灵活性。但是,两个多挡传动装置将使电驱动系统明显复杂化,并为选择每个动力装置特定的排挡而增加了控制系统的难度。

当发动机后的动力装置为多挡传动,电动机后的动力装置为单挡传动时,根据动力装置和电动机的相对位置,该结构被归入前传动装置类结构(电动机在传动装置之前)。电动机后的动力装置单挡的应用是利用了低速时电动机高转矩特性的内在优点。发动机后的动力装置采用多挡传动可用以克服发动机转速-转矩特性的缺陷(在其整个转速变化范围内无明显变化的转矩输出),也有助于改进发动机的效率,并减小车速的范围(此时电动机必须单独驱动车辆),从而也就防止了蓄电池的迅速放电。

当电动机后的动力装置为多挡传动,发动机后的动力装置为单挡传动时,因在该结构中没有利用两个动力装置的优点,故为一个不适宜的设计。

当两个动力装置都是单挡传动装置时,这一配置导致简单的结构和控制。该电驱动系统的应用限制在于其最大的牵引力。当发动机、电动机和动力电池组的额定功率以及传动装置的参数正确设计时,该电驱动系统将以令人满意的性能和效率适用于车辆。

(3) 分离轴结构。另一种转矩耦合的并联式混合动力电驱动系是分离轴的构造,其中一个轴由发动机给予动力,而另一轴则由电动机给予动力,如图 2.32(c)所示。来自两个动力系的牵引力通过车辆底盘和行车道路相加,其运行原理类似于双轴式结构。应用于发动机和电动机的两个传动装置可采用单挡传动装置,也可采用多挡传动装置。

分离轴的构造具有某些传统车辆的优点。它保持了原始发动机和传动装置不变,并在另一轴上附加了一个电牵引系统。它也具有四轮驱动形式,由此,可优化在光滑路面上的牵引力,且减小了作用于单个轮胎上的牵引力。

然而,电设备和末端差速齿轮系占有可观的空间,致使有效的乘客和行李装载空间减少。但若位于电动机后面的动力装置是单挡的,并以装置在两驱动轮内的两个小尺寸电动机替代该电动机,则可以解决这一问题。应该注意,当车辆处于停止状态时,动力电池组不可能由发动机予以充电。

2) 转速耦合装置

转速耦合装置定义为两个动力装置工作转速的叠加,而输出转矩之间为比例关系,数学表达式为

$$T = \eta_e T_e i_e = \eta_m T_m i_m \tag{2.6}$$

$$n = \frac{n_e}{i_e} + \frac{n_m}{i_m} \tag{2.7}$$

典型的转速耦合装置有两大类：行星排耦合(图 2.34(a))和定子浮动式电动机耦合(图 2.34(b))。

行星排是混合动力汽车机电耦合装置中经常使用的机构，按照形式不同又可分为单行星排、双行星排和多行星排。

图 2.35 所示是北京理工大学与波兰华沙工业大学联合设计的混合动力汽车转速耦合驱动系统结构。

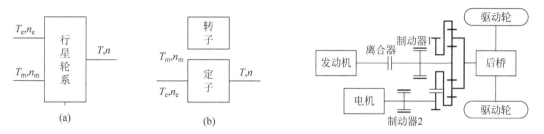

图 2.34　典型的转速耦合装置
(a) 行星排耦合；(b) 定子浮动式电动机耦合

图 2.35　单行星排转速耦合驱动系统

发动机与行星排太阳轮相连，电动机经过一对齿轮减速后与行星排齿圈连接，经过行星排行星架输出到驱动桥，显然稳态下其输入与输出之间存在如下关系：

$$T = \eta_e T_e (k+1) = \eta_m T_m \frac{k+1}{k} \tag{2.8}$$

$$n = \frac{n_e}{k+1} + \frac{k n_m}{k+1} \tag{2.9}$$

式中　k——行星排齿圈与太阳轮的齿数比。

对于定子浮动式电动机耦合系统，其输入与输出之间的关系为

$$T = \eta_e T_e = \eta_m T_m \tag{2.10}$$

$$n = n_e + n_m \tag{2.11}$$

转速耦合装置的输出转矩与发动机、电动机转矩成比例关系，工作转速是发动机和电动机工作转速的线性和。因此，在汽车行驶过程中，发动机的转矩不可控，发动机的转速可以通过电动机的转速调整而得到控制，从而实现发动机的无级调速。

3) 功率耦合装置

功率耦合装置兼顾了转速耦合和转矩耦合的特点，其输出转矩为两个动力装置输出转矩的线性和，其工作转速为两个动力装置输出转速的线性和，即式(2.4)和式(2.7)同时成立。

典型的功率耦合装置实施方案如图 2.36 所示。

图 2.36(a)对应的实际应用为丰田 Prius 混合动力汽车所采用的丰田混合动力系统(Toyota Hybrid System, THS)混合动力系统(单行星排功率耦合)。如图 2.37 所示，发电机与行星排行星架相连，发动机(对应图 2.36(a)的 m_1)与太阳轮相连，齿圈输出并与电动机(对应图 2.36(a)的 m_2)直接同轴连接，经过减速传动到驱动轮。实际上 THS 混合动力驱动系统为单行星排转速耦合与同轴电动机转矩耦合集成的功率分流耦合系统。

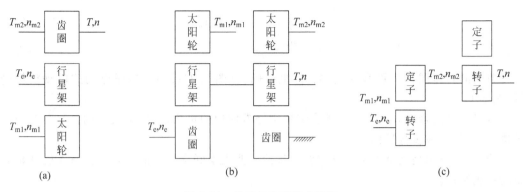

图 2.36 典型的功率耦合装置
(a) 单行星排功率耦合；(b) 双行星排功率耦合；(c) 双转子电机功率耦合

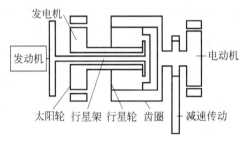

图 2.37 丰田 THS 混合动力驱动系统

图 2.36(b) 对应的实际应用为通用双模混合动力驱动系统（双行星排功率耦合），如图 2.38 所示，双行星排的行星架直接相连并作为输出轴，两个电动机-发电机分别与两个行星排的太阳轮相连，发动机与第一个行星排齿圈相连，第二个行星排的齿圈直接固定。这样，第一个行星排三个轴同时运转，起到功率分流的作用；第二个行星排齿圈固定，相当于一个减速传动。该种方案实际上为发动机与电动机 1 组成的单行星排转速耦合、电动机 2 经过第二个行星排减速传动与第一行星排输出轴组成的转矩耦合。

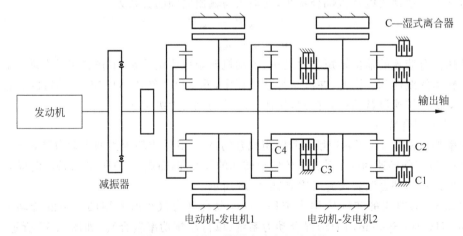

图 2.38 通用双模混合动力驱动系统

图 2.36(c) 对应的应用实例为北京汽车集团的电动无级变速器 (Electric Variable Transmission,EVT) 混合动力驱动系统，如图 2.39 所示。外转子与内转子构成电动机 1，

定子与外转子构成电动机2。其中发动机与电动机1组成的定子浮动式转速耦合,电动机2与电动机1定子轴组成的同轴电动机转矩耦合。

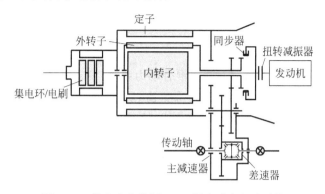

图 2.39　北京汽车集团 EVT 混合动力驱动系统

综上,功率耦合装置驱动系统至少集成有一种转矩耦合装置、一种转速耦合装置和具有至少两个电动机-发电机装置。

3. 储能装置

并联式混合动力汽车发动机和电动机都可以直接为车轮提供驱动力,整车的驾驶需求可以由不同的动力组合来满足,而其主要的储能形式采用的是动力电池组。总的来说,并联系统的电池性能应满足以下要求:

(1) 与纯电动汽车相比,它的动力电池的容量可以更小,但是电池组瞬时提供的功率要满足汽车的加速或爬坡要求,电池的最大放电电流有时可以高达 20C 以上。

(2) 循环寿命要长,要能达到 1000 次以上的深度放电循环和 40 万次以上的浅度放电循环。

(3) 需要配备电池能量管理系统和热管理系统。

超级电容也可以作为并联式混合动力汽车的辅助动力源,例如,日产汽车公司于 2002 年 6 月推出了安装有柴油机、电动机和电容器的并联式混合动力卡车,如图 2.40 所示。由额定功率为 152kW 的 CIDI 发动机和 55kW 的永磁电动机驱动,安装有日产公司开发的新型电容器"超级电力电容器"(ECaSS)。该车制动能量的功效高于其他电池供电的混合动力

图 2.40　日产混合动力卡车

车。与日产汽车公司以往生产的柴油机汽车相比,该混合动力卡车可减少燃料成本50%,减少二氧化碳排放量33%,减少氧化氮排放量50%。

4. 典型实例

1) 本田CR-Z混合动力汽车

本田CR-Z混合动力汽车采用并联式混合动力系统,发动机提供主要功率,电动机在低速时提供辅助扭矩,整个结构设计简洁、分布紧凑、质量较小。其2010年款的混合动力系统平台是本田第六代IMA混合动力系统,如图2.41所示。

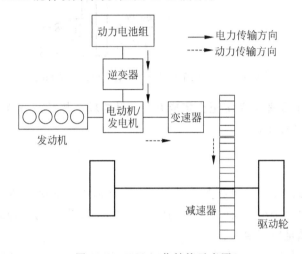

图2.41　IMA工作结构示意图

该系统采用发动机和电动机的转子轴直接相连,电池组通过控制器作用于电动机定子,两者的动力叠加是在输出轴处实现,变速器仍为单轴输入。该动力系统以发动机作为主要动力,电动机作为辅助动力,是一种等速的功率叠加系统,属于并联式混合动力汽车中的单轴联合式结构。该系统结构简单、紧凑,提高了系统的综合效率,但一些原件和电动机的控制系统需特殊设计。

2) 保时捷卡宴S混合动力版

保时捷卡宴S混合动力版车辆采用并联式混合动力结构,如图2.42所示。

图2.42　保时捷卡宴S混合动力版

其前部搭载了一台 3.0L V6 增压发动机,发动机除了可以在低转速经济范围驱动车辆外,还能给蓄电池充电,将多余能量转化为电能,作为动力储备。电动机位于车辆后备厢内,同步电动机采用内置转子设计,不仅具有紧凑的尺寸,还可以作为起动电动机和交流发动机使用。整车性能参数表见表 2.1。

表 2.1 保时捷卡宴 S 混合动力版汽车性能参数

项 目	参 数	项 目	参 数
发动机形式	3.0LV6 增压发动机	动力系统最大扭矩	580N·m
输出功率	245kW	百公里加速时间	6.5s
最大扭矩	440N·m	百公里油耗	8.2L
电动机形式	同步内置转子电机	二氧化碳排放	193g/km
最大输出功率	24kW	全电力最高车速	156km/h

3) 奔驰 S400 混合动力版

奔驰 S400 混合动力版(图 2.43)填补了奔驰在量产混合动力车型上的空白。

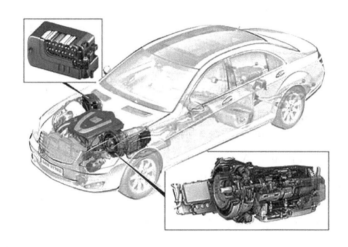

图 2.43 奔驰 400 混合动力版外形

奔驰 S400 混合动力版车型基于 S350 开发,并在动力传动方面有大幅改进:包括一款改良的 3.5L V6 汽油发动机,一款附属电动机,一个为混合动力模块特别配备的 7 挡自动变速器(7G-TRONIC),能量和电子控制元件,变压器及高压锂离子电池。奔驰 S400 混合动力版的具体性能参数见表 2.2。

表 2.2 奔驰 S400 混合动力版汽车性能参数

项 目	参 数
发动机形式	3.0L V6 增压发动机
动力系统最大功率	299 马力(233kW)
百公里加速时间	7.2s
百公里油耗	7.9L
二氧化碳排放	190g/km
燃油经济性	城市工况 19mile/USgal,高速 25mile/USgal,平均 21mile/USgal
最高车速	250km/h

奔驰S400混合动力版采用了锂离子电池组,这种锂离子电池的能量密度约为普通镍金属氰化物电池的2倍。

2.2.3 混联式混合动力汽车

混联式混合动力汽车是混合动力汽车的一类,其中功率分流式混合动力汽车应用更为广泛并且在发动机工作点控制更为灵活。

功率分流式混合动力系统主要由行星齿轮机构并结合两个电动机组成。根据其构型特点,功率分流式混合动力系统可实现发动机工作点与车轮的完全解耦,并通过其中一个电动机的调速作用和另一个电动机的转矩补偿使发动机稳定工作于高效率区间。

正是由于功率分流式混合动力系统的这种构型优势,功率分流式HEV成为混联HEV的主流车型。并且自1997年丰田Prius成为领头羊,各个汽车企业也开展了功率分流式混合动力汽车的研究和开发。

目前功率分流系统做得比较完善的有单模的丰田THS、福特的FHS、国内的科力远CHS,通用的双模等。其中,丰田THS主要应用在Prius、Camry、Highlander、GS450h上,福特FHS主要应用在Escape、C-max、Fusion上。科力远CHS主要应用在吉利上。通用VOLT-Ⅱ主要应用在Volt、君越、迈锐宝上。

日本的丰田公司于1997年推出混联式混合动力汽车Prius,该车是世界上第一款量产的混合动力车型,2003年在美国推出第二代Prius。在中国,2006年将第二代Prius投放市场,2012年在中国推出第三代Prius。该车型搭载丰田公司研发的行星齿轮机构的电控无级变速器(Electric Continuously Variable Transmission,ECVT)变速器,该混动系统称为Toyota Hybrid System(THS)。该系统不仅应用在Prius车型上,还在凯美瑞混动版以及丰田的高端品牌雷克萨斯上使用,如Lexus CT200h等。丰田混合动力系统的各个结构如图2.44所示。现在丰田在市场上在售的最新混合动力车型包括:2016凯美瑞混动版,2016 Avalon Hybrid,2016 RAV4 Hybrid,2016 Highlander Hybrid,2016 Prius,2016 Prius-c以及2016 Prius-v。2000年本田公司推出Insight的混合动力车型,该车型使用本田公司研发的IMA并联混合动力系统;除了IMA并联混合动力外,本田公司相继于2001年、2004年分别推出思域混动版和雅阁混动版;于2012年推出了i-DCD、i-MMD、SH-AWD三套混合动力系统,其中i-MMD是一种双电动机混合动力系统,能够实现3.3L/100km的燃油消耗。

1993年,美国政府与福特、通用以及克莱斯勒等美国主要汽车公司提出了PNGV计划,以推动汽车在节能高效的方向发展。通用于2005年成立由Daimler、BMW参股的合资公司GHC,开发出双模的混合动力系统,在三个公司的多款车型中得到应用;通用公司2008年推出Volt模型车,2010年开始量产,Volt车型是基于单行星排的双电动机混合动力系统。福特公司于2004年推出使用丰田公司THSⅡ系统的Escape Hybrid SUV,之后福特提出了FHS的混合动力系统,不同的是相比于丰田公司的双行星排结构,FHS系统是单行星排加固定齿轮;此外,Timken公司、欧洲的雷诺公司也提出了EVT双模的混合动力构型,这些公司的EVT构型方案如图2.45所示。

第 2 章 现代电动汽车构型和原理

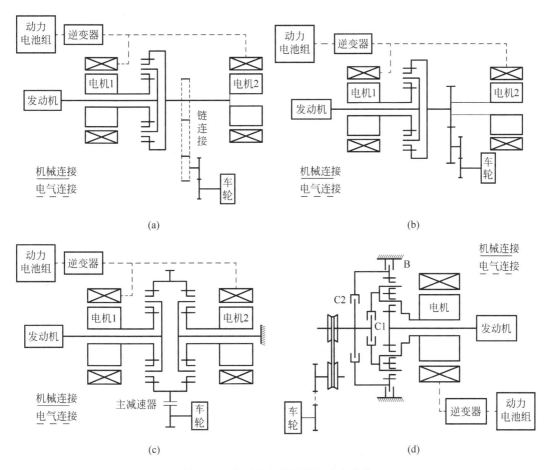

图 2.44 丰田汽车公司混合动力系统

(a) 丰田第一、二代混动系统；(b) 丰田第三代混动系统；(c) 丰田 THS 两行星排结构；(d) 丰田 THS 加 CVT 结构

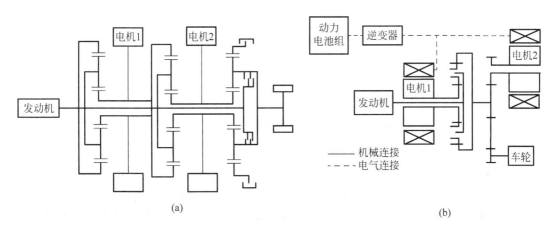

图 2.45 各个汽车公司的 EVT 结构方案

(a) 通用双模结构图；(b) 福特 FHS 结构图；(c) TimkenEVT 结构图；(d) 雷诺 Ivt 结构图

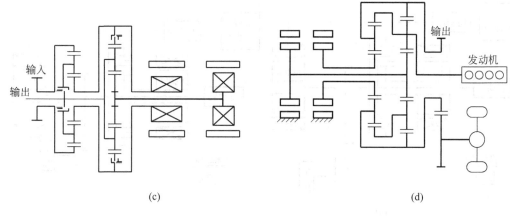

图 2.45 (续)

2006 年,东风汽车公司研究开发了并联混合动力 EQ6110HEV 车型和混联式混合动力 EQ7200HE 车型;同年,奇瑞开发了基于柴油机的 A3 混合动力轿车;长安于 2007 年推出了杰勋混合动力轿车。

在混联式混合动力汽车 EVT 构型研究方面,国内的吉林大学、上海交通大学、同济大学、中国汽车技术研究中心等单位做了一定的研究,提出了一些 EVT 构型,图 2.46(a) 和 (b) 分别为中国汽车技术研究中心、上海交通大学的 EVT 构型。吉利汽车提出的 CHS 系统如图 2.46(c) 所示,是未来最有可能量产的自主品牌 EVT 系统。虽然国内在混联式混合动力汽车上做了一定的研究,但是这些研究仍处于初步阶段,市场上还没有成熟的自主品牌混联混合动力汽车,所以在这方面的研究仍需要进一步加强。

功率分流混合驱动系统的优点如下:

(1) 发动机的能量可以直接传递给负载,避免了能量在中转过程中出现的能量损耗。

(2) 发动机的转速和扭矩与车轮的转速和扭矩解耦后,发动机可以工作在较小范围的经济区内,使系统的燃油消耗达到最优。

比较有代表性的功率分流混合驱动系统有单模式混合驱动系统、双模式混合驱动系统和四模式混合驱动系统。

1. 基本结构与工作原理

功率分流式混合动力结构结合了串联和并联的优点。图 2.47 所示为功率分流式混合动力汽车结构图,在这种结构中,发动机仍然可以给电池充电。相对来说,这种结构比较复杂。与串联式混合动力汽车相比,此结构增加了额外的机械结构和控制;与并联式混合动力汽车相比,此结构增加了额外的发电机。这种车辆以并联式混合动力结构为主,加上了小部分的串联成分。在车辆的怠速阶段,例如遇到交通灯或交通堵塞,小部分的串联成分保证对电池持续充电。在实际行驶条件下,功率分流式混合动力汽车的控制器高效地利用了发动机和电动机,使其最大地发挥了运行能力。

功率分流式混合动力汽车的工作原理是具有功率分配装置,它根据汽车行驶工况对发动机功率中用于直接驱动汽车的功率和用于发电的功率的比例进行分配。在汽车正常行驶

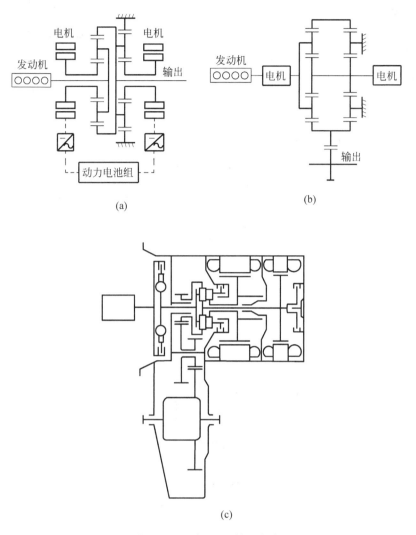

图 2.46 国内 EVT 构型方案

(a) 中汽研双排混合动力系统；(b) 上海交通大学单离合器双行星排方案；(c) 吉利 CHS 系统

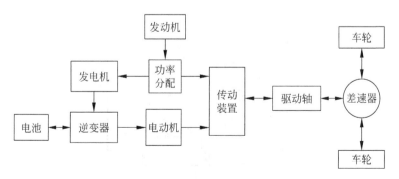

图 2.47 功率分流式混合动力汽车

时,发动机的功率全部用于直接驱动汽车行驶;在全负荷、加速行驶时,发动机与蓄电池共同提供动力驱动汽车行驶;在停车或滑行时,发动机的功率全部驱动发电机向电池充电。

功率分流式混合驱动系统是一种带有行星排的功率分流(耦合)结构,如图 2.48～图 2.50 所示,它将发动机和 2 个发电机/电动机(MG)通过 1 个或多个行星排(PG)连接(耦合),同时通过离合器(CL)开闭状态的切换,可以实现纯电驱动、混合驱动、机械驱动等多种工作模式,通过调节发电机和电动机的转速实现输出转速的无级变化。功率分流驱动系统以提高车辆燃油经济性为出发点,以电动机功率最小为目标,通过机械和电力的有机复合,来降低系统对电动机容量的需求,提高系统经济性。

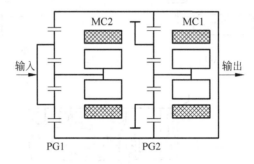

图 2.48 单模式功率分流混合动力驱动系统

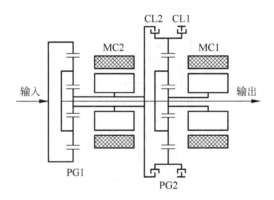

图 2.49 双模式功率分流混合动力驱动系统

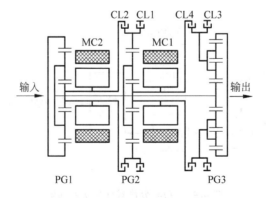

图 2.50 四模式功率分流混合动力驱动系统

单模式混合驱动系统结构简单,如图 2.48 所示。这种混合驱动系统控制较容易,成本较低;但对电动机功率要求高,系统电动机体积大,且经济性不佳。适用于低功率、对系统传动比和经济性要求不高的小型混合动力车辆,如丰田 Prius 采用的就是这种混合动力系统。如图 2.50 所示,四模式混合驱动系统通过多种模式的转换,大幅降低了系统对电动机功率的需求,实现了电动机小型化,节约了空间,系统经济性好;但传动系统结构复杂,控制难度大,成本较高。适用于高功率、对系统传动比要求较高的中重型车辆。如将四模式系统运用于低功率车辆,虽然可以适当缩小电动机系统的体积,但四模式系统本身增加的 4 个离合器同样占用了较大的空间,整个传动系统在体积上可能反而会增大,因此四模式系统对低功率小型车辆并不适用。如图 2.49 所示,双模式混合驱动系统对电动机功率的要求、系统经济性、控制的复杂程度以及成本介于单模式和四模式之间,适用于性能要求较高的混合动力车辆。通用、宝马、戴姆勒-克莱斯勒集团已联手开发了双模式混合驱动系统的车型,其电动机系统体积只有普通单模式混合动力系统的一半左右,在保证车辆高性能的同时进一步优化了燃油经济性。

单行星行星排机构中,ω_S、ω_R、ω_C、T_S、T_R、T_C 分别表示太阳轮(Sun Gear)、齿圈(Ring Gear)和行星架(Planet Carrier)的转速和转矩。k 为行星排特征参数(齿圈齿数与太阳轮齿数之比)。如图 2.51(a)所示,对单行星行星排进行运动学和力学分析,可得其转速方程式和转矩方程式:

$$\omega_S + k\omega_R = (1+k)\omega_C \tag{2.12}$$

$$T_S : T_R : T_C = 1 : k : -(1+k) \tag{2.13}$$

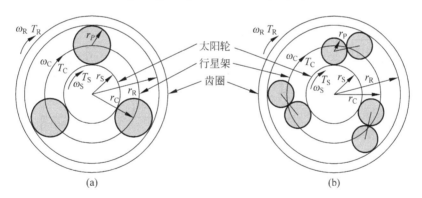

图 2.51　单行星行星排和双行星行星排结构示意图
(a) 单行星;(b) 双行星

双行星行星排与单行星行星排的区别:太阳轮与齿圈之间通过两个相互啮合的行星轮啮合在一起,如图 2.51(b)所示。双行星行星排的转速转矩关系式:

$$\omega_S - k\omega_R = (1-k)\omega_C \tag{2.14}$$

$$T_S : T_R : T_C = 1 : -k : (1-k) \tag{2.15}$$

2. 电驱动系统

功率分流式电驱动系统可以表述为转矩和转速耦合的混合动力电驱动系统,其比串联式(电耦合)和并联式(单一转矩或转速耦合)混合动力电驱动系统都要好。在这一电驱动系统中,发动机的转矩和转速不受车辆的负载和车速的制约。所以,发动机能像串联式混合动力电驱动系统那样,在高效率区域内运行。另外,部分发动机功率直接传递到驱动轮,而没有经过多形式的转换,这和并联式混合动力电驱动系统更相似,如图 2.52 所示。

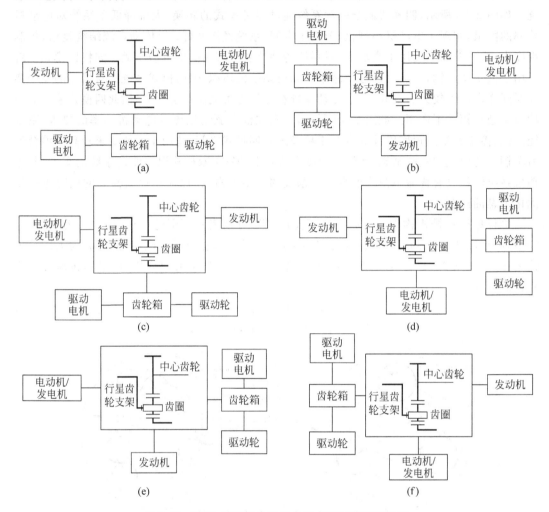

图 2.52 转矩、转速耦合的混合动力电驱动系的构造

功率分流式混合动力电驱动系可由转速耦合装置,如行星齿轮机构和驱动电机组成。所有这些构造具有相似的特性、设计和控制原理。

如图 2.52(a)所示,电动机/发电机连接到中心齿轮,驱动轮连接到齿圈,发动机连接到行星齿轮支架。

如图 2.52(b)所示,电动机/发电机连接到中心齿轮,发动机连接到齿圈,驱动轮连接到行星齿轮支架。

如图 2.52(c)所示,发动机连接到中心齿轮,驱动轮连接到齿圈,电动机/发电机连接到行星齿轮支架。

如图 2.52(d)所示,驱动轮连接到中心齿轮,电动机/发电机连接到齿圈,发动机连接到行星齿轮支架。

如图 2.52(e)所示，驱动轮连接到中心齿轮，发动机连接到齿圈，电动机/发电机连接到行星齿轮支架。

如图 2.52(f)所示，发动机连接到中心齿轮，电动机/发电机连接到齿圈，驱动轮连接到行星齿轮支架。

丰田第一代 Prius 是最早将功率分流式结构搭载并且商业化应用在混合动力汽车上的车型。车辆使用了 Equos 研究公司研发的机械功率分离装置。在动力系统中，设计紧凑的变速驱动桥集成了两个电动机，简化了传统汽车和混合动力汽车的生产设备，装配线没有重大改变。如今在市场上的功率分流式混合动力汽车都包含 3 个安装在前驱动桥上的动力装置(发动机和两个电动机)。

动力分配装置(一个行星齿轮机构)将发动机的输出分成机械传动和电力传动。基于丰田 Prius 混合动力汽车设计的串并联组件布置如图 2.53 所示。动力分配装置依据行驶状况，将发动机的动力通过传动轴分配至前轮和发电机。发电机的能量用于给电池充电。电动机与发动机可以并行地把动力传递给前轮。逆变器是双向的，既能用发电机的电能给电池充电，又能调节功率适应电动机。当出现加速短脉冲时，来自发动机和电动机的功率都能传递至传动轴。中心控制单元利用来自传感器的多重反馈信号控制功率流。

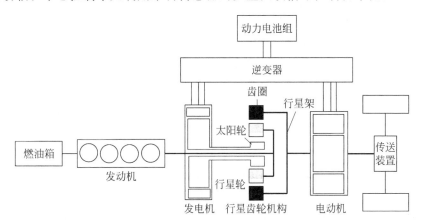

图 2.53　Prius 汽车动力系统构成图

3. 储能装置

在不同构型的分流式混合动力汽车上，储能装置仍然是动力电池组，由于工作环境、汽车构型、工作模式存在巨大差异，对混合动力汽车用动力电池提出统一要求是比较困难的，但一些典型的、共性的要求可以归纳如下：

(1) 电池的峰值功率较大；
(2) 循环寿命较长；
(3) 需要专门的电池能量管理系统和热管理系统；
(4) 充/放电功率较高；
(5) 充/放电效率较高；
(6) 稳定性、安全性都较高。

如安装在丰田 Prius 电动汽车油/电混合动力系统上的高输出能量的镍氢电池,具有高输入/输出密度(单位重量的输出)、质量小、寿命长等特点,无须利用外界电源进行充电,也无须定期更换。该电池全新设计了电极材料与单电池(一个镍氢电池)之间的连接结构,减小了镍氢电池的内部电阻。因此,安装在丰田 Prius 电动汽车上的电池单元实现了约 540W/kg 的输入/输出密度,居世界领先水平。另外,该电池使用车辆减速时的再生制动能量以及用发动机行驶时产生的剩余能量进行充电,使荷电状态保持稳定,不会出现过度充/放电等现象,延长了使用寿命。

镍氢电池由多个镍氢电池组组成,6 个 1.2V 的单体电池串联组成一个电压为 7.2V 的动力电池模块,其实物图如图 2.54 所示。

图 2.54 镍氢电池实物图

在 2001—2003 款 Prius 电动汽车中,38 个电池组被分装在两个箱体中并串联。因此,镍氢电池箱总共由 228 个单体电池组成,其额定电压为 273.6V。

在 2004 款以及后来的 Prius 电动汽车中,28 个电池组连接组成额定电压为 201.6V 的镍氢电池。为降低电池的内阻,电池被连接在两个地方。镍氢电池内部的电极板由多孔的金属镍氢合金组成。表 2.3 所示为镍氢电池组的数据参数。

表 2.3 镍氢电池组的数据参数

镍氢电池组	2004 款及未来 Prius 电动汽车	2001—2003 款 Prius 电动汽车
镍氢电池箱电压/V	201.6	273.6
电池组中镍氢电池组数	28	38
单体电池数量	168	228
镍氢电池组电压/V	7.2	7.2

镍氢电池、电池电子控制单元(Electronic Control Unit,ECU)以及系统主继电器封装在一个单体箱子内,安装在后排座椅之后的行李厢中。其中动力电池组电子控制单元提供了以下功能:

(1) 判断充电/放电电流量,并向混合动力车辆电控单元输出充电和放电要求,以使动力电池组的荷电状态保持在中等能级上不变。

(2) 判断充电和放电期间生成的热量,并调节冷却风扇以保持高压动力电池组的温度。

(3) 检测动力电池组的温度和电压,若发现不正常的工作状态,则可以限制或者停止动力电池组的放电和充电过程,以保护高压动力电池组。

高压动力电池组的电控单元控制了动力电池组的荷电状态,其基本指标为60%。当荷电状态下降低于该指标范围时,动力电池组电控单元传递信号给 HEV ECU,后者发送信号给发动机控制模块,增加其功率输出,向高压动力电池组充电,正常的荷电状态偏差为20%,即正常范围为50%～70%。

高压动力电池组由空气冷却。动力电池组电控单元借助三个安置在动力电池组内的温度传感器以及一个空气进口处的温度传感器,检测动力电池组的温度。基于这些数据,动力电池组电控单元控制冷却风扇的工作循环,以保持高压动力电池组的温度在规定范围内。

4. 典型实例

1) 丰田 Prius

丰田公司的 Prius 是较早进入市场的混合动力汽车,并且长期在市场上占据销量排名的首位。这与 Prius 所采用的混合动力技术直接相关,因此接下来将介绍这款功率分流型的混合动力汽车。Prius 外形如图 2.55 所示。

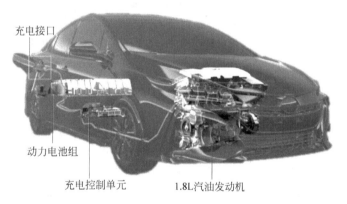

图 2.55 丰田 Prius

Prius 自 1997 年推出以来经过二十几年的发展,现在已经开发了四代丰田混合动力系统(Toyota Hybrid System,THS)、THS-Ⅱ、THS-Ⅲ和THS-Ⅳ,并且搭载了多款丰田旗下以及其他公司车型上。在发展过程中,由于不断优化各代 THS 系统,使得各类车型的燃油经济性和排放得到了进一步改善。为进一步对比分析不同代 THS 系统的变化,选取 THS、THS-Ⅱ作为研究对象,分析其燃油经济性和排放,并列举数据如表 2.4 所示。

表 2.5 给出了混合动力贯通轴的主要参数,表 2.6 给出了两款电机(MG1、MG2)的技术规格。

表 2.4　EPA 燃油经济性和排放

THS-Ⅱ(2004 款 Prius)		THS(2003 款 Prius)	
城市	60MPG	城市	52MPG
高速公路	51MPG	高速公路	45MPG
先进技术部分零排放车辆 AT-PZEV		超低排放车辆 SULEV	

注：1. 在形成废气的烟雾方面，SULEV 标准比 ULEV 标准更严格约 75%，且接近于 90% 的 LEV 标准。
　　2. SULEV 标准规定车辆在 10 万 mile(16.09 万 km)行程中，碳氢化合物排放量少于 1lb(约等于流失 1USgal 的汽油)。
　　3. AT-PZEV 标准规定车辆在至少部分行驶循环中应用具有零排放的先进技术。
　　4. 1MPG=1mile/USgal=425.14m/L。

表 2.5　混合动力贯通轴的主要参数

混合动力贯通轴型式	2004 款 PriusP112	2003 款 PriusP111
行星齿轮齿圈齿数/小齿轮齿数/太阳轮齿数	78/23/30	78/23/30
链链接数/驱动链轮/被动链轮	72/36/35	74/39/36
反转齿轮驱动齿轮/被动齿轮	30/35	30/35
末端齿轮驱动齿轮/被动齿轮	26/75	26/75
流体容量/L(USqts,lmpqts)	3.8(4.0,3.3)	4.6(4.9,4.0)
流体型号	ATFWS 或等价的	ATF 型 T-Ⅳ或等价的

表 2.6　MG1 和 MG2 的技术规格

	技术规格	2004 款 Prius	2003 款 Prius
MG1	形式	永磁电动机	永磁电动机
	功能	发电机,起动机	发电机,起动机
	最高电压/V	AC500	AC273.6
	冷却系统	水冷	水冷
MG2	形式	永磁电动机	永磁电动机
	功能	发电机,起动机,驱动电机	发电机、起动机、驱动电机
	最高电压/V	AC500	AC273.6
	最大输出功率(kW)	50(68),1200～1540r/min 时	33(45),1040～5600r/min 时
	最大输出转矩/(N·m)	400(40.8),0～1200r/min 时	350(35.7),0～400r/min 时
	冷却系统	水冷	水冷

2) 通用凯雷德

通用公司的双模混合动力系统以及在凯雷德汽车上的应用如图 2.56 所示。

具体组成包括 6.0L V8 224kW 发动机、2 台 60kW 的电动机、3 组行星排、4 个湿式离合器、2 个液压油泵组成的混合动力变速器、300V 镍氢动力电池组以及控制器等。其工作过程如下：

(1) 在发动机自动停机模式下,发动机关机；汽车轻载运行时,仅第二台电动机以电动方式驱动汽车,直至车速达到 50km/h。

(2) 在需要发动机起动工作时,由第一台电动机起动发动机。

(3) 发动机起动工作后,发动机和两台电动机联合工作以满足汽车的行驶动力需求,通过 4 个固定传动比、两种工作模式的适时调整,获得良好的综合性能。

图 2.56 通用混合动力汽车在凯雷德上的应用

（4）在汽车轻载高挡运行时，V8 发动机关闭 4 个缸工作，第二台电动机输出最大 22kW 功率的电动助力。

（5）当汽车减速制动时，由一台或两台电动机实施再生制动能量回收。

为适应动力前置前驱动汽车的使用，通用汽车公司还改进了双模混合动力系统的设计，并升级了镍氢动力电池组为锂离子动力电池组。

3）宝马 X6

宝马公司混合动力汽车 X6 所采用的 Active hybrid 混合动力系统，如图 2.57 所示，由一台发动机和两台电动机组成，发动机为采用双涡管双涡轮增压技术、高精度直喷（High Precision Injection，HPI）技术的 V8 发动机，输出功率最大可达 300kW，而两台电动机的输出功率分别为 67kW 和 63kW，三者联合驱动最大输出功率高达 357kW，最大转矩 780N·m，纯电动最高行驶车速达 60km/h，汽车从静止加速到 100km/h 仅需 5.6s。与此同时，按 EU5 标准循环工况测得的综合耗油量为 9.9L/100km。

图 2.57 宝马公司混合动力汽车 X6

4）奔驰 ML450

奔驰公司混合动力汽车 ML450 所采用的 Blue hybrid 混合动力系统，由一台发动机和两台电动机组成，如图 2.58 所示。

图 2.58　奔驰公司混合动力汽车 ML450

奔驰 ML450 发动机为 3.5L V6 汽油机,最大输出功率为 205kW,自动变速器则与两台电动机集成,最大输出功率为 45kW,其系统最大综合功率 250kW,最大转矩达 516N·m,0～100km/h 加速仅 8.2s。在城市工况下,每百公里油耗约为 11.2L,而高速百公里油耗约为 9.8L。混合动力汽车 ML450 还采用了发动机起停技术,在等候红灯或者在交通堵塞时,该车就会切断供油系统;当短距离低速行驶时,奔驰 ML50 混合动力汽车仅仅依靠电动机行驶,最高车速可达 56km/h;在制动与滑行状态下,电动机可作为发动机回收能量,并储存到 288V 的镍氢动力电池组中。

2.3　插电式混合动力汽车

插电式混合动力汽车(PHEV)是指车辆驱动系统由电驱动和另外一个或多个能同时运转的单个驱动系统联合组成的车辆。它综合了纯电动汽车和混合动力汽车两者各自的优点。一方面,与传统内燃机车辆和普通混合动力汽车相比,PHEV 具有更好的燃油经济性和较低的废气排放,为解决城市交通造成的环境污染和能源危机提供了可行的解决方案。另一方面,PHEV 可以以一种与 EV 相似的清洁方式运行。PHEV 的优势主要在于车载高容量电池组,可由电网直接充电。PHEV 在传统的混合动力汽车的基础上向节能环保又迈进一步,可以在夜间用电低谷时使用外部电网对车载动力电池进行充电,这样不仅能改善电厂发电机组效率问题,还可以大大降低汽车对石油的依赖,同时用电的费用比燃烧石油更加便宜,因此,可以大幅度地降低汽车的使用成本。总的来说,PHEV 既具有可观的纯电动行驶里程,同时还能以混合动力的模式工作,从而大幅延长了汽车的行驶里程,因此成为新能源汽车家族中非常有发展前景和市场的产品。

2.3.1　基本结构与工作原理

插电式混合动力汽车按照驱动系统的不同可分为串联式混合动力汽车、并联式混合动力汽车、功率分流式混合动力汽车。

1) 串联式混合动力汽车

串联式混合动力汽车基本结构如图 2.59 所示,由发动机、发电机、减速器、逆变器、电动机、动力电池组组成。发动机不直接驱动汽车,需要先由发动机驱动发电机来发电,再供电动机来驱动汽车。在逆变器中,两个功率被加在一起,这种结构虽然简单稳定,但能量传递链较长,总体效率不高。

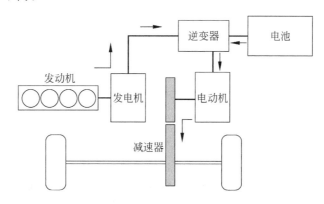

图 2.59 串联式混合动力汽车基本结构

2) 并联式混合动力汽车

并联式混合动力汽车基本结构如图 2.60 所示,由发动机、变速器、减速器、逆变器、电动机、动力电池组组成。发动机和电动机均可驱动汽车。这种结构动力传动模式较多,动力性较好,结构简单,应用广泛。

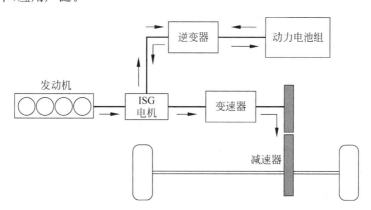

图 2.60 并联式混合动力汽车基本结构

3) 功率分流式混合动力汽车

功率分流式混合动力汽车基本结构如图 2.61 所示,由发动机、发电机、减速器、逆变器、电动机、动力电池组、动力分流装置组成。这种结构一般需要 2 台电机(1 台发电机和 1 台电动机),同时需要一套用于功率分流的行星齿轮装置。该类型的结构和控制最为复杂。

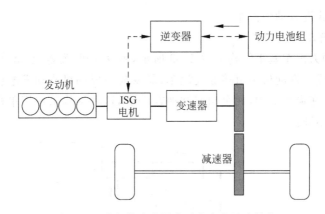

图 2.61 功率分流式混合动力汽车基本结构

2.3.2 电驱动系统与储能装置

插电式混合动力电动汽车本质是一种混合动力汽车,区别在于其车载的动力电池组可以利用电力网(包括家用电源插座)进行补充充电。因此其电驱动系统的基本结构和混合动力电动汽车的基本相同,参见图 2.23、图 2.30、图 2.52 的串联、并联、混联式(功率分流为其中一种)混合动力电驱动系统结构。

但需要注意的是,插电式混合动力汽车电驱动系统具有较大容量的动力电池组、较大功率的电机驱动系统以及较小排量的发动机。且其工作时电力电池组通过电网充满电后,汽车优先以纯电驱动模式工作,直至动力电池组电量达到纯电驱动模式工作的下限时,发动机起动,整车自动切入常规混合动力电动汽车控制模式。动力电池组在满足混合动力行驶功率需求的前提下,维持在一个较低的电量状态,直至下一次充满电。

插电式电池组具有以下功能:
(1) 为整车提供动力电能,通过再生制动回收能量;
(2) 停车时具有充电功能,能够和电网连接进行充电;
(3) 具有高压电安全管理功能;
(4) 高压动力母线电阻预充电功能;
(5) 高压回路的供电通断功能;
(6) 高压回路的电流检测功能;
(7) 手动维修切断功能;
(8) 电池系统热管理系统;
(9) 上报系统运行状态检测功能。

插电式混合动力汽车对动力电池的要求应兼顾纯电动和混合动力两种模式。图 2.62 所示为 PHEV 的工作模式。PHEV 在设计上既要实现在城市里以纯电动工作模式行驶,又要实现在高速公路上以混合动力模式行驶。PHEV 期望纯电动工作模式的行驶里程能够达到几十千米,而且期望电池在低 SOC 时也能提供

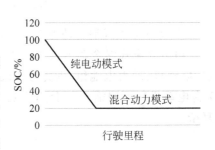

图 2.62 PHEV 的工作模式

很高的功率,满足混合动力工作模式。

插电式混合动力汽车动力电池组的蓄电量主要来源于在外界电网,充电的过程涉及充电机和充电站以及充电管理模式。

充电机与交流电网连接,为动力电池组等可充电的储能系统提供直流电能的设备。它一般可由功率控制单元、计量单元、充电接口、供电接口及人机交互界面等部分组成,实现充电计量等功能,并扩展具有反接、过载、短路、过热等多重保护功能及延时起动、软起动、断电记忆、自起动等功能。为实现安全、可靠、高效的动力电池组充电,充电机需要达到一些基本性能需求,如安全性、易用性、经济性、高效性以及对电网的低污染性。

充电策略的实现,需要电池系统与充电机之间实现有效的数据传输和参数实时判断。电池管理系统完成电池系统的参数采集工作。在现有的智能充电中,通过实现与充电机的通信,保证充电的安全性,实现充电过程的有效控制。充电管理系统基本结构如图 2.63 所示。

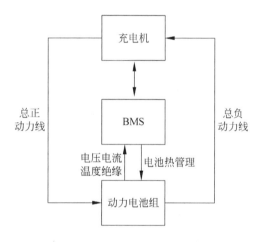

图 2.63 充电管理系统基本结构

充电站是快速高效、经济安全地为各种电动车辆提供运行中所需要电能的服务基础性措施。为提高车辆的使用率和使用方便性,除采用动力电池车载充电以外,还可采取电动汽车动力电池系统与备用电池系统更换的方案使电动汽车获得行驶必需的电能。一般来说,一个功能完备的充电站由配电区、监控区、充电区、电池更换区和电池维护区五个基本部分组成,如图 2.64 所示。

2.3.3 典型实例

1. 丰田插电式 Prius 混合动力汽车

丰田 Prius 汽车已经发展了许多代,即 Prius-Ⅰ、Prius-Ⅱ、Prius-Ⅲ 及插电式 Prius 混合动力轿车。前三代之间除了外形方面的差别外,最主要的差别在于系统中动力组件的不断改进。插电式 Prius 混合动力汽车以 Prius-Ⅲ 混合动力车为基础,拥有相同的混合动力驱动系统,最大区别是插电式 Prius 可通过外接充电接口充电。该插电式车由动力电池组、发动

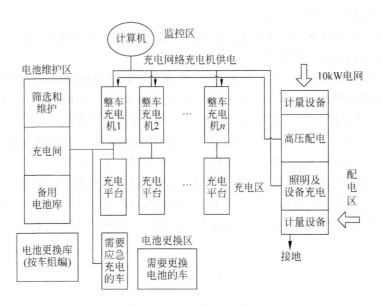

图 2.64 充电站整体结构

机、混合动力总成(电动机 MG1、电动机 MG2、动力分配机构及电动机减速机构)、车载充电器、充电用电线、燃油箱等组成。该车充电系统结构如图 2.65 所示。

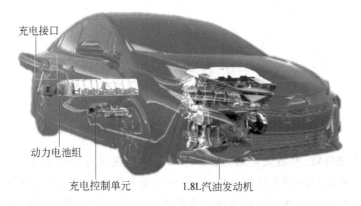

图 2.65 插电式 Prius 混合动力汽车充电系统

1) Prius 车载电源系统

丰田插电式 Prius 混合动力汽车采用额定电压为 345.6V、电量为 5.2kW·h 的锰酸锂电池组。该电池组由 3 个动力电池包组成,每个动力电池包由 32 个单体电池组成,每个单体电池电压为 3.6V,通过模块化构造(由 96 个单体电池串联而成)确保动力电池总电压达到 345.6V。

电池组在向驱动电动机供电时,来自电池组的直流电压为 345.6V,由逆变器升压到 650V;在充电状态下,电动机作为发电机工作,通过逆变器从 650V 的交流电降压到 345.6V 的直流电,并再向动力电池充电。

动力电池组的外形尺寸为807mm×911mm×378mm,质量为160kg,可以使用家用电源进行外部充电,因此不受动力电池剩余电量和充电设施完善情况的限制。

2) Prius混合动力系统

插电式Prius混合动力汽车的发动机、驱动电机以及整个混合动力系统的功率都与现行Prius-Ⅲ相同。混合驱动系统采用丰田THS-Ⅱ系统,图2.66所示为此系统采用的混联结构。使用混联式混合动力系统的汽车根据驾驶条件,可以仅依靠电动机驱动或者同时使用发动机和电动机一起驱动汽车。由于该系统还集成了发电机,因此可以在汽车行驶时利用剩余动力对动力电池组进行充电。

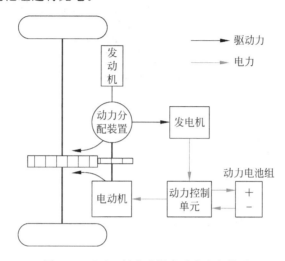

图2.66 Prius插电式混合动力汽车构型

3) Prius技术参数

基于Prius-Ⅲ的插电式混合动力汽车关键零部件(发动机、电动机、动力电池)参数见表2.7,性能参数(百公里油耗、最高车速)见表2.8。

表2.7 Prius-Ⅲ关键零部件参数

动力源	类 型	排量/电压/容量	最大功率/kW	最大转矩/(N·m)
发动机	直列4缸汽油内燃机	排量为1.8L	73	142
电动机	永磁同步交流型	电压为600V	60	207
动力电池	锂离子动力电池串联	容量为6.5A·h	—	—

表2.8 Prius-Ⅲ性能参数

百公里油耗/L	最高车速/(km·h^{-1})
4.3(综合工况法)	180

2. 比亚迪F3 DM插电式混合动力汽车

比亚迪F3 DM的动力由一台371QA全铝汽油发动机以及主、副两台稀土永磁同步电动机MG1和MG2组成,主电动机功率为50kW,副电动机功率为25kW,最高时速可以达到150km/h,纯电动模式50km/h等速巡航的续驶里程达到100km,这样的距离已经足以满足日常城市生活的需要。其结构如图 2.67 所示。充满电和加满油后,综合行驶里程达到 580km。

图 2.67 比亚迪 F3 DM 插电式混合动力汽车

1) F3 DM 车载电源系统

F3 DM 动力电池采用比亚迪生产的磷酸铁钴锂电池,电压为 330V,容量为 45A·h。电池单体标称电压为 3.3V,电池组由 100 块单体电池串联而成,经过 2000 个充/放电周期,锂电池的有效容量会降到 80%。F3 DM 标称的 100km 耗电是 16kW·h,在充电站只需 10min 可以充满 50%,220V 慢充则需要 9h。

2) F3 DM 混合动力系统

比亚迪 F3 DM 中的 DM(Dual Mode)是双模式的意思,意味着该车有两种主要工作模式:纯电动模式(EV)和混合动力模式(HEV)。纯电动模式支持城市短途使用,混合动力模式支持中长途使用。

在 EV 模式下,当电池电量低时,系统会根据驾驶时的实际情况和电量来判断是否切换成混合动力模式。急加速或电量不足时,DM 系统都可能自动切换成混合动力模式。EV 和 HEV 具有记忆效应,会执行上一次车辆停车时的状态。当电量很高时,车辆在 HEV 模式下发动机可能不会起动。

3) F3 DM 技术参数

比亚迪 F3 DM 部件(发动机、主电动机、副电动机、动力电池组)参数及性能指标(动力性、续驶里程、能耗)见表 2.9 和表 2.10。

表 2.9 F3 DM 主要部件性能参数

动力源	类型	排量/电压/电容	最大功率/kW	最大转矩/(N·m)
发动机	直列 4 缸汽油内燃机	1.0L	50	90
主电动机	永磁同步交流型	560V	50	400
副电动机	永磁同步交流型	560V	25	200
动力电池组	锂离子动力电池串联	45A·h	—	—

表 2.10 F3 DM 整车性能参数

基 本 参 数	
长×宽×高/(mm×mm×mm)	4533×1705×1520
整备质量/kg	1560
动 力 性 能	
0~100km/h 的加速时间/s	<10.5
最高车速/(km·h^{-1})	≥150
最大爬坡度/%	≥30
续驶里程(EV)	
等速工况下(50km/h)/km	100
城市工况下/km	80
能 耗	
百公里耗电(EV)/(kW·h)	16

3. 宇通插电式混合动力客车

宇通客车作为中国客车第一品牌,自 2010 年起至今,连续多年荣获世界客车联盟(BAAV)颁发的年度最佳客车制造商、年度最佳创新客车、年度最佳客车安全装备、年度最佳环保巴士、年度最佳客车等称号。宇通客车投入大量精力研制新型能源汽车,其中 ZK6125CHEVPG1、ZK6125CHEVPG2 等型号汽车为插电式混合动力客车,如图 2.68 所示,节油率达 50%以上,节能减排效果达到国内领先水平。

图 2.68 宇通 ZK6125CHEVPG1

1) 客车车载电源系统

宇通客车的车载电源系统采用高功率、低成本、高可靠性的复合电源系统,可以降低整车使用成本,提高整车纯电续驶里程,进一步提高节油率。动力电池普遍采用的是磷酸铁锂电池,能量密度达到 112W·h/kg,电池都经过严格的测试,保证了耐久度,电池达到 4000

次充/放电衰减后不低于70%。超级电容的功率密度为3500W/kg,效率为95%。车载电源系统具有交流充电和直流充电功能。

2) 客车混合动力系统

如图2.69所示,宇通客车采用混联式混合动力系统。该混联式混合动力客车兼并串联式和并联式结构的优点,能够实现低速纯电动起步和大功率制动能量回收,避免了发动机低速、低负荷工况的低效率运行及频繁制动的能量损失,更适合于城市工况运行。

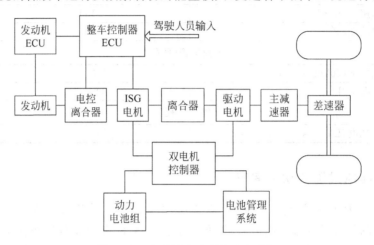

图2.69 宇通插电式客车动力系统

该混联式混合动力系统主要由发动机、两个电动机(一个为ISG(Integrated Starter Generator)电机(起动发电一体机),另一个为主驱动电机)、动力电池组主减速器,差速器和离合器组成。其具体的布置为:ISG电机直接安装在发动机曲轴上,动力经过自动离合器传递到另一个大功率的驱动电机上,车辆动力再经过主减速器,由半轴传递到车轮。

该新型混联式混合动力系统最大的特点在于只要控制离合器的状态就可实现串联和并联两种运行模式的转换:当离合器处于分离状态时,动力系统成为串联结构,发动机的运行状态和车辆行驶工况无直接关系,此时只有主驱动电动机直接向车辆提供驱动力;当自动离合器处于接合状态时,动力系统又可变为并联结构,即发动机和两电动机同轴并联到主减速器,此时发动机可和主驱动电动机共同为车辆提供转矩,亦可实现发动机单独驱动。另外,由于该系统取消了变速器,处于并联结构时,发动机的转速与车辆行驶车速对应成比例。

3) 客车技术参数

宇通ZK6125CHEVPG1客车技术参数(发动机功率、外形尺寸等)见表2.11。

表2.11 宇通ZK6125CHEVPG1客车参数

车辆型号	发动机功率/kW	外形尺寸/(mm×mm×mm)	总质量/kg
ZK6125CHEVPG1	162	12000×2550×2950	18 000

2.4 增程式电动汽车

增程式电动汽车(E-REV)从结构上来说,是一种串联式混合动力电动汽车。其设计理念是在纯电动汽车动力传动系的基础上,增加一个增程器(通常为小功率的发动机-发电机组或燃料电池发电系统等),延长动力电池组一次充电续驶里程,满足日常行驶需要。

增程式电动汽车具有以下特点:

(1) 在电量消耗模式下,发动机不起动,由电机驱动整车行驶。

(2) 在电池电量不足时,为了保证车辆性能和电池组的安全性,进入电量保持模式,由电机和发动机联合驱动整车行驶。

(3) 整车纯电动续驶里程可以满足大部分人员每天行驶里程要求,动力电池可利用晚间低谷电力充电,缓解供电压力。

(4) 整车大部分情况在电量消耗模式下行驶,能达到零排放和低噪声的效果。

(5) 发动机与机械系统不直接相连,发动机可工作于最佳效率点,大大提高整车燃油效率。

增程式汽车与其他类型的汽车相比具有以下优点:

(1) 与普通燃油驱动汽车相比,短距离行驶时不起动发动机,不排放污染物,长距离行驶时油耗比较低。在大部分情况下发动机不起动,所以噪声小。而且增程式电动汽车发动机/发电机起动时,工作于最佳工作范围内,大大提高了发动机的工作效率。

(2) 与普通纯电动汽车相比,最大的优点是行驶里程得到了很大提高;而纯电动汽车行驶里程有限,一旦电池能量消耗尽,汽车就无法行驶,只能停车等待充电。增程式电动汽车可以随时在加油站加油。在相同行驶里程条件下,增程式电动汽车的电池组更小。当电池组 SOC 降低到一定限值时,转为增程模式。

(3) 与混合动力汽车相比,混合动力汽车电池能量很小,只起到辅助驱动和制动能量回收的作用。增程式电动汽车采取电池扩容的方式解决了纯电驱动的续驶能力问题。而且增程式电动汽车能外接充电,可以利用晚间低谷电压或午间驾乘人员的休整间隙充电,进一步提高了能源利用率。

因此,增程式电动汽车是一种可增加续驶里程的纯电动汽车,兼有混合动力汽车和纯电动汽车的特征。

2.4.1 基本结构与工作原理

增程式电动汽车的动力系统在组成上与串联插电式混合动力汽车的动力系统相似。结构上,增程式电动汽车是在纯电动汽车的基础上开发的电动汽车,增程器的布置对原有车辆的动力系统结构影响较小。之所以称之为增程式电动汽车是因为车辆安装了增程器,而为车辆安装增程器的目的是进一步提升纯电动汽车的续驶里程,使其能够尽量避免频繁地停车充电。

如图 2.70 所示,增程式混合动力电动汽车在结构上由机械传动装置、电动机、充电机、功率转换器、动力电池组、发电机、发动机组成。增程器又称作功率辅助单元(Auxiliary Power Unit,增程器),它由专用小型发动机和发电机直连组成,发动机定点或沿最优经济路线运行,它不直接参与驱动,与电池共同构成车辆的功率源。电动机和机械传动装置构成驱动系统,它是整车唯一的直接驱动源,决定整车的动力性能,实现整车减速、制动时的制动能量回收。增程式混合动力电动汽车的电池大小介于普通的混合动力汽车与纯电动汽车之间,约为纯电动汽车的 40%,一般可满足日常需要,电池兼具能量与功率要求。

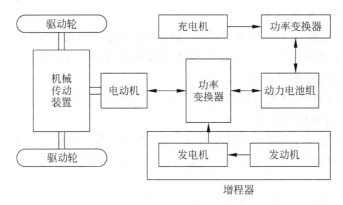

图 2.70 增程式混合动力电动汽车的结构

传统增程式电动汽车,以美国通用汽车公司的沃蓝达(Volt)轿车和德国奥迪公司的 Ale-tron 为代表,其动力总成均采用动力集中式设计,除了装备有电动机和动力电池系统外,还单独装备了发电机、发动机和燃油系统。整车只有一个驱动桥,电动机、发电机和发动机均布置在单个驱动桥附近。其工作原理是在动力电池组的 SOC 较高时,采用纯电动驱动,即由车载大容量的动力电池组通过电动机控制器为电动机提供电能,电动机带动汽车行驶,如图 2.71 所示,此种模式用在车辆起步或者短途行驶时。当动力电池组的 SOC 低于设定工作下限时,采用增程工作模式,车载增程器起动,整车工作于串联混合动力电动汽车工作模式,发动机带动发电机向汽车高压直流母线供电,这些电能既驱动电动机,同时又保证了动力电池组的 SOC 不继续下降,如图 2.72 所示。

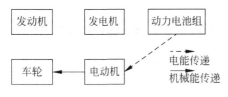

图 2.71 纯电动工作模式能量传递路线

图 2.72 增程工作模式能量传递路线

2.4.2 电驱动系统

增程式混合动力电动汽车的电驱动系统是一个由外界电网或者与发动机直接相连的发电机给动力电池组充电,动力电池组为电动机供电,以推进车辆的驱动系统。增程式电动汽车的电驱动系统如图 2.73 所示。

第 2 章　现代电动汽车构型和原理　75

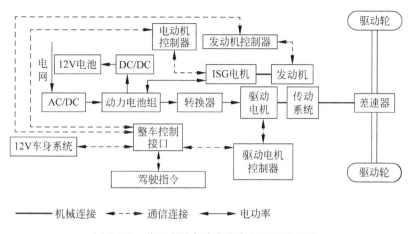

图 2.73　增程式混合动力汽车的电驱动系统

动力电池组为驱动电机提供动力的同时,也为增程器发动机的启动提供反拖电流。驱动电机为车辆提供动力输出,由电机控制器接受整车控制器的命令控制车辆行驶。小排量的发动机和与之相连的发电机组成增程器给动力电池组充电;整车控制系统提供包括增程器的控制、驾驶员输入信息处理,各动力部件的协调控制等整车控制功能。

增程式电动汽车电驱动系统来源于纯电动汽车,上文也介绍到当时因受制于蓄电池组较低的能量密度,为延拓电动汽车的行驶里程,在电动汽车上添加了辅助的发动机-发电机组,即增程器。当车辆控制器接收到来自加速踏板或制动踏板的功率或转矩指令以及其他的运行信号时,它会将处理后的控制信号传给电动机控制器并由此来控制电动机的转动状态,它也实现分配发动机、动力电池组和驱动系统之间的能量流。

2.4.3　储能装置

增程式混合动力电动汽车的能量来自于两部分,其一是从外界电网直接获取;其二是由发动机带动发电机获得电能。装在油箱的化石燃料中的能量以化学能的形式储存,然后通过在发动机中的燃烧获得机械能,发电机则将机械能转化为电能输出到动力电池组中。增程式混合动力电动汽车需要的电能是通过转化动力电池组中的化学能来获得,所以它的储能装置主要为动力电池组。

与所有的电动汽车一样,电池系统是影响 E-REV 性能的关键因素,通常 E-REV 所用的电池应具备以下特点:

(1) E-REV 电池容量小,要求的效率高,它所匹配的动力电池需同时具有较高的能量密度和功率密度,传统的铅酸电池和镍氢电池都很难满足这一要求。锂离子电池在能量密度和功率密度方面较其他商用二次电池有明显的优势,是目前较为理想的电池类型。

(2) E-REV 以电动机为主,发动机为辅,它传递到变速箱上的动力完全由电动机提供。发动机的唯一作用就是发电,在行驶过程中发电机给电池充电,电池始终运行在半充半放之间。在这种运行状态下,要求 E-REV 电池内阻小,发热量少,安全性好,循环寿命长。

(3) E-REV 所需的车载动力电池仅为同级别纯电动汽车电池用量的 40% 左右,体积小、重量轻、价格低,所需的单体电池数量少,可简化电源管理系统,对电池一致性的要求不如 EV 那么高。

（4）对其他方面的要求与纯电动汽车电池基本相同，如循环寿命、低温性能、成本、安全性能等。

经过近几年的研究与应用，无论从能量密度、功率密度，还是寿命、成本等综合性能上考虑，锂离子电池都已成为 E-REV 电池系统的首选。

2.4.4 典型实例

1. 雪佛兰 Volt

如图 2.74 所示，2007 年 8 月雪佛兰 Volt 概念车在底特律举办的北美车展亮相。沃蓝达(Volt)通过独创的 Voltec 电力驱动技术，在标准的 220V 普通家用电源上（有接地线即可）为其 T 型 16kW·h 的锂离子电池充电 6.5h，Volt 就可以纯电驱动方式行驶 80km，这满足了绝大多数日常行驶需求。如果在电量不足情况下也有行驶需求，其 1.4L 发动机将起动，发动机不直接输出机械转矩，而是驱动发电机产生电能供给电动机。这样约 35L 的油箱容积可以为 Volt 再送出约 490km 的里程。依照美国环保署（Environmental Protection Agency，EPA）专为插电式电动车制定的燃油经济性测量标准，在城市路况下 Volt 的百公里油耗为 1.2L。

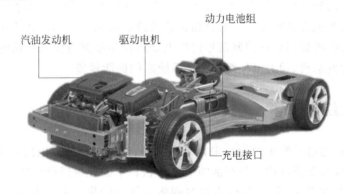

图 2.74　雪佛兰 Volt 结构图

2. 宝马 i3

宝马 i3 增程版于 2011 年 9 月法兰克福国际车展首发，配备了 19kW·h 的锂离子电池组，如图 2.75 所示。

宝马 i3 增程版电动机采用了宝马 eDrive 技术，带有集成功率电子装置的混合动力同步机、充电器和用于动能回收的发电机功能，最大输出功率达到 125kW，最大扭矩达到 250N·m，其中动能最大能够回收 50kW。同时，增程版配备了一台 0.647L 的直列双缸汽油发动机，5000r/min 转速下最大输出功率达到 28kW，4500r/min 转速下峰值扭矩达到了 56N·m；变速箱类型为自动变速箱，拥有单级固定传动比。宝马 i3 增程版 0～100km/h 的加速时间为 7.9s；最高行驶速度 150km/h，综合续驶里程 285km。

图 2.75 宝马 i3 增程版

3. 奥迪 Ale-tron

奥迪 Ale-tron 增程版如图 2.76 所示,在纯电动模式下,车辆可连续行驶 50km,如果行程超过 50km,则可通过安装在行李厢下方的小型发动机对蓄电池进行充电,增加车辆行程。该发动机排量为 0.254L,峰值转速达到 5000r/min,带动可以产生 15kW 功率的发电机,二者总重仅 70kg。

图 2.76 奥迪 Ale-tron 增程版结构图

电控系统负责采集目的地、路线概况等行驶数据，以便在需要时自动起动增程发动机。驾驶者还可以根据需要选择打开和关闭增程发动机。增程发动机搭配的油箱容量为12L，设计增程距离为200km。该增程发动机噪声低，几乎不产生振动，具有良好的驾驶体验。

4. 传祺 GA5 增程版

传祺 GA5 增程版的动力系统由一台永磁同步电动机、一台 1.0L 发动机和 31kW·h 发电机组成。其中，永磁同步电动机的额定功率为 45kW（61 马力），峰值功率为 94kW（128 马力），最大扭矩为 225N·m，车辆搭载的 13kW 时磷酸铁锂电池组可提供最多 80km 纯电续驶里程。作为增程式电动车，该车 1.0L 的发动机不直接驱动车辆，仅在电池电量消耗到一定程度时起动并对动力电池进行充电，配合 45L 油箱，总续驶里程可超过 600km。

传祺 GA5 增程版如图 2.77 所示，官方最高车速为 150km/h。同时，传祺 GA5 增程版提供了 ECO 和普通两种驾驶模式选项，ECO 模式下电池电量在剩余 20% 时，发动机开始介入充电；而普通模式时电量使用过半就会介入充电。

图 2.77　传祺 GA5 增程版

2.5　燃料电池汽车

燃料电池是一种通过电化学反应直接将燃料的化学能转化为电能的"发电装置"，其过程不涉及燃烧，不受卡诺循环的限制，能量转化率高。燃料电池汽车（FCEV）采用燃料电池产生的电能作为动力，具有使用零污染、续驶里程长和加氢时间短等优势，其广泛应用有助于节约燃料以及减少大气污染，是未来汽车工业可持续发展的重要方向之一，也是解决全球能源和环境问题的理想方案之一。美国、欧盟和日本、韩国都投入了大量资金和人力开展燃料电池汽车的研究，丰田、本田、通用、福特、奔驰、现代等公司都已开发出燃料电池车型并进行示范运行，进入初步应用阶段，典型代表有丰田的燃料电池量产车 Mirai。中国对燃料电池汽车的研发也相当重视，在《中国制造 2025》等纲领性文件中，对燃料电池汽车及其相关技术提出了明确的发展规划。目前,燃料电池汽车已经成为中国汽车和能源领域发展的重要载体。

近年来,随着氢能利用技术日益成熟,美国、欧盟、日本、韩国等国家和地区高度重视氢能产业。美国已在氢燃料电池汽车局部领域实现规模示范,相关数据显示,截至2017年年底,美国氢燃料电池叉车累计销售1.5万辆,运行中的氢燃料电池汽车约2800辆,加氢站80座;德国通过加快氢能基础设施建设激活氢燃料电池汽车应用,计划到2018年建成100座加氢站,到2023年建立400座加氢站,建成覆盖全国的氢能汽车网络;日本将建设氢能源社会确定为国家发展战略,计划在2030年完成氢能源社会的基础建设,成为全球第一个实现氢社会的国家;韩国目标成为全球领先的燃料电池制造者,积极探索燃料电池在交通运输、大型固定电站、移动电话等领域的应用。

在国内,2017年工业和信息化部、国家发改委、科技部联合印发《汽车产业中长期发展规划》,将燃料电池汽车列为重点支持领域,同时燃料电池发展路线以2020年、2025年及2030年为三个关键时间节点:到2020年首先实现5000辆级规模在特定地区公共服务用车领域的示范应用,建成100座加氢站,氢燃料电池车进入成熟阶段;2025年实现5万辆规模的应用,建成300座加氢站,氢燃料电池车进入爆发式增长和规模化发展阶段;2030年实现百万辆燃料电池汽车的商业化应用,建成1000座加氢站,氢燃料电池车进入量产阶段。同时,我国的氢燃料电池汽车以商用汽车为主要发展方向,例如公交车和客运车,并且已经初具规模。事实上,我国政府和企业对于氢燃料电池的重视和投入程度都在加大,因为氢燃料电池汽车的确具有其他类型汽车无法比拟的优势:

(1) 工作效率高。内燃机汽车的效率为11%左右,而以氢气为燃料的燃料电池汽车效率可达50%~70%,甲醇重整产生氢气的燃料电池汽车效率可达到30%左右。可见燃料电池汽车的效率高于内燃机汽车。

(2) 节能、环保。按照燃料电池系统的能量来源,可分为车载纯氢和燃料重整两种,燃料电池汽车使用的能源主要是氢气,排放的主要物质是水,燃料电池汽车是内燃机汽车的理想替代。

(3) 结构简单和运行平稳。由于燃料电池汽车能量转换不涉及燃烧和内燃机做功,因此所需零件少,结构简单,振动和噪声小。

同时,燃料电池电动汽车也具有以下不足:

(1) 燃料电池汽车目前制造成本较高,需要昂贵的铂(Pt)作为电催化剂,性能好但价格较高。

(2) 氢气的储存、制备和运输都存在技术上的问题,如何安全、可靠、高效地实现燃料电池汽车氢燃料的添加是一个难题。

(3) 燃料电池汽车的推广和普及离不开基础设施的建设,目前在全国范围内加氢站仍然较少,无法满足需求。

2.5.1 基本结构与工作原理

燃料电池汽车的结构有多种形式,按照驱动形式,可分为纯燃料电池单独驱动和混合驱动。

纯燃料电池单独驱动的基本结构如图 2.78 所示，主要由燃料电池堆及其子系统、电动机控制器、驱动电动机、传动系统组成。燃料电池系统将氢气与氧气反应产生的电能通过总线传给驱动电动机，驱动电动机将电能转化为机械能再传给传动系，从而驱动汽车前进。单一燃料电池结构形式的汽车以巴拉德公司和戴姆勒-克莱斯勒公司的车型为代表。

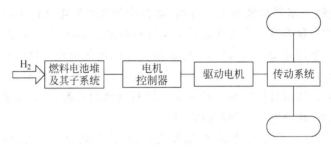

图 2.78　纯燃料电池单独驱动车型基本结构

这种系统结构优点如下：
(1) 系统结构简单，便于系统控制和整体布局。
(2) 系统部件少，有利于整车的轻量化。
(3) 较少的部件使得能量传递效率高，从而提高整车的燃料经济性。

纯燃料电池汽车只有燃料电池一个动力源，汽车的所有功率负荷都由燃料电池承担，其主要缺点如下：
(1) 燃料电池功率大，成本高。
(2) 对燃料电池系统的动态性能和可靠性提出了很高的要求。
(3) 不能进行制动能量的回收。

燃料电池发动机存在输出特性较差、成本过高、起动困难以及瞬态响应性差等缺点，并且电池堆不允许电流双向流动，无法回收刹车制动时的能量。混合动力驱动可以解决上述问题，它能使燃料电池工作在较高的效率区域，在刹车制动的过程中回收部分能量，因此，在以燃料电池为主要动力源的汽车动力系统设计中，需要配置辅助设备，将其设计成混合动力驱动。

燃料电池混合驱动是一种串联式混合动力驱动，其基本结构如图 2.79 所示，主要由燃料电池堆及其子系统、辅助动力源（包括辅助装置和储能装置）、DC/DC 转换器、逆变器、驱动电动机、传动系统组成。燃料电池和辅助动力源一起为驱动电动机提供电能，驱动电动机将电能转化为机械能再传给传动系，从而驱动汽车前进。

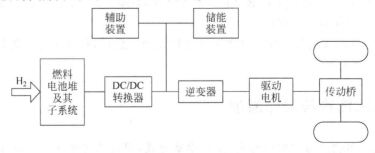

图 2.79　燃料电池混合驱动车型基本结构

在燃料电池汽车中,燃料电池本质上是一类能量转换器,它的储能装置有蓄电池、超级电容、飞轮等。

如图 2.80 所示,燃料电池实质上就是一种化学原电池,它能将化学能转化为电能。以常用的氢氧燃料电池为例,当向电池的阳极通入氢气(H_2),阴极上通入氧气(O_2)时,H_2 将在催化剂铂(Pt)的作用下失去电子(e^-)形成氢离子(H^+),H^+ 在电解液中向阴极运动,而电子 e^- 不能通过质子交换膜而沿外部导线流到阴极,由于电子的定向移动,这样便形成了电流。在阴极上,氧气在催化剂铂作用下离解成为氧原子(O),O、H^+ 与 e^- 结合生成结构稳定的水(H_2O)。这样的反应完全不同于氢气在氧气中燃烧,理论上只要阳极能持续输入氢气,阴极能持续输入氧气,且产物水能及时排出,那么这个装置就能不断地向外供电。

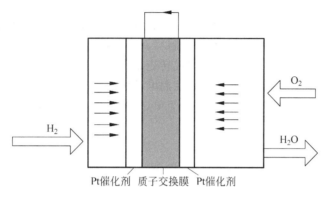

图 2.80 燃料电池的工作原理

对于纯燃料电池单独驱动的汽车来说,燃料电池提供电能给驱动电机,驱动电动机驱动汽车前进,燃料电池是整车的唯一驱动源。

对于燃料电池加峰值电源的车型,在制动模式中,峰值电源吸收再生制动能量。在牵引模式中:

(1) 若受指令控制的电动机输入功率大于燃料电池系统的额定功率,则应用混合牵引模式,此时燃料电池系统运行在其额定功率状态,而剩余的功率需求由峰值电源供应。燃料电池系统的额定功率可设置在燃料电池最佳运行区的顶线处。

(2) 若受指令控制的电动机输入功率小于燃料电池系统预设的最小功率,且峰值电源需要充电,则燃料电池系统以额定功率运行,其一部分功率用于驱动系,另一部分功率用于峰值电源。在其他方面,若峰值电源不需要充电,并且峰值电源能提供的峰值功率大于受指令控制电动机的输入功率,则燃料电池系统运行在空载状态,峰值电源单独驱动车辆。

(3) 若负载功率大于燃料电池所预设的最小功率,并小于燃料电池的额定功率,同时峰值电源不需要充电,则由燃料电池系统单独驱动车辆。否则,若峰值电源需要充电,则燃料电池以额定功率运行,其一部分功率用以驱动车辆,另一部分功率用于向峰值电源充电。

对于插电式燃料电池汽车,与传统的插电式混合动力汽车类似,有两种驱动模式,第一种是动力电池组为主要动力来源,动力电池组外接充电器可以为动力电池组充电;第二种是纯燃料电池驱动。

2.5.2 电驱动系统

燃料电池汽车既可以单独用于驱动车辆行驶,即纯燃料电池驱动,也可以安装辅助装置来提高性能,称为燃料电池混合驱动结构。按照辅助装置的不同,燃料电池的混合驱动又可分为燃料电池+蓄电池、燃料电池+超级电容、燃料电池+蓄电池+超级电容、燃料电池+蓄电池+超高速飞轮、插电式,由此构成的混合动力系统分别称为 FC+B、FC+C、FC+B+C、FC+B+F、FC+P-i。蓄电池组、超高速飞轮、超级电容器或其组合又称为"峰值电源"。

1. 纯燃料电池单独驱动电驱动结构

图 2.81 是燃料电池单独驱动车型的电驱动系统结构,由燃料电池系统、燃料电池控制器、DC/DC 转换器、DC/DC 控制器、整车控制器、电动机控制器、电动机组成。当整车控制器接收到来自加速踏板或制动踏板的功率或转矩指令以及其他的运行信号时,它会将处理后的控制信号传给电动机控制器并由此来控制电动机的转动状态。在这种方案中汽车所需的所有动力全部来自燃料电池堆,系统结构简单,整车装备质量轻,控制实现相对容易。

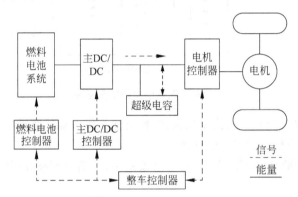

图 2.81 燃料电池单独驱动电驱动系统结构

2. 燃料电池混合驱动电驱动系统结构

图 2.82 是燃料电池混合驱动电驱动系统结构,由燃料电池系统、燃料电池控制器、DC/DC 转换器、DC/DC 控制器、整车控制器、电动机控制器、电动机、峰值电源及其管理系统组成。按照来自加速踏板或制动踏板的功率和转矩指令,以及其他的运行信号,整车控制器将控制电动机的功率(转矩)输出,以及燃料电池系统、峰值电源和驱动系统之间的能量流。例如,在急加速状态下,对于峰值功率指令,燃料电池系统与峰值电源两者都向驱动电动机提供牵引功率;在制动状态下,电动机运行于发电机状态,将部分制动能量转换为电能,并储存在峰值电源中。当负载功率小于燃料电池系统的额定功率时,峰值电源也从燃料电池系统补充、恢复能量。

1) 燃料电池+蓄电池(FC+B)联合驱动

该结构如图 2.82(a)所示,为一典型的串联式混合动力结构。在该动力系统结构中,燃料电池和蓄电池一起为驱动电动机提供能量,驱动电动机将电能转化成机械能传给传动系,从而驱动汽车前进;在汽车制动时,驱动电动机变成发电机,蓄电池将储存回馈的能量。

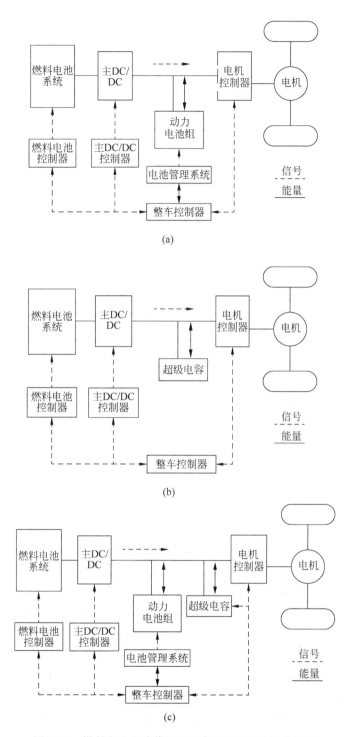

图 2.82 燃料电池和峰值电源混合驱动电驱动系统结构
(a) 燃料电池+蓄电池(FC+B); (b) 燃料电池+超级电容(FC+C);
(c) 燃料电池+蓄电池+超级电容(FC+B+C); (d) 燃料电池+蓄电池+超高速飞轮(FC+B+F)

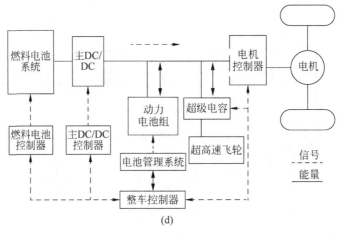

图 2.82 （续）

采用这种方式的优点在于：由于增加了功率密度价格相对低廉得多的动力电池组，系统对燃料电池的功率要求较纯燃料电池结构形式有很大的降低，从而大大降低了整车成本；燃料电池可以在比较好的设定的工作条件下工作，工作时燃料电池的效率较高；系统对燃料电池的动态响应性能要求较低；汽车的冷起动性能较好；采用制动能量回馈可以回收汽车制动时的部分动能，该措施可能会增加整车的能量效率。

不足之处：动力电池组的使用使得整车的质量增加，动力性和经济性受到影响；动力电池组充/放电过程会有能量损耗；系统变得复杂，系统控制和整体布置难度增加。

2）燃料电池+超级电容（FC+C）联合驱动

如图 2.82(b)所示，这种结构形式与燃料电池+动力电池组结构相似，只是把蓄电池换成超级电容。相对于动力电池组，超级电容充放电效率高，能量损失小，比动力电池组功率密度大，在回收制动能量方面比动力电池组有优势，循环寿命长，但是超级电容的能量密度较小。随着超级电容技术的不断进步，这种结构将成为一种新的重要研究方向。

3）燃料电池+动力电池组+超级电容（FC+B+C）联合驱动

如图 2.82(c)所示，燃料电池与动力电池组和超级电容联合驱动的电动汽车的动力系统结构也为串联式混合动力结构。在该动力系统结构中，燃料电池、动力电池组和超级电容一起为驱动电动机提供能量，驱动电动机将电能转化成机械能传给传动系，从而驱动汽车前进；在汽车制动时，驱动电动机变成发电机，动力电池组和超级电容将储存回馈的能量。

对于这种模式的燃料电池汽车，能量需求变化的低频部分由动力电池组承担，能量需求变化的高频部分由超级电容承担。这种结构的优点相比燃料电池+动力电池组的结构形式更加明显，尤其是在部件效率、动态特性、制动能量回馈等方面。而其缺点也一样明显：增加了超级电容，整个系统的质量将可能增加；系统更加复杂化，系统控制和整体布置的难度也随之增大。

总的来说，如果能够对系统进行很好的匹配和优化，这种结构带来的汽车的良好的性能具有很大的吸引力。

4）工厂燃料电池+蓄电池+超高速飞轮（FC+B+F）联合驱动

超高速飞轮电池利用高速旋转的飞轮进行储能，是有着良好应用前景的机械储能系统。一般的燃料电池汽车均采用动力电池组作为车载能源的能量存储装置，在此基础上，如果采用超级飞轮这种机械储能系统来代替一部分动力电池组的工作，可以减轻燃料电池汽车驱动系统的重量，并且改善汽车的加速性能。该系统的结构如图 2.82(d)所示，采用该模式驱动汽车的主要特点是：

(1) 效率高。由于采用了高效的飞轮电池，从而减少了损耗，提高了系统的整体效率。

(2) 电能储量大。这使得系统在燃料电池无法正常工作的情况下能够维持运行更长的时间，增加了整个系统的可靠性。

(3) 完全环保。系统的电能发生和储存装置都对环境没有任何污染，所以可以称得上是一种完全绿色的电力推进系统。

在四种混合驱动中，FC＋B＋C 组合被认为能够最大限度满足整车起动、加速、制动的动力和效率需求，但成本最高，结构和控制也最为复杂。目前燃料电池电动汽车动力系统的一般结构是 FC＋B 组合，这是因为其具有以下特点：

(1) 燃料电池单独或与动力电池共同提供持续功率，而且在车辆起动、爬坡和加速等峰值功率需求时，动力电池提供峰值功率。

(2) 在车辆起步和功率需求量不大时，动力电池组可以单独输出能量。

(3) 动力电池组技术比较成熟，可以在一定程度上弥补燃料电池技术上的不足。

插电式燃料电池汽车电驱动系统由燃料电池系统、DC/DC 转换器、DC/DC 控制器、整车控制器、电动机控制器、电动机、电池及其管理系统组成。按照来自加速踏板或制动踏板的功率和转矩指令，以及其他的运行信号，整车控制器将控制电动机的功率(转矩)输出，以及燃料电池系统、电池和驱动系统之间的能量流。

插电式燃料电池系统有两种配置方式，如图 2.83 所示，第一种燃料电池系统基于目前加氢设施不足，在车上装一个再生型燃料电池(Regenerative Fuel Cell，RFC)装置，这个装

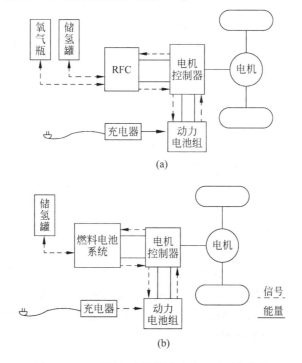

图 2.83 两种插电式燃料电池电驱动系统结构
(a) 配置方式一；(b) 配置方式二

置有两种运行模式,当充电器充电时,RFC是一个电解槽,生成的氢气和氧气分别存储到相应的高压氢气瓶和氧气瓶中。当汽车行驶时,RFC是一个典型的燃料电池装置,利用电解槽生成的氧气、氢气进行反应提供电能,同时生成水。这样的动力配置方案减轻了对加氢站的依赖。但此配置方式尚在实验中,尚无有关此种配置方案车型的报道。第二种配置方式是以上汽荣威950为代表的插电式燃料电池车。与传统的插电式混合动力汽车类似,该方案有两种驱动模式,第一种是动力电池组为主要动力来源,动力电池组外接充电器可以为蓄电池充电,第二种是纯燃料电池驱动。

2.5.3 储能装置

燃料电池汽车的储能装置包括车载储氢系统和车载蓄电系统两大类,燃料电池汽车的发展离不开储能装置。

1. 车载储氢系统

储氢技术是氢能利用走向规模化应用的关键。目前,常见的车载储氢系统有高压储氢、低温储存液氢和金属氢化物储氢3种基本方法。对于车载储氢系统,美国能源部提出在续驶里程与标准汽油车相当的燃料电池汽车车载储氢目标是:质量储氢密度6(wt)%、体积储氢密度$60kg/m^3$。纵观现有储氢方法,除了低温储存液氢技术,其他技术都不能完全达到以上指标。而低温储存氢气的成本与能耗都很大,作为车载储氢并不是最佳选择。

如何有效减小储氢系统的重量与体积,是车载储氢技术研发的重点。一个比较理想的方案是:采用储氢材料与高压储氢复合的车载储氢新模式,即在高压储氢容器中装填重量较轻的储氢材料。这种装置与纯高压储氢方式(>40MPa)相比,既可以降低储氢压力(约10MPa),又可以提高储氢能力。复合式储氢模式的技术难点是如何开发吸/放氢性能好、成型加工性良好、质量轻的储氢材料。

2. 车载蓄电系统

车载蓄电系统包括铅酸蓄电池、镍氢蓄电池、锂离子电池等蓄电池及电化学超级电容器。铅酸蓄电池作为汽车起动电源技术已经十分成熟,但由于其功率密度低,充电时间长,作为未来电动汽车动力系统的可能性很小;镍氢蓄电池具有高比能、大功率、快速充/放电、耐用性优异等特性,是目前混合动力汽车和电动汽车中应用最广的绿色动力蓄电系统;锂离子电池具有能量密度大、功率密度高、自放电小、无记忆效应、循环特性好、可快速放电等优点,虽然由于产热量大等原因在过去一直限制了其发展,但随着近几年国家政策和电池技术的发展,锂离子电子的应用越来越广泛。

超级电容器能在短时间内提供或吸收大的功率(为蓄电池数十倍)。其效率高、具有上万次的循环寿命和极长的储存寿命、工作温度范围宽、能使用的基础材料价格便宜,可以作为混合型动力汽车的有效蓄电系统。但其能量密度低,能否作为独立的车用动力系统大规模推广,还有待更多的运行数据佐证。

2.5.4 典型实例

1. 丰田 Mirai 燃料电池汽车

如图 2.84 所示，丰田 Mirai 作为一款可量产的燃料电池汽车，整车动力系统是 Mirai 的核心，也同样集成了丰田大部分的关键技术和创新亮点，同时体现了日系车一贯出色的成本控制及结构轻量化特点。丰田 Mirai 由六大核心组件构成，分别是：电动机、PCU（动力控制装置）、FC 升压转换器、燃料电池堆、驱动电池、高压储氢罐。位于传统汽油车引擎位置的是一台电动机，电动机通过燃料电池堆生成的电力和来自驱动电池的电力进行驱动，可以实现最大功率 113kW、最大扭矩 335N·m 的动力输出，上方还有 PCU（动力控制装置）用来保证所有行驶工况下都能合理地控制燃料电池堆的输出功率和驱动电池充/放电。

图 2.84　丰田 Mirai 燃料电池汽车

如图 2.85 所示，位于前排座椅下方的燃料电池是整个车辆的电力来源，在这里氢气与氧气发生反应产生电能。其体积功率密度达到了 3.1kW/L，最大功率达到 114kW。后排座椅后方位置放置的是驱动电池，用来把燃料电池组输出的剩余电能和车辆行驶过程中回收的电能进行存储，可以供车辆急加速时辅助燃料电池进行输出及车载电器使用。

在新一代燃料电池系统中，发出的电能还需要经过 FC 升压变频器的升压才能供给电动机使用，最终可将 FC 电池堆的电压升至 650V。后排座椅下方则放置有两个高压储氢罐，用来存储氢气。为了保证安全，这两个特制的储氢罐可以承受最大压力为 70MPa 的高压，达到世界顶级的储存性能。据丰田公布数据，该储氢罐足以抵挡轻型武器的攻击，相比于国内普遍的 35MPa 型储氢设备及加氢设施，丰田在这方面的技术依然具有领先水平。

Mirai 使用了液态氢作为动力能源，两个高压储氢罐分别置于后轴的前后两端。相比于国内热门的纯电动汽车，燃料电池车 Mirai 的最大优点在于，氢燃料添加的过程与传统添注汽油或者柴油相似，充满仅需 3～5min，而在 JC08 工况下，续驶里程可达 700km，也就是说更少的"充电"时间及更高的续驶里程。从结果上看，燃料电池车的应用模式几乎无异于传统汽油或柴油车。

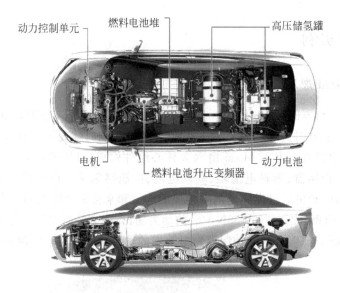

图 2.85　丰田 Mirai 燃料电池汽车结构

2. 本田 Clarity Full Cell 燃料电池汽车

2018 年 11 月 13 日,首届中国国际进口博览会在上海国家会展中心开幕,本田汽车携众多出行产品于 2 号馆出展,其中氢燃料电池电动车 Clarity Full Cell 是本田在燃料汽车领域的最新代表作品,如图 2.86 所示。本田 Clarity Full Cell 搭载的高效率燃料电池堆最大功率为 130kW,最大扭矩为 300N·m,实现动力与行驶性能的完美融合。值得一提的是,Clarity 的 70MPa 储氢罐可以存储 5kg 高压氢气,在日本 JC08 工况下的续驶里程可达 750km,而且每次加满氢只需 3min。

图 2.86　本田 Clarity 燃料电池汽车

燃料电池动力系统主要由燃料电池堆、升压变频器、PCU 动力控制单元、驱动电动机组成,本田 Clarity Full Cell 燃料电池汽车结构如图 2.87 所示,其中 Clarity Full Cell 关键的燃料电池堆最大功率达到了 103kW,能量密度为 3.1kW/L,和丰田 Mirai 处于同一水平。为了为燃料电池提供充足的氧气,Clarity Full Cell 首次应用了两级电动增压器,供气效率比传统的气泵高了很多。

现在的 Clarity Full Cell 是由 2008 年推出的 FCX Clarity 改进而来,且应用在本田的新能源平台上,Clarity Full Cell 的两个储氢罐体积分别为 24L 和 117L,前储氢罐很小,可

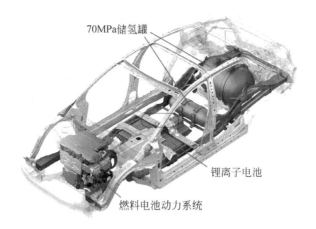

图 2.87　本田 Clarity 燃料电池汽车结构

以减少对乘员的影响,但后排的储氢罐较大,行李厢空间受限。本田还为 Clarity Fuel Cell 提供了一套外部供电设备,可以把车辆产生的电能转化为标准电压电流,为各种电器供电。

此外,本田还展示了能够制造和供给氢能源的小型智能加氢站 SHS,以及电能转换器 Power Exporter 9000,全面展示了本田对于构建以氢能源为基础的"生产氢、使用氢、以氢互联"的可持续发展的愿景。

3. 上汽大通 FCV80 氢燃料电池汽车

如图 2.88 所示,大通 FCV80 燃料电池车的动力方面是该车最大的亮点,采用了一套由"氢燃料电池＋动力电池＋永磁同步电动机"构成的动力系统,车载储氢罐可储存 6.2kg 氢,储氢压力为 35MPa。其中,永磁同步电动机的最大输出功率为 100kW,峰值扭矩为 350N·m。该车单次加氢仅需要 3～5min,40km/h 等速续驶里程为 438km。

图 2.88　上汽大通 FCV80 燃料电池汽车

在燃料电池汽车的安全性方面，FCV80采用氢浓度实时监测及保护、氢气过压保护、氢限流保护、特殊情况自断氢保护、氢泄漏防护主动控制、高压安全设计保护、碰撞安全设计保护、涉水安全设计保护、主要系统具备24h远程监控等安全技术。同时，FCV80具备国内领先的新一代电堆系统、一体化高功率密度燃料电池动力总成集成、国际水平的35MPa供氢系统、高效的制动能量回收系统等技术，是目前国内燃料电池汽车的先进车型之一。

思 考 题

1. 纯电动汽车的布置形式有哪几种？各有什么特点？
2. 混合动力汽车可以分为哪几类？为什么这样划分，依据是什么？
3. 混合动力汽车设计原理是什么，为什么可以如此设计？
4. 不同类型混合动力汽车电驱动系统和基本结构的主要区别是什么？
5. 插电式混合动力汽车较之于混合动力汽车主要优点有哪些？
6. 目前常见的储能装置形式有哪几种，主要特点是什么？
7. THS系统从第一代发展到第三代，主要改进的是哪些方面，为什么要做出这些改进？
8. 提出一种新的混合动力汽车结构形式。

参 考 文 献

[1] 何洪文. 电动汽车原理与构造[M]. 2版. 北京：机械工业出版社，2018.
[2] Hannana MA, Hoque MM, Mohamed A, et al. Review of energy storage systems for electric vehicle applications: issues and challenges[J]. Renewable and Sustainable Energy Reviews, 2017, 69: 771-789.
[3] Mehrdad Ehsani, Yimin Gao, Ali Emadi. 现代电动汽车、混合动力电动汽车和燃料电池车——基本原理、理论和设计[M]. 2版. 倪光正，倪培宏，熊素铭，译. 北京：机械工业出版社，2010.
[4] Iqbal Husain. 纯电动及混合动力汽车设计基础[M]. 2版. 林程，译. 北京：机械工业出版社，2012.
[5] Ogura K, Kolhe M L. Battery technologies for electric vehicles[J]. Electric Vehicles Prospects & Challenges, 2017: 139-167.
[6] 高建平，郄建国. 新能源汽车概论[M]. 北京：机械工业出版社，2018.
[7] Chris Mi, AbulMasrur M. Hybrid electric vehicles principles and applications with practical perspective[M]. Wiley, 2017.
[8] Wei Liu. Hybrid electric vehicles system modeling and control[M]. Wiley, 2017.
[9] Sun F, Xiong R, He H. A systematic state-of-charge estimation frame work for multi-cell battery pack in electric vehicle susing bias correction technique[J]. Applied Energy, 2016, 162: 1399-409.
[10] Zeyu Chen, Rui Xiong, Chun Wang, et al. A non-line predictive energy management strategy for plug-in hybrid electric vehicles to counter the uncertain prediction of the driving cycle[J]. Applied Energy, 2017, 185: 1663-1672.
[11] Joaquim Delgado, Ricardo Faria, Pedro Moura, et al. Impacts of plug-in electric vehicles in the Portuguese electrical grid[J]. Transportation Research Part D, 2018, 62: 372-385.

[12] 徐艳民. 电动汽车动力电池及电源管理[M]. 北京：机械工业出版社，2014.
[13] Bambang Wahonoa, Widodo Budi Santosoa, Arifin Nura, et al. Analysis of range extender electric vehicle performance using vehicle simulator[J]. Energy Procedia, 2015, 68: 409-418.
[14] 殷承良, 张建龙. 新能源汽车整车设计：典型车型与结构[M]. 上海：上海科学技术出版社，2013.
[15] Sarg, Kuntmana. On the optimum powertrain configuration of fuel cell powered vehicle for minimum hydrogen consumption [C]//2015 9th International Conference on Electrical and Electronics Engineering (ELECO). US: IEEE, 2015: 379-382.

第 3 章

纯电动汽车设计

3.1 工作模式和控制策略

纯电动汽车驱动系统中主要有电机驱动装置、传动系统、动力电池等。必须有一个性能优越、安全可靠的整车控制策略,从各个环节上合理控制车辆的运行状态和能量分配,以充分协调和发挥各部分的优势,使汽车整体获得最佳运行状态。

在制定纯电动汽车控制策略时,首先要明确控制目标,即在保证汽车基本性能的前提下降低汽车的能量消耗,提高车辆的续驶里程。同时,还要兼顾电池的寿命问题、实现条件的制约,并要充分考虑到驾驶员的驾驶意图、汽车的平顺性以及安全性。因此,需考虑的原则和约束条件如下:

(1) 在系统性能限制条件和司机驾驶扭矩需求的条件下,计算和调整实际输出的驱动扭矩;

(2) 保证车辆运行以及各个部件的安全性;

(3) 确保良好的驾驶感受。

基于以上原则,可制定以下基本控制策略:

(1) 限定电动机的工作区域和 SOC 值的范围,确保电动机和动力电池能够长时间保持高效的状态。若出现问题,系统提醒,再根据预先设定的规则对纯电动车辆系统的工作模式进行判断和选择,制定相应的控制策略。

(2) 实时考虑各个影响因素,如行驶工况,电池的 SOC 值等,根据规则,将转矩合理地分配给电动机。在整车控制器与电动机控制器中形成一个实时控制的闭环系统。这样既能保证驾驶员驾驶意图及时更新,同时也能够对车辆状态进行控制,保证安全性和舒适性。

根据以上原则和基本控制策略,从纯电动汽车的主要工作模式(起步模式、行车模式、制动能量回收模式)考虑,制定出相应的控制策略。

(1) 起步模式:当车辆完成上电过程后,整车控制器通过采集车辆状态、电动机和电池以及加速踏板等信号,车辆随时准备起步。只要驾驶员踩踏加速踏板并且电池 SOC 值高于一定值,整车控制器就计算电动机所需转矩,并将此信息发送给电动机,电动机开始起动并驱动纯电动汽车起步。如果电池 SOC 值过低,则要进行报警,以保证车辆的安全。

(2) 行车模式:起步完成后,车辆进入行车模式。整车控制器实时接收和采集各种数据,实时计算电动机所需的转矩并定时发送这些数据给电机控制器,保证汽车的正常运行。当电池 SOC 值过低时,车辆进行报警,充电提示灯亮。

(3) 制动能量回收模式：根据制动踏板行程的大小以及在不改变原车的制动性能情况下对能量进行有效回收。纯电动汽车的制动主要由两部分组成，即电动机再生制动部分和传统液压摩擦制动部分。在采用电动机再生制动的同时，使用传统的液压摩擦制动作为辅助，从而达到既保证汽车的制动安全性，又可回收能量的目的。

在以上3种工作模式中，对于驾驶员意图快速和准确地把握是非常重要的。驾驶员意图主要是根据驾驶员的操作信息（加速踏板和制动踏板信号），计算出电动机/发电机的转矩需求命令，通过电动机控制器发出指令，从而实现驾驶员的需求。

3.2 设计目标和要求

纯电动汽车一般采用高效率充电蓄电池为动力源，无须再用内燃机，因此纯电动汽车的电动机相当于传统汽车的发动机，蓄电池相当于原来的油箱。

设计目标如下：

(1) 无污染，噪声低。与内燃机汽车相比，电动汽车不产生排气污染，有益于环境保护，且电动机在运行中的噪声和振动水平都远远小于内燃机。但是电动汽车并非绝对无污染，使用铅酸电池作为动力源，制造、使用中要接触到铅，充电时会产生酸性气体，造成一定的污染；蓄电池充电所用的电力，在用煤炭做燃料时会产生 CO、SO_2、粉尘等。随着技术的发展，可以采用其他电池作为电动汽车的动力源，实现真正的零污染，噪声低。

(2) 结构简单，使用维修方便。

(3) 提高传动系统动力性。

(4) 提高蓄电池续驶里程。

(5) 整车轻量化。

纯电动汽车主要由电力驱动系统、电源系统和辅助系统3部分组成。

电动汽车的驱动系统是电动汽车的核心部分，其性能决定着电动汽车运行性能的好坏。电动汽车的驱动电动机属于特种电动机，是电动汽车的关键部件。电动汽车在行驶过程中，经常频繁地起动/停车、加速/减速等，这就要求电动机比一般工业应用的电动机性能更高，基本要求如下：

(1) 电动机的运行特性要满足电动汽车的要求，在恒转矩区，要求低速运行时具有大转矩，以满足电动汽车起动和爬坡的要求；在恒功率区，要求低转矩时具有高的速度，以满足电动汽车在平坦的路面能够高速行驶的要求。

(2) 电动机应具有瞬时功率大、带负载起动性能好、过载能力强、加速性能好、使用寿命长等特点。

(3) 电动机应在整个运行范围内，具有很高的效率，以提高一次充电的续驶里程。

(4) 电动机应能够在汽车减速时实现再生制动，将能量回收并反馈给蓄电池，使得电动汽车具有最佳能量的利用率。

(5) 电动机应可靠性好，能够在恶劣的环境下长期工作。

(6) 电动机应体积小，质量轻，一般为工业用电动机的 $1/3 \sim 1/2$。

(7) 电动机的结构要简单坚固，适合批量生产，便于使用和维护。

(8) 价格便宜，从而能够减小整体电动汽车的价格，提高性价比。

(9) 运行时噪声低，减少污染。

电池是电动汽车的动力源泉，电池性能直接影响整车的加速性能、续驶里程及制动能量回收的效率等。电池的成本和循环寿命直接影响车辆的成本和可靠性，所有影响电池性能的参数必须得到优化。电动汽车对动力电池的要求主要有：

(1) 能量密度高。为了提高电动汽车的续驶里程，要求电动汽车上的动力电池尽可能储存较多的能量，但电动汽车又不能太重，其安装电池的空间也有限，这就要求电池具有较高的能量密度。

(2) 功率密度大。为了使电动汽车在加速行驶、爬坡能力和负载行驶等方面能与燃油汽车相竞争，要求电池具有较高的功率密度。

(3) 循环寿命长。循环寿命越长，则电池在正常使用周期内支撑电动汽车行驶的里程数就越多，有助于降低车辆使用周期内的运行成本。

(4) 均匀一致性好。对于电动汽车，电池组的工作电压大多应达到数百伏，这就要求至少有几十到上百节电池的串联。为达到设计容量要求，有时候甚至需要更多的单体并联。由于电池组的使用性能会受到性能最差的某些单节电池的制约，因此设计上要求各电池单体在容量、内阻、功率特性和循环特性等方面具有高度的均匀一致性。

(5) 高低温性能好、环境适应性强。电动汽车作为一种交通工具，要求电池既要在北方冬天极冷的气温下，又要在南方夏天炎热环境中长期稳定地工作。在最恶劣的气候条件下，电池的工作温度可能要从-40℃变到60℃，甚至80℃。因此，要求电池应具有良好的高低温特性。

(6) 安全性好。能够有效避免因泄漏、短路、撞击、颠簸等引起的起火或爆炸等危险事故发生，确保汽车在正常行驶或非正常行驶过程中的安全。

(7) 价格低廉。材料来源应丰富，电池制造成本低，以降低整车价格，提高电动汽车的市场竞争力。

(8) 绿色、环保。要求制作电池的材料与环境友好、无二次污染，并可再生利用。

纯电动汽车由于布置了电池组，整车质量增加较多，轻量化问题更加突出。通过对整车实际使用工况和使用要求的分析，对电池的电压、容量、驱动电动机功率、转速和转矩、整车性能等车辆参数的整体优化，合理选择电池和电动机参数；积极采用轻质材料，如电池箱的结构框架、形体封皮、轮毂等采用轻质合金材料。

3.3 参数设计

3.3.1 电动机参数设计

驱动电动机在电动汽车低速或者爬坡时输出较大转矩，在高速工况下输出较大的功率。因此，电动汽车的动力性需求决定了驱动电动机的性能参数匹配情况，即应该满足电动汽车的最高车速性能、爬坡性能以及加速性能等指标。驱动电动机需要确定的主要参数有额定功率、峰值功率、峰值转矩和最高转速等。

1. 电动机的额定功率和峰值功率

电动机是电动汽车行驶的动力源,对整车性能有直接的影响。所选的电动机功率越大,整车的动力性越好。但功率过大,电动机的质量和体积会增大,且电动机的工作效率不高,导致不能充分利用有限的车载能源,从而续驶里程减少。因此,电动机额定功率应满足电动汽车对最高车速的要求,峰值功率应能同时满足参考汽车的最高车速、最大爬坡度和加速度的要求。

纯电动汽车以最高车速行驶消耗的功率 P_a 为

$$P_a = \frac{u_{\max}}{3600\eta_t}\left(mgf + \frac{C_d A u_{\max}^2}{21.15}\right) \tag{3.1}$$

式中　m——整车质量(kg);
　　　g——重力加速度,$g=9.8\text{m/s}^2$;
　　　f——轮胎的滚动阻力系数;
　　　C_d——空气阻力系数;
　　　A——迎风正面面积(m^2);
　　　$u_{\max}$——最高行驶车速(km/h);
　　　η_t——机械传动系统效率。

纯电动汽车以某一车速爬上最大坡度消耗的功率 P_b 为

$$P_b = \frac{u_{\max}}{3600\eta_t}\left(mgf\cos\alpha_{\max} + mg\sin\alpha_{\max} + \frac{C_d A u_p^2}{21.15}\right) \tag{3.2}$$

式中　u_p——电动汽车爬坡时的行驶速度(km/h);
　　　$\alpha_{\max}$——最大坡度角(°)。

纯电动汽车在水平路面上加速行驶消耗的功率 P_c 为

$$P_c = \frac{u_f}{3600\eta_t}\left(mgf + \frac{C_d A}{21.15}u_f^2 + \delta m\frac{\mathrm{d}u}{\mathrm{d}t}\right) \tag{3.3}$$

式中　δ——汽车旋转质量换算系数;
　　　u_f——电动汽车加速后达到的速度(km/h);
　　　$\mathrm{d}u/\mathrm{d}t$——加速度(m/s^2)。

因此,纯电动汽车电动机的额定功率 P_e 和峰值功率 $P_{e\max}$ 应满足

$$P_e \geqslant P_a \tag{3.4}$$

$$P_{e\max} \geqslant \max\{P_a \quad P_b \quad P_c\} \tag{3.5}$$

电动机的峰值功率与额定功率之间的关系为

$$P_{e\max} = \lambda P_e \tag{3.6}$$

式中　λ——电动机的过载系数。

2. 电动机的最高转速和额定转速

根据电动机转动速度快慢可分为高、中、低转速电动机。转速高于 10 000r/min 的电动机称为高速电动机;转速在 6000～10 000r/min 的电动机称为中速电动机;转速在 3000～

6000r/min 的电动机称为低速电动机。电动机转速并非越快越好,转速越快电动机结构尺寸和重量会越大,制造精度要求和生产成本都会随之增加。

纯电动汽车最高行驶速度与电动机最高转速之间的关系为

$$n_{\max} = \frac{u_{\max} \sum i}{0.377r} \tag{3.7}$$

式中 $n_{\max}$——电动机的最高转速(r/min);

$u_{\max}$——纯电动汽车的最高行驶速度(km/h);

$\sum i$——传动系统传动比,一般包括变速器传动比和主减速器传动比;

r——车轮半径(m)。

电动机额定转速 n_e 为

$$n_e = \frac{n_{\max}}{\beta} \tag{3.8}$$

式中 β——电动机扩大恒功率区系数。

β 值越大,转速越低,转矩越大,有利于提高车辆的加速和爬坡性能,稳定运行性能越好,但同时功率转换器尺寸也会增大,因此 β 值不宜过高。通常 β 取值为 2~4。

3. 电动机最大转矩和额定转矩

电动机最大转矩的选择需要满足汽车起动转矩和爬坡角的要求,同时结合传动系统最大传动比来确定。

$$T_{\max} \geqslant \frac{mg(f\cos\alpha_{\max} + \sin\alpha_{\max})r}{\eta_t i_{\max}} \tag{3.9}$$

式中 $i_{\max}$——传动系统最大传动比。

额定转矩可由式(3.10)计算:

$$T_e \geqslant \frac{60 \times 1000 P_e}{2\pi n_e} \tag{3.10}$$

4. 电动机额定电压

额定电压是电动机的一个重要性能参数,它的选择由电动机的参数决定。电动机额定电压与额定功率成正比,额定功率越大,额定电压也就越大。此外,电动机额定电压选择与纯电动汽车电池组的电压有密切关系。因此,要选择合适的电池组的电压和电流以满足整车能源需要。通常情况下,微型电动汽车选择电动机额定电压的范围为 48~288V,普通电动汽车电动机额定电压一般为 300V,电动大客车的额定电压选择范围为 400~600V。

3.3.2 传动系统传动比

在电动机输出特性一定时,传动系统传动比的选择依赖于整车的动力性能指标要求,即传动比的选择应满足汽车最高期望车速、最大爬坡度以及对加速时间的要求。

1. 传动比的上限

传动系统传动比的上限由电动机最高转速和最高行驶速度确定。

$$\sum_{\min} i \leqslant \frac{0.377 n_{\max} r}{u_{\max}} \tag{3.11}$$

2. 传动比的下限

传动系统传动比下限由下述两种方法确定。

由电动机最高转速对应的输出转矩和最高行驶车速对应的行驶阻力确定传动比下限为

$$\sum_{\max} i \geqslant \frac{r}{\eta_t T_{u\max}} \left(mgf + \frac{C_d A u_{\max}^2}{21.15} \right) \tag{3.12}$$

式中 $T_{u\max}$——电动机最高转速对应的输出转矩(N·m)。

由电动机的最大输出转矩和最大爬坡度对应的行驶阻力确定传动比下限为

$$\sum_{\max} i \geqslant \frac{r}{\eta_t T_{\max}} \left(mgf\cos\alpha_{\max} + mg\sin\alpha_{\max} + \frac{C_d A u_f^2}{21.15} \right) \tag{3.13}$$

式中 $T_{\max}$——电动机最大输出转矩(N·m)。

3.3.3 电池组参数匹配

1. 电池组类型选择

目前可用于电动汽车的动力电池有铅酸电池、镍氢电池、锂离子电池和燃料电池。相比于其他蓄电池,锂离子电池拥有更高的能量密度和更长的循环寿命。除此之外,它非常轻而且带正电,无毒且广泛使用。这一基本优势使得锂离子电池具有更高的储能潜力。

2. 电池组数目的确定

电池组数目必须满足电动汽车行驶时所需的最大功率和续驶里程的要求。

满足电动汽车行驶时所需的最大功率要求的电池组数目为

$$n_p = \frac{P_{e\max}}{P_{b\max} \eta_e \eta_{ec} N} \tag{3.14}$$

式中 $P_{e\max}$——电动机的峰值功率(kW);

η_e——电动机的工作效率;

η_{ec}——电动机控制器的工作效率;

$P_{b\max}$——电池最大输出功率(kW);

N——单电池组所包含的电池的数目。

满足电动汽车续驶里程要求的电池组数目为

$$n_x = \frac{1000 SW}{C_s V_s N} \tag{3.15}$$

式中 S——续驶里程(km);

W——电动汽车行驶1km所消耗的能量(kW);

C_s——单节电池的容量(A·h);

V_s——单节电池的电压(V)。

3. 电池容量

电池组能量为

$$E_B = \frac{U_m C_E}{1000} \tag{3.16}$$

式中　E_B——电池组能量(kW·h);

　　　U_m——电池组电压(V);

　　　C_E——电池组容量(A·h)。

蓄电池能量应满足以下条件:

$$E_B \geqslant \frac{mgf + C_d A u_a^2/21.15}{3600 \times \text{DOD}\eta_t \eta_{mc} \eta_{dis}(1-\eta_a)} \times S \tag{3.17}$$

式中　η_{mc}——电动机效率;

　　　η_{dis}——蓄电池放电效率;

　　　η_a——汽车附件能量消耗比例系数;

　　　DOD——蓄电池放电深度。

或蓄电池容量 C_E 应满足以下条件:

$$C_E \geqslant \frac{mgf + C_d A u_a^2/21.15}{3600 \times \text{DOD}\eta_t \eta_{mc} \eta_{dis}(1-\eta_a)U_m} \times S \tag{3.18}$$

3.3.4 续驶里程

1. 等速行驶续驶里程的计算

等速行驶的续驶里程指汽车在良好的路面上一次充电后等速行驶直至消耗掉携带的全部电能为止所行驶的里程。它是电动汽车的经济性能指标之一。

汽车以速度 u_a 等速行驶时所需的电动机功率 P 为

$$P = \frac{u_a}{3600\eta_t}\left(mgf + \frac{C_d A u_a^2}{21.15}\right) \tag{3.19}$$

电池携带的额定总能量 W_0 为

$$W_0 = Q_m U_e = G_e q \tag{3.20}$$

式中　Q_m——电池的额定容量(A·h);

　　　U_e——电池的端电压(V);

　　　G_e——电动汽车携带的电池总质量(kg);

　　　q——电池能量密度(W·h/kg)。

等速行驶续驶里程为

$$S = \frac{W_0 u_a}{P}\eta_e \tag{3.21}$$

式中　η_e——电池放电效率。

2. 多工况行驶续驶里程的计算

多工况续驶里程为

$$S = \sum_{i=1}^{k} S_i \tag{3.22}$$

式中 S_i——每个状态行驶距离(km);

k——车辆能够完成的状态总数。

3.4 设计实例和仿真分析

已知纯电动汽车整车质量为1350kg,滚动阻力系数为0.0144,迎风面积为1.9m²,迎风阻力系数为0.3,轮胎滚动半径为0.28m,最高车速为100km/h,最大爬坡度为20%,续驶里程为150km。根据式(3-1)~式(3-20),可以对纯电动汽车动力传动系统参数进行匹配。计算结果如下:

(1)电动机参数。电动机类型选取交流感应电动机,额定功率 $P_e=30$kW;峰值功率 $P_{emax}=72$kW;过载系数 $\lambda=2.4$;最高转速 $n_{max}=9000$r/min。

(2)传动系统传动比。主减速器传动比为4.3245。

采用3挡变速器,1挡传动比为2.0898,2挡传动比为1.4456,3挡传动比为1。

(3)蓄电池参数。电池类型选择镍氢电池,其容量为250A·h,能量密度为80W·h/kg,功率密度为230W/kg,电池组数目为22。

纯电动汽车传动系统主要参数都是从汽车行驶时所消耗的能量出发推导计算得到的,理论上,它的动力性和续驶里程能够满足设计要求。

电动汽车的设计是否满足要求,需要对电动汽车的性能进行仿真分析。

基于ADVISOR建立电动汽车主要部件及整车仿真模型,其组成示意图如图3.1所示。

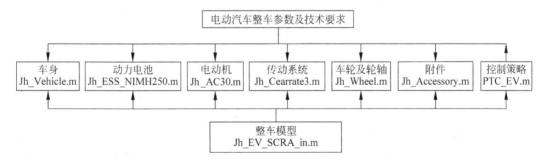

图3.1 整车仿真模型组成示意图

1. 电动机仿真模型

电动汽车用的交流电动机/控制器仿真模型总成如图3.2所示,包括转动惯量影响子模块、转速评价器、转矩限制子模块及温度子模块等。电动机/控制器仿真模型能够把需求的转速、转矩转化为电能需求并把电能转化成转矩和转速输出。

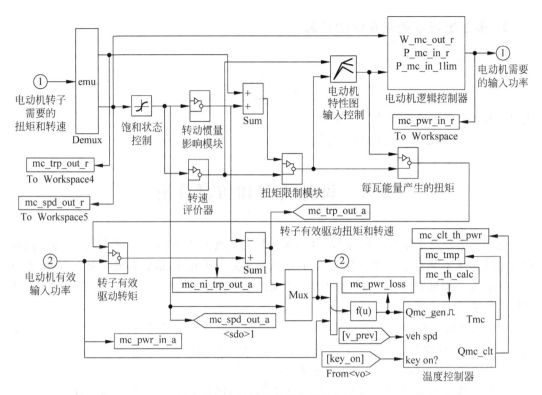

图 3.2 电动机/控制器仿真模型总成

此模块可以计算电动机的转矩、转速、输入功率及对电动机的转矩、转速进行限制,并控制电动机的温度;输入控制电动机的特性,并对转动惯量及电动机温度的影响进行计算,最后得到电动机输出的有效驱动转矩和转速,以及电动机输入的能量。

2. 蓄电池仿真模型

蓄电池在充/放电时伴随着复杂的化学反应,产生的热量导致电池温度也会发生变化。因此蓄电池的电化学特性是一个与各种随机变量相关的非线性函数。实际上,电化学电池动态模型的建立一方面从分析内在机理出发,另一方面借助试验测试来拟合非线性变量之间的关系,建模的基础是确定电动势以及内阻的特性函数。

蓄电池仿真模型总成如图 3.3 所示,包括开路电压和内阻计算子模块、功率限制子模块、负载电流计算子模块、SOC 计算子模块、蓄电池散热子模块等。

蓄电池所容纳的充电量被看作常数,并受到最小开路电压的限制。电池放电过后需要重新补充的电量受到库仑定律的影响,最大充电量受到电池最大开路电压限制。当电池完全被当作一个已知内阻的电压源时,与之相连接的部件(如电动机)将被看作耗能元件。电池的输出功率受等效电路输出的最大功率、电动机功率、控制器接受的最大功率的影响。

3. 车身仿真模型

车身仿真模型如图 3.4 所示,包括滚动阻力、坡度阻力、迎风阻力、加速阻力计算子模块,以及汽车车速计算子模块。

第 3 章 纯电动汽车设计

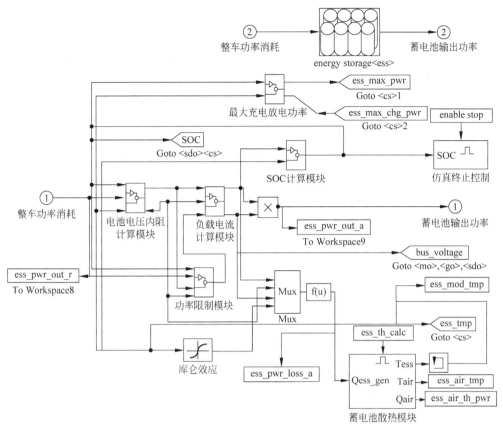

图 3.3 蓄电池仿真模型总成

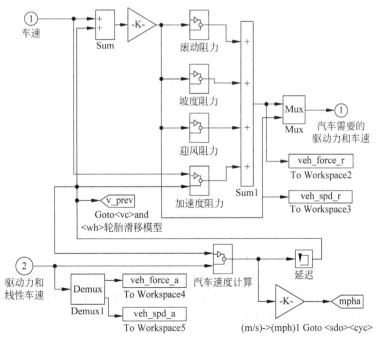

图 3.4 车身仿真模型

电动汽车的车速是评判电动汽车的一项重要指标,所以汽车车速计算子模块在模型总成中也具有相当重要的作用。通过该模块计算出汽车行驶车速,从而推算出汽车的行驶阻力,根据车轮反馈的汽车需要的驱动力和线性速度,计算出传递给汽车所需要的驱动力以及更新下一刻车速。

4. 主减速器和变速器仿真模型

主减速器仿真模型总成如图 3.5 所示,通过车轮/轮轴传递的主减速器输出端需要的转速和转矩以及由变速器反馈的需要的有效转矩和转速,修正主减速器输出端的转矩和转速,计算出主减速器的输出转矩和转速。

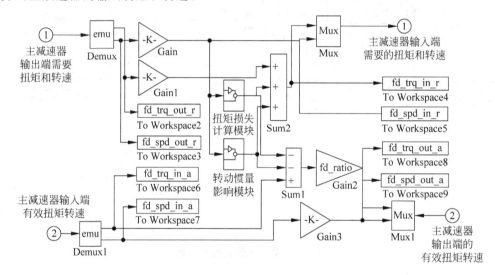

图 3.5 主减速器的仿真模型总成

变速器仿真模型总成如图 3.6 所示,由输入/输出轴转矩转速计算子模块、变速器控制子模块、转动惯量影响子模块、转矩损失子模块等构成。此模型总成通过主减速器模型传递的变速器需要输出的转矩和转速以及由电动机/控制器模型反馈的转矩和转速,修正变速器的输入转矩和转速,计算出变速器的输出有效转矩和转速。

主减速器和变速器仿真模型都具有传递、修正转矩和转速的作用。

5. 纯电动汽车整车仿真模型

综上所述,将各个模块封装组成纯电动汽车的整车仿真模型,如图 3.7 所示。

6. 仿真结果

汽车在实际行驶过程中不可能长时间在稳定车速下行驶,尤其是在市区行驶时,电动汽车在行驶过程中常常伴有加速、减速、怠速、停车等行驶工况。行驶工况应该是在对实际路面和交通状况大量统计的基础上得出的,能够反映车辆在实际使用过程的状况。选用日本1015 工况来进行仿真,仿真结果如图 3.8 所示。

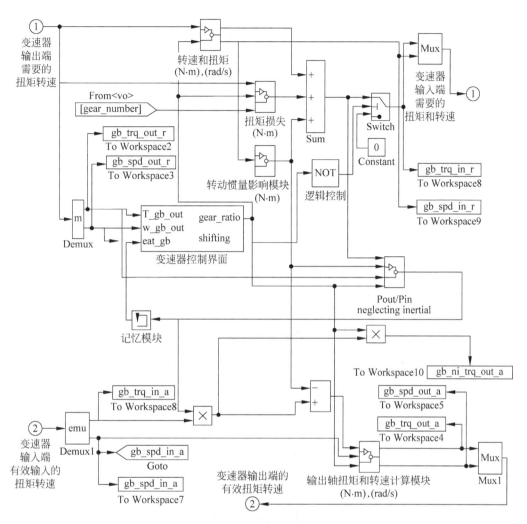

图 3.6 变速器仿真模型总成

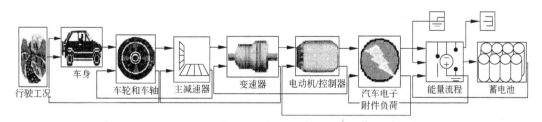

图 3.7 整车仿真模型

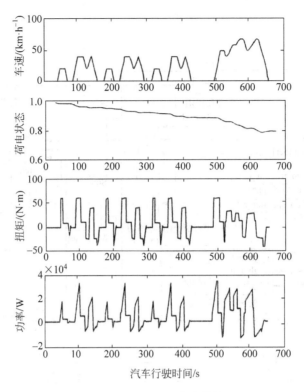

图 3.8　ADVISOR 仿真结果

从图 3.8 中的车速、荷电状态、功率、转矩变化曲线可以得出如下结论：电动汽车的匹配参数满足选择的工况要求，行驶稳定；电动汽车得到的转矩、功率满足所需要的动力性要求；荷电状态变化较为平稳。

在实际设计中，如果对所设计的电动汽车的性能不满意，可以对传动系统参数进行优化，直到满意为止。

思 考 题

1. 纯电动汽车的工作模式有哪些？
2. 在纯电动汽车设计中，如何确定电动机参数、传动系统传动比和电池组容量？
3. 影响纯电动汽车续驶里程的主要因素有哪些？

参 考 文 献

[1] 姜海斌. 纯电动车整车控制策略及控制器的研究[D]. 上海：上海交通大学，2010.
[2] 莫映功. 集成 GPS/GPRS 模块的整车控制器及其控制策略研究[D]. 大连：大连理工大学，2016.
[3] 崔胜民. 新能源汽车技术[M]. 2 版. 北京：北京大学出版社，2014.
[4] 麻友良，严运兵. 电动汽车概论[M]. 北京：机械工业出版社，2012.

第 4 章

串联式混合动力电动汽车设计

4.1 工作模式

依据发动机-发电机组的工作状态以及动力电池组的充、放电状态,串联式混合动力电动汽车具有 7 种工作模式,见表 4.1。

表 4.1 串联式混合动力电动汽车的工作模式列表

工作模式	发动机-发电机组	动力电池组	电动机(发电机)	整车状态
纯电池组驱动	关闭	放电	电动	驱动
再生制动充电	关闭	充电	发电	制动
混合动力驱动	发电	放电	电动	驱动
强制补充充电	发电	充电	电动	驱动
混合补充充电	发电	充电	发电	制动
纯发动机驱动	发电	既不充电也不放电	电动	驱动
停车补充充电	发电	充电	停机	停车

(1) 纯电池组驱动模式:当动力电池组具有较高的电量且输出功率满足整车行驶功率需求时,串联式混合动力电动汽车以纯电池组驱动模式工作,此时发动机-发电机组处于关闭状态。其能量流示意图如图 4.1 所示。

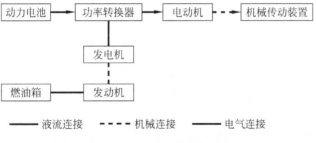

图 4.1 纯电驱动模式能量流

(2) 再生制动充电模式:汽车的驱动能量主要来自于车辆本身的动能,电动机运行在发电机状态,通过消耗车辆本身的动能产生电功率,实现向动力电池组进行充电,发动机-发电机组处于关闭状态。其能量流示意图如图 4.2 所示。

(3) 混合动力驱动模式:当汽车加速或爬坡需要更大的功率输出且超过了动力电池组的输出功率限制时,发动机-发电机组起动发电,并与动力电池组一起输出电功率,实施混合动力驱动工作模式。其能量流示意图如图 4.3 所示。

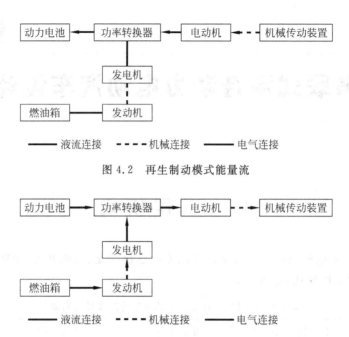

图 4.2 再生制动模式能量流

图 4.3 混合驱动模式能量流

（4）强制补充充电模式：当动力电池组的电量不足且发动机-发电机组输出功率在驱动车辆的同时有富余时，实施动力电池组强制补充充电工作模式。其能量流示意图如图 4.4 所示。

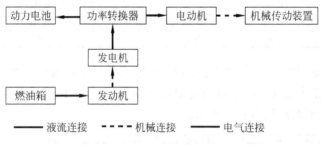

图 4.4 强制补充充电模式能量流

（5）混合补充充电模式：当动力电池组的电量不足且发动机-发电机组处于发电状态时，若汽车减速制动，电动机工作于再生制动状态，汽车制动能量通过再生发电与发动机-发电机组输出功率一起为动力电池组充电，实施动力电池组的混合补充充电。其能量流示意图如图 4.5 所示。

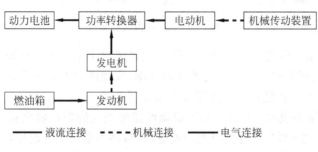

图 4.5 混合补充充电模式能量流

(6) 纯发动机驱动模式：当动力电池组的电量在目标范围内，且发动机-发电机组输出功率满足汽车行驶功率需求时，为提高串联式混合动力系统的能量利用效率，采用纯发动机驱动工作模式，此时发动机-发电机组输出功率与汽车行驶功率需求相等。其能量流示意图如图4.6所示。

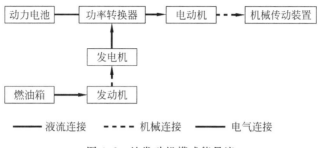

图4.6 纯发动机模式能量流

(7) 停车补充充电模式：若动力电池组的电量过低，为保证整车行驶的综合性能，需要对动力电池组进行停车补充充电，此时发动机-发电机组输出的功率全部用于为动力电池组进行补充充电。其能量流示意图如图4.7所示。

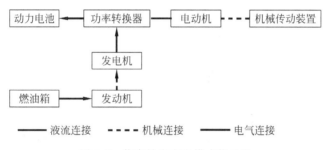

图4.7 停车补充充电模式能量流

4.2 控 制 策 略

按照经典混合动力汽车控制策略理论，串联式混合动力汽车主要有两种控制策略，即恒温器式控制策略和功率跟随式控制策略。

4.2.1 恒温器式控制策略

恒温器式控制策略以电池SOC值为控制变量，主要对发动机进行最优控制，发动机工作在设定的效率最高的一个工作点上。

当蓄电池荷电状态（SOC）降到设定的低门限值时，发动机起动，在最佳油耗点（或排放点）按恒功率输出，一部分功率用于满足车轮驱动功率要求，另一部分功率向蓄电池充电。当蓄电池组SOC上升到所设定的高门限值时，发动机关闭，由电动机驱动车轮，蓄电池组需满足所有瞬时功率的要求。这种方式发动机效率高，排放性能好，但不利于蓄电池的长期使用。

控制策略如图 4.8 所示,具体控制方式如下:

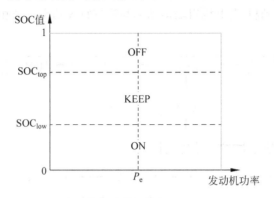

图 4.8 恒温器式控制

(1) 当 $SOC<SOC_{low}$(荷电状态最小值)时,发动机开始运行,驱动发电机向蓄电池充电;

(2) 当 $SOC>SOC_{top}$(荷电状态最大值)时,发动机停止运行;

(3) 当 $SOC_{low}<SOC<SOC_{top}$ 时,保持发动机原状态;

(4) 发动机工作在设定的效率最高的一个工作点上,此时发动机功率为 P_e。

4.2.2 功率跟随式控制策略

功率跟随式控制策略中,发动机实时跟踪车辆功率需求,只有在动力电池的 SOC 大于 SOC 设定的上限时,且仅由动力电池提供的功率能满足车辆需求时,发动机才停机或怠速运行。控制过程中,主要实现了发动机油耗的最优控制,蓄电池的损失较少,但牺牲了发动机的效率和排放性能,其控制策略如图 4.9 所示。其具体控制方式如下:

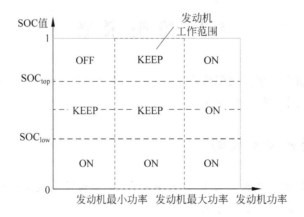

图 4.9 功率跟随式控制

(1) 发动机运行时,其功率输出根据 SOC 值进行调节,并维持在一定的范围内,且蓄电池 SOC 值维持在 $(SOC_{low}+SOC_{top})/2$ 附近;

(2) 当 $SOC>SOC_{top}$,且车辆需求功率小于发动机最小功率时,发动机停止运行;

(3) 当 $SOC_{low}<SOC<1$，且车辆需求功率大于发动机最大功率时，发动机开始运行；

(4) 当 $SOC<SOC_{low}$，无论车辆需求功率如何，发动机均开始运行；

(5) 其他情况下保持发动机原状态。

上述两种控制方式各有利弊。恒温器式控制方式发动机功率恒定，改善了车辆的排放，但缩短了蓄电池组的寿命；功率跟随式控制方式通过对经济性优化曲线进行功率跟踪，燃油经济性能显著，但由于发动机频繁的开启且在全负荷范围内工作，降低了发动机的效率和排放。

按照现代混合动力汽车控制策略理论，串联式混合动力汽车能量管理策略主要分为基于规则的逻辑门限值控制策略、瞬时优化控制策略、全局优化控制策略和智能控制策略。前面所述的恒温器式控制策略和功率跟随式控制策略都属于基于规则的逻辑门限控制策略范畴。

4.3 设计目标和要求

串联式混合动力汽车驱动总成的结构特点是电动机通过传动系单独驱动车轮，发动机-发电机组和电池组共同为电动机提供电功率。因此，串联式混合动力总成元件的参数设计需满足以下性能目标和要求：

(1) 电动机的参数设计首先要满足整车动力性能要求，特别是加速时间的要求。在此基础上，尽可能选择高转速和峰值功率较小的电动机，以利于提高电动机效率和减轻重量。

(2) 发动机-发电机组参数在满足单独驱动的技术条件要求的前提下，尽可能选择功率较小的发动机-发电机组，以利于改善整车的燃油经济性。

(3) 动力电池参数设计时，首先其电压等级需与整个电力系统的电压等级相匹配，并且保证其电压变化范围保持一致，放电与充电最高功率需满足电动机功率的要求。其次，其容量必须保证能够满足汽车在运行过程中的能量消耗。

4.4 参数设计

4.4.1 发动机-发电机额定功率

在串联式混合动力电驱动系中，发动机-发电机用以供给稳态功率，以防止峰值电源完全放电。对于发动机-发电机的设计，应考虑两种驾驶情况：长时间采用恒定车速的行驶情况和频繁停车-起动模式的行驶情况。就前一驱动模式而言，车辆不应依靠峰值电源承载高速，如路上行驶车速达 130km/h 的车辆，此时发动机-发电机组应有足够的功率支持这一车速的运行。对于频繁的停车-起动模式，发动机-发电机组应产生足够的功率以保持一定电平的峰值电源能量的储存，使之有充裕的功率供应车辆加速和爬坡的需求。

在平坦路面上恒速行驶时,动力源(发动机-发电机,或峰值电源,或两者兼备)的输出功率可表达为

$$P_{e/g} = \frac{u}{1000\eta_t\eta_m}\left(mgf + \frac{1}{2}C_dAu^2\right) \tag{4.1}$$

式中　η_t,η_m——传动装置和电动机的效率;
　　　m——整车质量(kg);
　　　u——车辆速度(m/s);
　　　g——重力加速度;
　　　f——滚动阻力系数;
　　　C_d——空气阻力系数;
　　　A——迎风正面面积(m^2)。

图4.10给出一个1.5t客车负载功率(不包含η_t和η_m对应于车速的变化曲线)的实例。它表明在恒定车速时的功率需求远小于加速时所需的功率。在本例中,以130km/h恒速行驶时所需功率约为35kW(含在传动装置和牵引电动机中的损耗,如设$\eta_t=0.9,\eta_m=0.8$)。

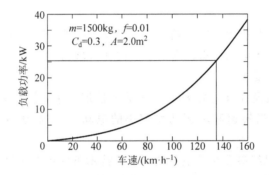

图4.10　以恒速行驶的1.5t客车的负载功率

当车辆在市区内以停车-起动模式行驶时,发动机-发电机组所产生的功率应等于或略大于平均的负载功率,以保持峰值电源稳定的能量储存。平均的负载功率可表示为

$$P_{ave} = \frac{1}{T}\int_0^T \left(mgf + \frac{1}{2}C_dAu^2\right)udt + \frac{1}{T}\int_0^T \delta m\frac{du}{dt}dt \tag{4.2}$$

式中　P_{ave}——平均负载功率(W);
　　　δ——转动惯量系数;
　　　$\dfrac{du}{dt}$——车辆的加速度(m/s^2)。

式(4.2)中的第一项为克服轮胎滚动阻力和空气阻力所消耗的平均功率;第二项为消耗于加速和减速的平均功率。当车辆具有回收其全部动能的能力时,消耗于加速和减速的平均功率为零;否则,该平均功率将大于零,如图4.11所示。

在发动机-发电机组设计中,其功率容量应大于或至少不小于维持车辆恒速(运行于高速公路)行驶所需的功率,以及运行于市区时所需的平均功率。在实际设计中,某些典型的市区行驶工况可用来预测车辆的平均功率,如图4.12所示。

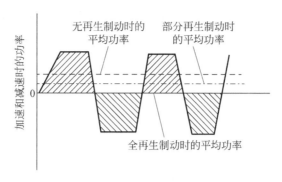

图 4.11 在加速和减速过程中伴随有全再生制动、部分再生制动和无再生制动时所消耗的平均功率

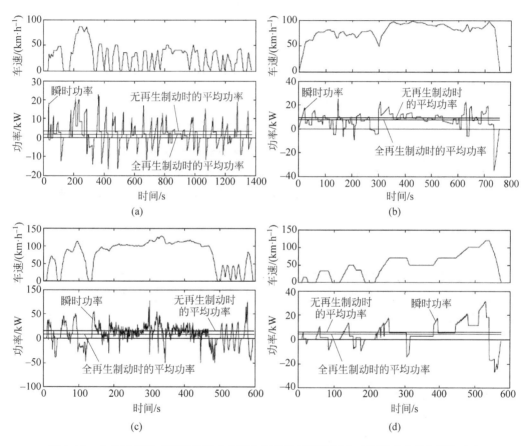

图 4.12 在典型行驶工况下伴随有全再生制动和无再生制动时的瞬时功率和平均功率
(a) FTP75 市区工况；(b) FTP75 高速公路工况；(c) US06 工况；(d) ECE-15 工况

发动机-发电机组的设计可有两种合理的方法：

方法一：使发动机的运行点在其效率最高点处，如图 4.13 中的点 a 所示。在该运行点上，发动机产生如上论述的所需功率。这一设计因大多数时间将不会用到发动机的最大功率，故导致稍微大些的发动机的设计。它具有对特定状态可提供较大功率的特点，例如当峰值电源已完全放电或失效时，发动机-发电机组能以高功率（点 b）确保车辆性能不遭受太多的损失，同样，发动机的高功率能用来给峰值电源快速充电。图 4.13 所示发动机运行点由

点 a 向点 b 的移动,将由于转速的增加,使总线电压升高。但就特定的电动机控制而言,较高的电压并不会影响电动机的运行。反之,较高的总线电压将能使电动机产生较大的动力。

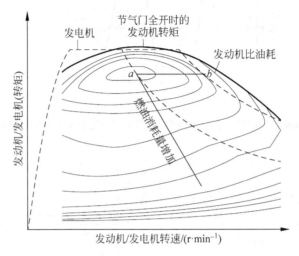

图 4.13 发动机-发电机的运行点

方法二：令发动机的运行点为点 b,即接近于发动机的最大功率,以满足如上所述的加速和爬坡能力的需求。然而,它的运行效率稍低于前一设计,也就是说,接近于发动机的最大功率这一设计,将导致一个较小的发动机的设计,同时没有额外的功率供给车辆。

4.4.2 电动机功率

在串联式混合动力电动汽车中,电动机驱动的额定功率值完全取决于车辆加速性能要求、电动机特性和传动装置特性。在设计的初始阶段,按加速性能(车辆从零车速加速到给定车速所需的时间)估算电动机的额定功率。

$$P_t = \frac{\delta m}{2t_a}(u_f^2 + u_b^2) + \frac{2}{3}mgfu_f + \frac{1}{5}C_d A u_f^3 \qquad (4.3)$$

式中 P_t——电动机额定功率(W);

t_a——期望加速时间(s);

u_b——与电动机基速对应的车速(m/s);

u_f——车辆加速后的终速(m/s)。

式(4.3)中的第一项表示用以加速车辆质量的功率；第二项和第三项分别表示克服轮胎滚动阻力和空气阻力所需的平均功率。

图 4.14 表明了配置有两挡传动装置的牵引力和牵引功率与车速的关系。在加速期间,由低速挡开始,牵引力按轨迹线 $a\text{-}b\text{-}d\text{-}e\text{-}f$ 变化。在点 f 处,电动机达到最大转速,而传动装置为进一步加速应切换到高挡。此时,在式(4.3)中,车辆的基速为 u_{b1}。然而,当应用单挡传动装置时,即仅高速挡可供应用时,则牵引力按轨迹线 $c\text{-}d\text{-}e\text{-}f\text{-}g$ 变化,且 $u_b = u_{b2}$。

显然,对加速期间给定的终速,如位于点 e 处的 $100km/h$,配置两挡传动的车辆将有短暂的加速时间,因为在低速时用低挡,按 $a\text{-}b\text{-}d$ 变化的牵引力将大于高挡时按 $c\text{-}d$ 变化的牵引力。

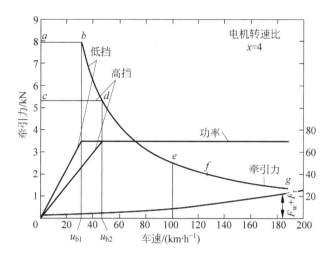

图 4.14 电动机的转速-转矩(功率)特性

图 4.15 给出了一个电动机额定功率值对转速比关系的实例,其中,转速比定义为最高转速与图 4.14 所示的基速之比。

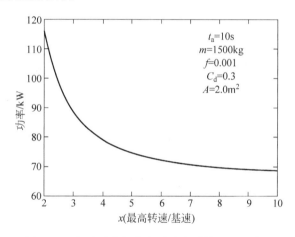

图 4.15 驱动系的额定牵引功率对转速比的关系

由式(4.3)确定的电动机额定功率仅是满足加速性能的估算值。在某些特定应用中,例如就越野军用车辆而言,越野运行也许是首要关注的问题。此时,电动机必须足够有效地克服越野道路上所要求的最大的坡度。爬坡时功率可表达为

$$P_{\text{grade}} = \left(mgf\cos\alpha + \frac{1}{2}C_d A u^2 + mg\sin\alpha\right)u \tag{4.4}$$

式中 α——路面的倾斜角(°);

u——由爬坡能力给定的车速(m/s)。

当越野车爬坡时,其所要求的最大的坡度为 60% 或 31°。例如,以车速 10km/h 实际运行,地面通常是未铺砌的,由于路面形变,故其滚动阻力比在铺砌路面上的滚动阻力要大得多。因此,在爬坡能力所需的电动机功率计算中,应包含附加的阻力功率以反映这一状态。

基于车速 10km/h,给定的爬坡能力要求为 60%或 31°,可应用式(4.4)计算在各种延展的转速比和电动机额定功率下,10t 载重军用车辆的牵引力与车速之间的关系曲线,如图 4.16 所示。可以看出,为满足爬坡能力需求,延展的大转速比能有效地降低牵引电动机所需的额定功率,然而对应于最大坡度的车速将较小。延展的大转速比可由电动机自身或多挡传动装置实现。

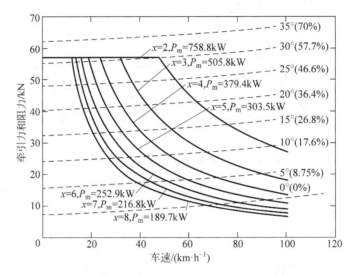

图 4.16 在各种转速比和电动机额定功率下牵引力与车速的关系曲线

为确保车辆满足加速需求,例如 8s 内由零车速到达车速 48km/h,应用式(4.3)也可计算得出硬路面上对应于各种延展的转速比所需的电动机的额定功率。图 4.17 示出了计算结果。显然,电动机额定功率取决于爬坡能力的性能指标。这表明,满足爬坡能力的电动机额定功率的设计将自然满足加速性能需求。在工程设计中,越野车辆必须在电动机额定功率和系统组成之间,按合适的电动机延展转速比的设计予以实施。

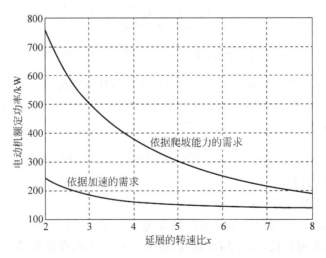

图 4.17 由加速和爬坡能力所要求的电动机功率随延展的转速比变化的关系

4.4.3 储能装置

通常采用蓄电池组或蓄电池和超级电容器的组合作为能量储存装置,向驱动系统提供峰值功率。峰值电源必须在任何时刻均能向牵引电动机提供足够功率,同时峰值电源必须储存充裕的能量以防止由于过度放电导致功率供应中断的状态。

1. 峰值电源的功率容量

为了充分利用电动机的功率容量,发动机-发电机组和峰值电源的总功率应大于或至少等于电动机的最大额定功率,因而峰值电源的功率容量可表达为

$$P_{\text{pps}} \geqslant \frac{P_{\text{m\_max}}}{\eta_{\text{m}}} - P_{\text{e/g}} \tag{4.5}$$

式中　$P_{\text{m\_max}}$——电动机的最大额定功率(W);
　　　η_{m}——电动机效率;
　　　$P_{\text{e/g}}$——发动机-发电机组在其所设计的运行点处的功率(W)。

2. 峰值电源的能量容量

在某些行驶情况下,频繁的加、减速驱动模式将导致峰值电源的低荷电状态,从而降低了它的输出功率。为了正确测定峰值电源的能量容量,必须得知在某些典型行驶工况中的峰值电源能量的变化。峰值电源中的能量变化可表达为

$$\Delta E = \int_0^T P_{\text{pps}} \, \mathrm{d}t \tag{4.6}$$

式中　P_{pps}——峰值电源的功率。正值的 P_{pps} 表示充电功率,而负值的 P_{pps} 表示放电功率。

峰值电源的总能量容量 E_{cap} 为

$$E_{\text{cap}} = \frac{\Delta E_{\max}}{\text{SOC}_{\text{top}} - \text{SOC}_{\text{batt}}} \tag{4.7}$$

式中　$\Delta E_{\max}$——最大能量变化值;
　　　SOC_{top}——荷电状态最大值;
　　　SOC_{batt}——荷电状态最小值。

4.4.4 耦合装置

电耦合装置是用于将三个动力源(发动机-发电机、峰值电源和牵引电动机)组合在一起的唯一耦合点。其主要功能是在这些动力源和能源之间调节功率流。实施功率(电流)调节是基于端电压的正确控制,其最简单的结构如图 4.18 所示,是直接地将三个端口连接在一起。

这一构造是最简单的,且成本最低。其主要优点是总线电压等于发电机的整流电压以及峰值电源的端电压。总线电压取决于以上两电压中的最小值。功率流仅由发电机电压控制。为向电动机或峰值电源或同时向两者传送功率,发电机的开路电压(零电流)经整流后,必须高于峰值电源的端电压,可通过控制发动机的节气门或发电机的磁场或同时控制两者来实现。当控制发动机-发电机组产生其整流后的端电压等于峰值电源开路电压时,峰值电源并不提供功率,而是发动机-发电机组单独向电动机供给功率。当发动机-发电机组的

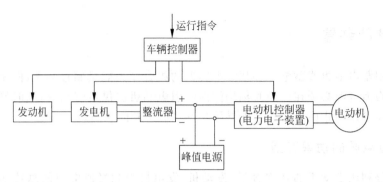

图 4.18　动力源和能源的直接连接

整流电压低于峰值电源端电压时,峰值电源单独向电动机供给功率。在再生制动情况下,由牵引电动机供电的总线电压必须高于峰值电源的端电压,但是由牵引电动机发电产生的电压通常正比于电动机的转速。因此,在低速时再生制动的性能将受制于其设计。十分明显,作为简单的设计,要求发动机-发电机组和峰值电源具有相同的额定电压。这一约束条件起因于高电压,可导致重型的峰值电源。添加一个 DC/DC 转换器,可不受该电压约束条件的限制,显著地完善电驱动系的性能。两个可供选择的结构如图 4.19 和图 4.20 所示。

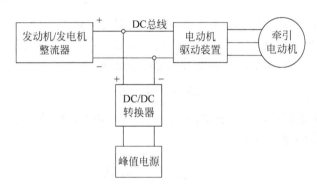

图 4.19　在峰值电源侧配置 DC/DC 转换器的结构

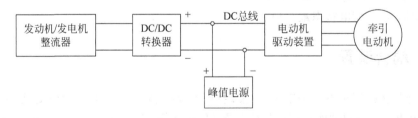

图 4.20　在发动机-发电机侧配置 DC/DC 转换器的结构

在图 4.19 的结构中,DC/DC 转换器位于峰值电源和 DC 总线之间,而发动机-发电机-整流器是直接与 DC 总线相连的。此时,峰值电源可允许不同于 DC 总线电压,而发动机-发电机组的整流电压则总等同于 DC 总线电压。在图 4.20 的结构中,DC/DC 转换器位于发动机-发电机-整流器和 DC 总线之间,而峰值电源是直接与 DC 总线相连的。与图 4.19 的结构相反,DC/DC 转换器调节了发动机-发电机组的整流电压和峰值电源电压始终等于 DC 总线电压。

在这两种结构之中,图 4.19 的结构似乎更为合适,其优于另一结构的原因主要在于:①峰值电源电压的变动不影响 DC 总线电压;②峰值电源中的能量可被充分地利用;③通过控制发动机的节气门或发电机的磁场或同时控制两者,能保持 DC 总线电压;④可应用低电压的峰值电源,从而可引入体积小、重量轻的峰值电源单元,且成本低;⑤在再生制动和由发动机-发电机组充电期间,可调节峰值电源的充电电流。

显然,此结构中的 DC/DC 转换器应是双向作用的。在峰值电源额定电压低于 DC 总线电压的情况下,DC/DC 转换器必须升高峰值电源电压至 DC 总线电平,向 DC 总线传送其功率,并将 DC 总线电压降至峰值电源充电电压的电平,向峰值电源充电。在再生制动情况下,若处于给定的低速状态,由牵引电动机发电产生的电压仍高于峰值电源的电压,则在峰值电源充电范围内,降压型 DC/DC 转换器仍是适用的。但是,若处于给定的低速状态,由牵引电动机发电产生的电压低于峰值电源的端电压,则 DC/DC 转换器可要求升高 DC 总线电压,向蓄电池组充电。在这种情况下,需要一个降压/升压型 DC/DC 转换器。所要求的 DC/DC 转换器的基本功能总结在表 4.2 中。

表 4.2 DC/DC 转换器的基本功能

工作模式 \ 能量流	峰值电源放电	峰值电源充电
峰值电源供电牵引	升压	—
峰值电源由发动机-发电机充电	—	降压
再生制动	—	降压或降压/升压

图 4.21 给出了连接在低电压峰值电源和高电压 DC 总线之间双向作用的 DC/DC 转换器,即应用于峰值电源放电(牵引)时的升压,以及应用于由发动机-发电机组或由再生制动向峰值电源充电时的降压。在峰值电源放电(牵引)模式中,开关 S_1 断开,而开关 S_2 周期地接通和断开。在 S_2 接通期间,电感 L_d 由峰值电源供给能量,而负载由电容 C 供给功率,如图 4.22(a)所示。在 S_2 断开期间,峰值电源和电感两者共同向负载供给能量,且电容 C 充电,如图 4.22(b)所示。

在峰值电源由发动机-发电机组充电的模式中,或在再生制动状态下由牵引电动机充电的模式中,DC/DC 转换器将 DC 总线的高电压降至峰值电源的低电压。此时,开关 S_1 和二极管 VD_2 用以代替单向作用的降压转换器。对应于 S_1 接通和断开期间的电流的流通,如图 4.23 所示。

在再生制动情况下,当处于低速状态的由牵引电动机发电产生的电压较低于峰值电源的电压时,则需要一个双向的升压/降压型 DC/DC 转换器,如图 4.24 所示,其在峰值电源放电和充电模式中的基本运行如下:

在峰值电源放电模式中,即将峰值电源电压升高至 DC 总线的电平,开关 S_1 始终接通,开关 S_2 和 S_3 始终断开,而 S_4 以图 4.22 中 S_2 相同的方式,周期地接通和断开。对应于再生制动或发动机-发电机组充电模式中,DC 总线电压高于峰值电源电压情况下的峰值电源充电模式,即 DC 总线电压需降至峰值电源的电平,开关 S_1、S_2 和 S_4 断开,而 S_3 以图 4.23 中所示的相同方式,周期地接通和断开。对应于 DC 总线电压低于峰值电源电压(处于低速的再生制动)情况下的峰值电源充电模式,即 DC 总线电压需升压至峰值电源的电平,开关

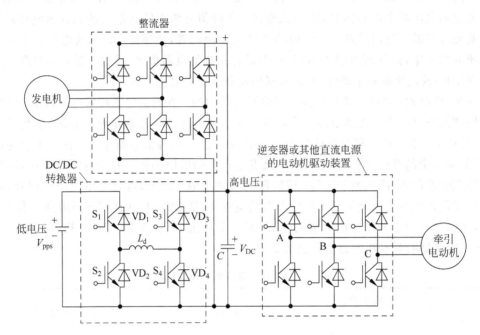

图 4.21 与低电压峰值电源和高电压 DC 总线相配的双向作用 DC/DC 转换器

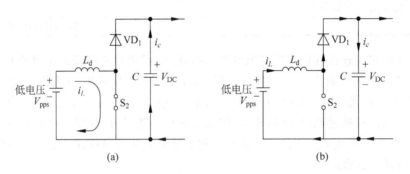

图 4.22 峰值电源放电模式中在 S_2 接通和断开期间电流的流通

(a) S_2 接通期间；(b) S_2 断开期间

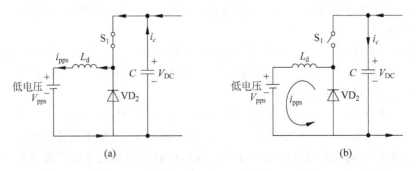

图 4.23 峰值电源充电模式中在 S_1 接通和断开期间电流的流通

(a) S_1 接通期间；(b) S_1 断开期间

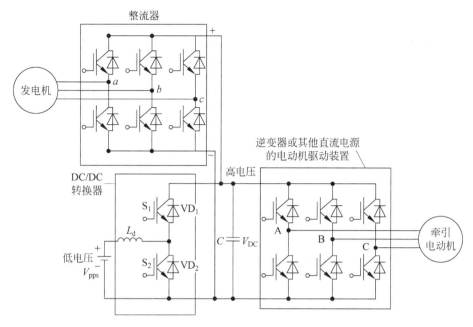

图 4.24 升压/降压型 DC/DC 转换器

S_1 和 S_4 保持断开,S_3 接通,而 S_2 周期地接通和断开。在 S_2 接通期间,电感 L_d 由 DC 总线通过 S_3 和 S_2 充电;在 S_2 断开期间,DC 总线和电感两者通过 S_3 和 VD_1 向峰值电源充电。

实际上,对于图 4.24 所示的 DC/DC 转换器,若峰值电源电压高于 DC 总线电压,则其使峰值电源电压降压至 DC 总线电压的功能是多余的,因为这种情况在实际应用中不会发生。

4.5 设计实例和仿真分析

车辆设计参数及性能要求如表 4.3、表 4.4 所示。

表 4.3 设计参数

参 数	数 值
整车质量/kg	1500
滚动阻力系数	0.01
空气阻力系数	0.3
迎风正面面积/m²	2.0
传动装置效率(单挡)	0.9

表 4.4 性能要求

性能要求	数 值
0~100km/h 加速时间/s	10±1
最大爬坡能力/%	>30(低速) >5(在 100km/h 速度下)
最高车速/(km·h^{-1})	160

4.5.1 电动机设计

应用式(4.3),并设电动机的转速比 $x=4$,即可在给定的由零车速到100km/h的加速时间为10s的条件下,得出电动机的额定功率为82.5kW。图4.25示出了该电动机的转速-转矩和转速-功率特性曲线。

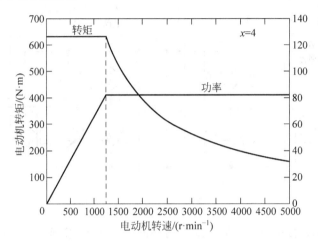

图 4.25 电动机的特性与其转速之间的关系

4.5.2 齿轮传动比的设计

齿轮传动比 i_g 的设计应使电动机在最高转速时车辆达到其最高车速,即

$$i_g = \frac{\pi n_{m,max} r}{30 u_{max}} \tag{4.8}$$

式中 $n_{m,max}$——电动机的最高转速(r/min);
u_{max}——最高车速(m/s);
r——轮胎的半径(m)。

假设 $n_{m,max}=5000\text{r/min}, u_{max}=44.4\text{m/s}(160\text{km/h}), r=0.2794\text{m}$,则可得 $i_g=3.29$。

4.5.3 爬坡能力检验

当车辆以恒速在相对小坡度路面上行驶时,其牵引力和阻力之间的平衡可表示为

$$\frac{T_{elg} i_0 i_g \eta_t}{r} = mgf + \frac{1}{2} C_d A u^2 + mg \tag{4.9}$$

式中 T_{elg}——动力源输出转矩;
i_0——主减速器速比;
η_t——传动系统效率。

因此,

$$i = \frac{(T_{elg}i_0 i_g \eta_t/r) - mgf - (1/2)C_d AV^2}{mg} \quad (4.10)$$

令

$$d = \frac{(T_{elg}i_0 i_g \eta_t/r) - (1/2)C_d AV^2}{mg} \quad (4.11)$$

当车辆行驶在大坡度路面上时，车辆的爬坡能力可计算为

$$\sin\alpha = \frac{d - f\sqrt{1 - d^2 + f^2}}{1 + f^2} \quad (4.12)$$

应用电动机的转矩-转速特性、齿轮传动比以及车辆的参数，可计算得出驱动力和阻力与车速之间的关系，如图 4.26(a)所示。进而可算出车辆的爬坡能力，如图 4.26(b)所示。图 4.26 表明由计算得出的爬坡能力远大于设计要求时规定的性能指标。这一结果意味着对于客车而言，加速性能所需求的功率通常大于爬坡所需求的功率，因此是前者决定了电动机的额定功率。

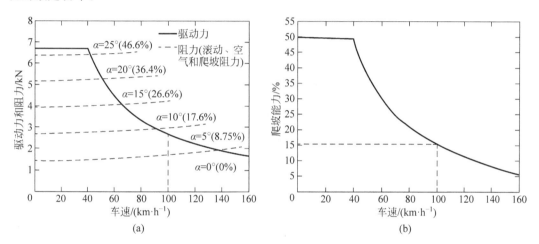

图 4.26 驱动力、阻力和爬坡能力与车速之间的关系
(a) 驱动力和阻力; (b) 爬坡能力

4.5.4 加速性能检验

车辆加速性能通常由其加速时间，以及在水平路面上，车辆速度从零加速到某一确定速度时所行驶的距离描述。应用牛顿第二定律，车辆的加速度可描述为

$$a = \frac{du}{dt} = \frac{F_t - F_f - F_w}{m\delta} = \frac{(T_{elg}i_0 i_g \eta_t/r) - mgf - (1/2)C_d Au^2}{m\delta}$$

$$= \frac{g}{\delta}(d - f) \quad (4.13)$$

式中 δ——转动惯量系数；
  F_t——车辆行驶驱动力(N)；
  F_f——滚动阻力(N)；
  F_w——空气阻力(N)。

由式(4.13)可知,从低速 u_1 到高速 u_2,加速时间 t_a 和行程 S_a 可分别表示为

$$t_a = \int_{u_1}^{u_2} \frac{m\delta}{T_{elg}i_0i_g\eta_t/r - mgf - (1/2)C_dAu^2}du \qquad (4.14)$$

$$S_a = \int_{u_1}^{u_2} \frac{m\delta u}{T_{elg}i_0i_g\eta_t/r - mgf - (1/2)C_dAu^2}du \qquad (4.15)$$

基于电动机的转矩、转速特性、齿轮传动比以及车辆的参数,根据式(4.13)~式(4.15)可算出车辆的加速性能(加速时间和距离与车速之间的关系),如图4.27所示。若所算得的加速时间不能满足设计要求,则应重新设计电动机的额定功率。

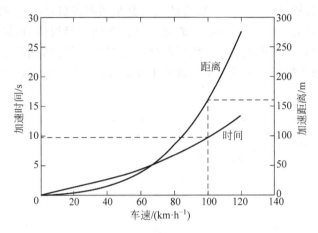

图 4.27 加速时间和距离与车速之间的关系

4.5.5 发动机-发电机设计

发动机-发电机额定功率的设计要求能承载车辆在平坦路面上,以高速公路标准车速(130km/h)行驶的需要。图4.28表明车速在130km/h情况下,所需发动机功率为32.5kW,其中在传动装置(效率为90%)、电动机驱动装置(效率为85%)和发电机(效率为90%)中的能量损失已包含在内。图4.28也表明发动机功率为32.5kW时,有能力承载车辆在5%坡度的路面上以78km/h的车速行驶。

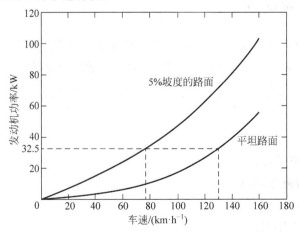

图 4.28 在平坦路面和5%坡度的路面上发动机功率与恒定车速之间的关系

发动机-发电机额定功率设计中另一个考虑的方面在于:当车辆以某种典型的停车-起动模式(图 4.12)行驶时所对应的平均功率。在这些行驶工况中的典型数据见表 4.5。

表 4.5 不同行驶工况中的典型数据

典型参数 工况	最高车速 /(km·h⁻¹)	平均车速 /(km·h⁻¹)	平均功率 (含全再生 制动)/kW	平均功率 (无再生 制动)/kW
FTP75 市区工况	86.4	27.9	3.76	4.97
FTP75 高速公路工况	97.7	79.6	12.6	14.1
US06 工况	128	77.4	18.3	23.0
ECE-1 工况	120	49.8	7.89	9.32

与图 4.27 所示的功率相比,这些行驶工况中的平均功率较小,因此发动机功率为 32.5kW 可以满足这些行驶工况的需要。图 4.29 给出了发动机的特性。发动机理应供给更多的功率,以承载连续的非牵引负载,如灯光、娱乐、通风、空调、动力转向装置和制动增压等。总之,发动机需要产生约 35kW 的功率,承载车辆在平坦路面上以 130km/h 车速行驶的需要,而不需要来自峰值电源的辅助功率。这一功率可充分满足在市区范围内应用于停车-起动模式的平均功率的需求。

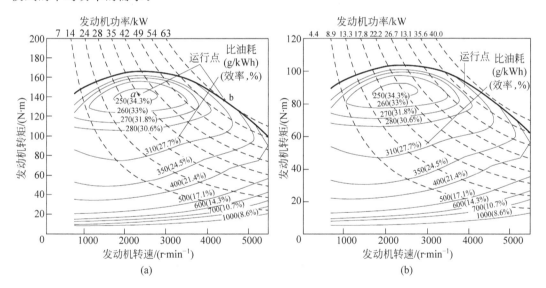

图 4.29 发动机特性和运行点
(a) 最佳效率的运行;(b) 接近最大功率的运行

图 4.29(a)表明了发动机的油耗图以及最小油耗的运行点(点 a),在该点处,产生了对应的 35kW 的功率。可以看出,在点 b 处,最大的发动机功率约为 63kW。发动机功率的另一设计如图 4.29(b)所示,图中所设计的发动机运行点接近其最大功率,可产生所需的 35kW 功率。在这一设计中,发动机尺寸小于前一设计,但在 35kW 的功率等级上,其油耗高于前者。如上所述,该功率是对应于车辆在平坦路面上,以 130km/h 恒车速行驶的情况。在低车速或市区范围内行驶时,发动机的平均负载功率小得多,故与前一设计相比,此时后一设计可能并不显示出高油耗。

4.5.6 峰值电源功率容量的设计

发动机-发电机组和峰值电源输出功率之和应大于或至少等于牵引电动机的输入功率,即

$$P_{\text{pps}} = \frac{P_{\text{m}}}{\eta_{\text{m}}} - P_{\text{e/g}} = \frac{82.5}{0.85} - 32.5 = 64.5 (\text{kW}) \qquad (4.16)$$

式中,32.5kW 是用于发动机-发电机组的功率。

4.5.7 峰值电源能量容量的设计

峰值电源的能量容量取决于行驶工况以及总体的控制策略。在这一设计中,由于发动机-发电机组的功率容量远大于平均的负载功率(图 4.12),因此,采用恒温控制策略是恰当的。

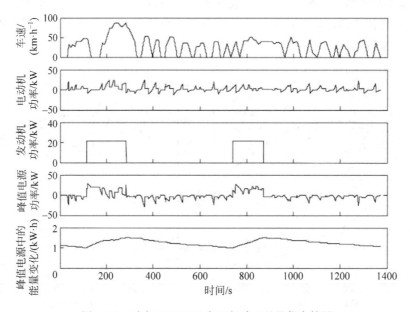

图 4.30 对应于 FTP75 市区行驶工况的仿真结果

图 4.30 表明了实施发动机开/关控制策略的上述车辆在 FTP75 市区行驶工况中的仿真结果。模拟中包含了再生制动,控制中允许峰值电源内最大的能量变动为 0.5kW·h。假设容许运行在峰值电源荷电状态的峰值功率范围为±0.2,则以蓄电池组为峰值电源,使之在荷电状态为 0.4~0.6 范围内运行,将有最佳的效率。若以超级电容器组为峰值电源,则荷电状态±0.2 的变化范围将限制其端电压为 10%的变化量。在峰值电源中,总储存的能量可按下式计算:

$$E_{\text{pps}} = \frac{\Delta E_{\max}}{\Delta \text{SOC}} = \frac{0.5}{0.2} = 2.5 (\text{kW} \cdot \text{h}) \qquad (4.17)$$

在满足峰值电源的功率和能量密度的标称值的条件下,由功率容量或能量容量可确定

峰值电源的重量和体积。就蓄电池而言,功率密度通常是决定因素;而对于超级电容器组,能量密度通常是决定因素。由蓄电池和超级电容器组两者混合组成的峰值电源比应用两者中的任一者构成的峰值电源其体积将小得多,重量将轻得多。

4.5.8 耗油量

对应于各种行驶工况的油耗可通过仿真计算得出。在本例仿真中,应用了图 4.29(b)所示的发动机。当发动机运行时,对应其最佳燃油效率的运行点,发动机的输出功率约为 20kW。在 FTP75 市区行驶工况中(图 4.30),车辆具有 5.57L/100km 的燃油经济性,而在 FTP75 高速公路行驶工况中(图 4.31),燃油经济性为 5.43L/100km。显然,具有类似于传统车辆性能的混合动力电动汽车其效率高得多,尤其在频繁停车-起动的运行环境中更为明显。其主要原因在于发动机运行的高效率,以及由再生制动回收的显著的制动能量。

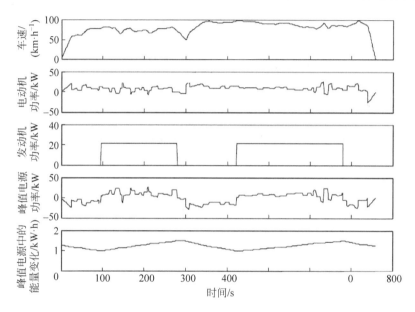

图 4.31 对应于 FTP75 高速公路行驶工况的仿真结果

思 考 题

1. 串联式混合动力汽车动力传动系统由哪几部分组成,相比于其他类型的混合动力汽车有何不同?

2. 串联式混合动力汽车动力系统参数设计原则是什么?

3. 根据表 4.6 中所给的车辆基本参数及性能要求对各动力总成参数进行合理的设计计算,包括发动机、电动机以及变速器参数设计等。

表 4.6　车辆参数及性能要求

参　　数	数　　值
整车质量/kg	1400
迎风正面面积/m²	2
传动效率	0.9
滚动阻力系数	0.015
空气阻力系数	0.31
轮胎滚动半径/m	0.283
最高车速/(km·h⁻¹)	≥120
最大爬坡能力/%	>30
0~100km/h 加速时间/s	≤15

参 考 文 献

[1] Ehsani M, Gao Y M, Emadi A. Modern Electric, Hybrid Electric, and Fuel Cell Vehicles-Fundamentals, Theory, and Design[M]. Second Edition. BocaRaton, FL：CRC Press, 2010.
[2] 何洪文. 电动汽车原理与构造[M]. 2 版. 北京：机械工业出版社, 2012.
[3] 崔胜民. 新能源汽车技术[M]. 北京：北京大学出版社, 2014.
[4] 赵航, 史广奎. 混合动力电动汽车技术[M]. 北京：机械工业出版社, 2012.

第 5 章

并联式混合动力电动汽车设计

5.1 工作模式

并联式混合动力电动汽车的实际运行工况十分复杂,主要包括起步、加速、减速、巡航、上坡、下坡、制动、停车、倒车等。混合动力汽车是由两种动力源驱动,由于发动机和电动机两套动力系统分别具有不同的高效工作区,为了充分发挥混合动力系统的优势,汽车在不同的运行工况下,应具有不同的工作模式,以充分提高车辆整体性能。根据发动机-发电机组的工作状态以及动力电池组的充/放电状态。并联混合动力汽车具有 6 种工作模式,可按行驶条件和驾驶员意图进行选择,如表 5.1 所示。

表 5.1 并联混合动力汽车工作模式

工作模式	发动机	动力电池组	电动机-发电机	整车状态
纯电动模式	关闭	放电	电动	驱动
再生制动模式	关闭	充电	发电	制动
混合驱动模式	机械动力输出	放电	电动	驱动
行车充电模式	机械动力输出	充电	发电	驱动
纯发动机模式	机械动力输出	既不充电也不放电	不工作	驱动
停车充电模式	机械动力输出	充电	发电	停车

并联式混合动力汽车主要工作模式说明如下:

(1) 纯电动模式。当混合动力汽车处于起步、低速等低负荷工况且动力电池的电量充足时,若以发动机作为动力源,则发动机燃油效率较低,并且排放性能差。因此,关闭发动机,由动力电池提供能量并以电动机驱动车辆。但当动力电池的电量较低时,为保护电池,应当切换到行车充电模式,如图 5.1(a)所示。

(2) 纯发动机模式。在车辆高速行驶等中等负荷时,车辆克服路面阻力运行所需的动力较小,一般情况下,主要由发动机提供动力。此时,发动机可工作于高效区域,燃油效率较高,如图 5.1(b)所示。

(3) 混合驱动模式。在加速或爬坡等大负荷情况下,当车辆行驶所需要的动力超过发动机工作范围或高效区时,燃油效率较高,如图 5.1(c)所示。

(4) 行车充电模式。当车辆正常行驶在中低负荷时,若动力电池的剩余电量较低,发动机除了要提供驱动车辆所需的动力外,还需要提供额外的功率通过电动机发电以转换成电能给动力电池充电,如图 5.1(d)所示。

(5) 再生制动模式。当混合动力汽车减速/制动时,发动机不工作,电动机尽可能多地回收再生制动能量,剩余部分由机械制动器消耗,如图 5.1(e)所示。

(6) 停车充电模式。在车辆停止时,通常关闭发动机和电动机,但如果动力电池剩余电量较低,需要开启发动机和电动机,此时控制发动机工作于高效区并拖动电动机为动力电池充电,如图 5.1(f)所示。

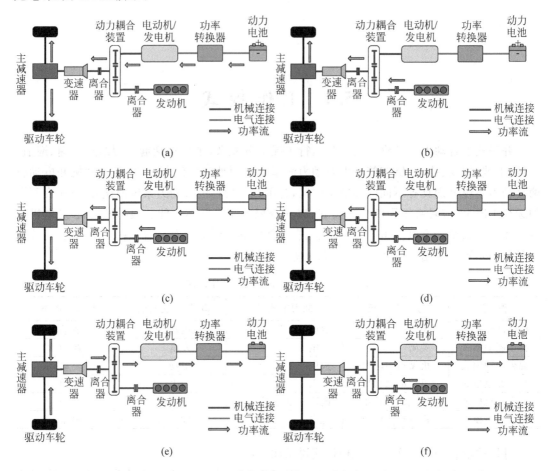

图 5.1 各模式下的能量流动方式

(a) 纯电动模式;(b) 纯发动机模式;(c) 混合驱动模式;(d) 行车充电模式;(e) 再生制动模式;(f) 停车充电模式

5.2 控制策略

并联式混合动力汽车将两个功率源以并联的形式连接起来,相比于传统汽车不仅减少了燃油消耗,而且还能够在汽车制动时对制动能量进行回收利用。但是,要保持上述两个优势,必须制定符合要求的控制策略。

制定并联式混合动力汽车的控制策略需要考虑以下几个主要方面:各动力部件工作区间;整车燃油消耗;汽车排放水平;电池的 SOC 值;汽车的动力性。

设计并联式混合动力汽车的主要目的：在保证汽车性能的条件下，降低汽车的燃油消耗和排放，同时还要兼顾电池寿命和整车开发成本等问题。控制策略通常是根据电池的 SOC 值、驾驶员的踏板信号、车速和驱动轮功率等参数，按照一定的规则使发动机和电动机输出相应的转矩或功率，以满足驱动轮驱动力矩的要求。目前，并联式混合动力车辆控制策略主要包括基于规则的逻辑门限值控制策略、瞬时优化控制策略、全局优化控制策略和智能控制策略。

5.2.1 基于规则的逻辑门限控制策略

基于逻辑门限的控制策略广泛应用于实车当中，如丰田 Pruis、本田 Insight 等。常用的基于规则的逻辑门限控制策略主要有三种：电力辅助式控制策略、SOC 扭矩平衡式控制策略和恒温器控制策略。其中，恒温器控制策略作为一种串、并联构型共用的控制策略，在第 4 章已有详细介绍，故此处只介绍前两种控制策略。

1. 电力辅助式控制策略

在电力辅助式控制策略中，当发动机功率不足时，电动机作为一种辅助能源来工作，这种情况下很少有电动机单独驱动的工作模式。这种控制方式的具体工作模式如下：当汽车车速小于所设定的车速时，由电动机单独驱动车轮，当车速大于所设定的车速时，电动机停止驱动，而由发动机驱动车轮，当车轮负荷比较大时，则由发动机和电动机联合驱动车轮，电动机提供辅助扭矩。当发动机在给定转速下低效率运行时，发动机会停止工作，由电动机提供所需的转矩。当电池荷电状态过低时，发动机会给电动机提供额外的转矩，用来发电并给电池充电，制动能量再生时，电动机可以作为发电机给电池充电。这种策略一般以车速为主要控制参数，它利用了电动机低速、大转矩的作用，避免了发动机的怠速及低负荷工况。当车速较大有助于发动机有效工作时，发动机的起动可避免纯电动高速行驶时电池的快速放电损失。

2. SOC 扭矩平衡式控制策略

SOC 扭矩平衡式控制策略的思想是根据电池 SOC 的状态以及需求扭矩来控制混合动力汽车的工作方式，电池的 SOC 状态始终维持在指定的最高状态和最低状态之间，即保证发动机的工作点维持在高效范围内，同时合理分配驱动汽车的扭矩。扭矩平衡控制策略在车轮驱动功率需求很高时，存在发动机和电动机联合驱动的混合驱动状况，其控制策略有以下几种模式：

（1）当加速踏板踩下时，发动机和电动机的功率按照一定比例同时增加，以满足驾驶员的高功率需求；

（2）电动机功率一直增加到其最大值，然后起动发动机以提供所需的补充动力；

（3）发动机被控制在高功率的低油耗区稳定运行，而由电动机来提供所需的补充功率。

5.2.2 瞬时优化控制策略

基于规则的逻辑门限控制策略往往是以专家的经验和静态的 map 图来确定门限值，由于该门限值具有很强的主观性且没有考虑工况的动态变化,因而达不到最优控制效果。为此,人们又提出了一种新的控制策略——瞬时优化控制策略,也称为实时控制策略。瞬时优化控制策略的原理是在优化阶段的每一时刻,定义一个适当的瞬时成本函数,通过计算使得瞬时成本函数最小,从而使得全局成本函数最小化(理想的)。目前,瞬时优化控制策略主要包括等效燃油消耗最小策略和功率损失最小策略。两种方法的出发点各不相同,但其原理是一样的,因此这里只详细介绍等效燃油消耗最小策略。

等效燃油消耗最小策略(equivalent consumption minimization strategy,ECMS)最初是由 Paganelli 提出的,该策略通过构造一个等效因子,将瞬时的电池电能消耗转化为燃油消耗,得到车辆当前时刻的等效燃油消耗率。等效燃油消耗最小策略的瞬时油耗可以表示为

$$\dot{m}_{eqv} = \dot{m}_f + \frac{s \cdot P_b}{Q_{lhv}} \tag{5.1}$$

式中 $\dot{m}_f$——发动机瞬时燃油消耗率(g/s);

Q_{lhv}——燃油热值(J/g);

P_b——电池端功率,$P_b>0$ 时,电池放电,$P_b<0$ 时,电池充电;

s——等效因子。

等效因子的选择是 ECMS 策略的关键,其主要受工况、电池 SOC 值、驾驶风格、路面坡度等因素的影响。如果等效因子选取过大,控制策略会偏向于用燃油,导致油耗增加,而使电池电量上升;如果等效因子选取过小,控制策略偏向用电,这样就会导致电耗过多,而使电量下降过多。因此,如果等效因子选取不当,不但无法实现电量保持,而且还可能会导致油耗过多。等效因子的本质是电池、电动机与发动机的综合效率,其理论计算表达式为

$$s = \begin{cases} \dfrac{\overline{\eta}_m \cdot \overline{\eta}_{dis}}{\overline{\eta}_e} \cdot \eta_{chg}, & P_b < 0 \\ \dfrac{1}{\overline{\eta}_e \cdot \overline{\eta}_m \cdot \overline{\eta}_{chg} \cdot \eta_{dis}}, & P_b \geqslant 0 \end{cases} \tag{5.2}$$

式中 $\overline{\eta}_m$——电动机平均效率;

$\overline{\eta}_{dis}$——电池平均放电效率;

$\overline{\eta}_e$——发动机平均工作效率;

$\overline{\eta}_{chg}$——电池平均充电效应;

η_{chg}——电池当前充电效率;

η_{dis}——电池当前放电效率。

对于特定工况,可以通过离线迭代计算得到该工况下的最优等效因子。一般情况下,当电池最终荷电状态与初始荷电状态相等时,即可认为对应的等效因子为最优等效因子。

针对特定工况,确定好最优等效因子后,再计算当前时刻所有可能的转矩组合的等效油耗,得到等效燃油消耗最低的转矩分配作为当前时刻的转矩分配结果。此时便将燃油消耗的全局优化(全局最小)问题转化为了局部优化(瞬时燃油消耗率最小)问题,最终达到接近全局最优的效果。

5.2.3 全局优化控制策略

全局最优控制策略是应用最优化方法和最优控制理论开发出来的混合驱动动力分配控

制策略。其主要思路是：基于多目标数学规划或者 Bellman 动态规划理论以及最小值原理的全局最优化理论，建立以整车燃油经济性和排放为目标，系统状态变量为约束的全局优化数学模型，运用相关的优化方法，计算求得最优的混合动力分配控制策略。

由于全局最优控制策略需要预先知道整个行驶工况，才能获得混合动力汽车在该行驶工况下的全局最优性能，这在实际车辆的实时控制中很难得到应用。目前全局最优控制策略主要用于：①在标准行驶工况下，参考全局最优控制策略，对实时控制策略的效果进行评估；②根据全局最优控制策略的结果进行规则提取，组成实用的实时控制策略。因此，严格意义上讲，全局最优控制策略并不是真正的控制策略，而只是一种控制策略设计的方法。下面以动态规划为例介绍混合动力汽车的全局最优控制策略。

在行驶工况一级的前提下，将行驶工况划分为 N 个采样点，在一定约束条件下，从第 N 个采样点开始至第 1 个采样点结束，计算每个采样点的最优解，取所有 N 个点的最小值，从而得到整个行驶工况的最优控制（图 5.2）。

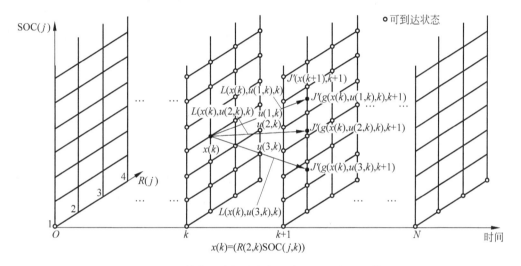

图 5.2 数值法求解动态规划方程的量化和插值

动态规划方法的性能指标为每一瞬时燃油消耗量 $Q(\mathrm{kg})$ 累计的最小值：

$$J = \mathrm{Min} \sum_{t=0}^{N-1} Q(t) \tag{5.3}$$

5.2.4 智能控制策略

随着人工智能算法的快速发展，控制技术也逐渐向智能化控制方向演变。智能控制是人工智能与自动控制的交集，主要用于求解非线性和不确定性较强的复杂控制问题，因此也适用于并联式混合动力汽车能量管理系统。智能控制型能量管理策略将瞬时优化和全局优化算法嵌套在人工智能控制框架中，可以达到全局优化算法近似的控制效果；另外，人工智能控制算法强大的信息处理能力也保证了较好的实时性。目前，基于智能控制理论的混合动力控制策略主要有模糊逻辑控制策略、神经网络控制策略、遗传算法控制策略、基于机器学习的控制策略。

模糊逻辑控制策略本质上属于基于规则的控制策略,它将经典数理逻辑与模糊数学相结合,模拟人思维的推理和决策方式的智能控制方式。其基本特征是利用人的经验、知识和推理技术及控制系统提供的状态信息,而不需要建立被控系统的精确数学模型。

神经网络是以对信息的分布式存储和并行处理为基础,在许多方面更接近人对信息的处理方式,有很强的逼近非线性函数的能力。它具有自组织、自学习的功能,但它采用的是黑箱式学习模型,因此,神经网络所获得的输入/输出关系难以用被人接受的方式表达出来。

遗传算法是建立在自然选择和自然遗传学机理基础上的迭代自适应概率性搜索算法。它能够同时搜索空间的许多点,且能充分搜索,因而能够快速全局收敛;遗传算法的优化问题是对优化参数的集合进行编码,而不是对参数本身,其遗传操作均在字符串上进行;只需评价所采用的适应函数,而不需要其他形式信息,这都使得遗传算法对问题适应能力强。

基于机器学习的能量管理策略,主要有监督学习、无监督学习和强化学习。监督学习,即有导师的学习,典型的监督学习方法包括监督式神经网络学习、归纳学习和基于实例的学习等。无监督学习,即无导师学习,主要包括各种自组织学习方法,如聚类学习、自组织神经网络学习、支持向量机(SVM)等。强化学习则无须给定各种状态下的教师信号,是主动地对环境作试探,环境对试探动作产生的反馈是评价性的。

5.3 设计目标和要求

从系统入手,对混合动力系统各部件参数进行设计,制定系统的控制策略,设计混合动力汽车仿真计算程序。对已设计好的各部件参数和总成及机构控制策略,利用编制好的仿真程序进行仿真,并在此基础上分析上述参数和控制策略设计的合理性。具体设计目标和要求如下:

(1) 确定并联式混合动力汽车动力系统的布置方案,并对该动力系统的特点及功能进行分析。

(2) 针对要研究的具体车型,提出具体设计的动力性能指标。

(3) 设计并联式混合动力系统机构参数,包括发动机和电动机的功率、扭矩、最高转速、电池的功率及需要的储存能量、传动系统的挡位数及各挡的传动比等。

(4) 制定混合动力系统能量分配的控制策略,控制将行驶总功率分配给发动机和电动机,且尽可能使发动机工作在最优经济区域,同时保证电池在一个完整的汽车行驶工况内保持能量平衡。

(5) 建立混合动力系统仿真模型,并对以上设计的系统进行仿真计算,预测其动力性能及燃油消耗,分析并联式混合动力系统参数及控制策略设计的合理性。

5.4 参数设计

以双轴并联混合动力汽车为例,进行简要设计分析(图5.3)。双轴并联混合动力总成元件包括发动机、电动机、电池、动力分配装置、变速器和主减速器,主要包括发动机参数设计、电动机参数设计、储能装置参数设计、动力耦合装置参数设计。

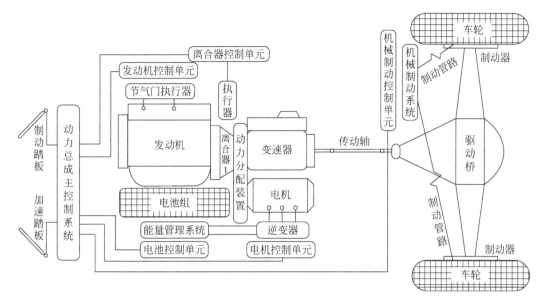

图 5.3 双轴并联混合动力总成基本结构及布置方案

5.4.1 发动机

发动机的参数设计主要依据以下三个原则：
(1) 满足发动机单独驱动的功率需求；
(2) 满足整车动力性要求；
(3) 满足整车经济性最佳要求。

针对应用最广泛的混合动力汽车，根据发动机和电动机自身的特点，即发动机转动惯量较大，影响较慢，而电动机的响应较快，应让发动机提供变化较慢的稳态功率，而电动机提供瞬态变化的峰值功率。稳态功率包括以巡航车速行驶的功率要求 P_{e1}、爬坡功率要求 P_{e2}、循环工况的平均功率要求 P_{e3}，以及极限加速过程的平均功率要求 P_{e4}。

稳态功率由发动机提供，即克服与车速相关的空气阻力、滚动阻力和坡道阻力；瞬态功率由电动机提供，即克服整车的加速阻力。因此，可把整车动力学方程分为两项，即

$$P_u = \frac{u}{3600\eta_t}\left(mgf\cos\alpha + mg\sin\alpha + \frac{1}{21.15}C_dAu^2\right) \tag{5.4}$$

$$P_{du} = \frac{u\delta m}{3600\eta_t} \cdot \frac{du}{dt} \tag{5.5}$$

式中 η_t——整车动力传动系效率；
u——车速(km/h)；
m——整车质量(kg)；
g——重力加速度；
f——滚动阻力系数；
α——道路坡度(°)；

C_d——空气阻力系数；

A——迎风正面面积(m^2)；

δ——车轮的转动惯量；

P_u——与车速相关的稳态功率(kW)；

P_{du}——与加速度相关的瞬态功率(kW)。

将巡航车速 u_{cruise} 代入式(5.4)，即可计算得到巡航车速行驶的功率要求 P_{e1}。一般情况下，u_{cruise} 介于车辆经常行驶时的平均车速 u_{aver} 和最高行驶车速 u_{max} 之间，即 $u_{aver} \leqslant u_{cruise} \leqslant u_{max}$。

当汽车需要爬坡时，尤其在爬长坡时，为了维持电池电量，一般不要求电动机助力。因此，将爬坡车速 u_i 和坡度指标 i_{max} 代入式(5.4)计算得到爬坡功率 P_{e2}。

发动机功率选择还要考察循环工况下的平均功率 P_{e3}，即

$$P_{e3} = \frac{1}{T_{cyc}} \int_0^{T_{cyc}} P_{wh}(t) dt \quad (P_{wh} > 0) \tag{5.6}$$

式中 T_{cyc}——循环工况测试时间(s)；

P_{wh}——发动机瞬时功率(W)。

同时，发动机功率的最终确定还有考虑另一种情况，即整车的极限加速过程(驾驶员将加速踏板踩到底)。该过程为整车加速常用工况，此时要求发动机提供其平均功率，峰值功率由电动机提供。这种加速过程比较短，应当充分发挥两动力源本身的特性。发动机提供该过程的平均功率 P_{e4} 为

$$P_{e4} = \frac{1}{3600 \eta_t t_{max}} \int_0^{t_{max}} F_t(t) u(t) dt \tag{5.7}$$

式中 t_{max}——极限加速过程中车速从 0 到最高车速 v_{max} 的加速时间(s)；

F_t——发动机输出的瞬时驱动力(N)；

u——汽车的瞬时速度(km/h)。

综上所述，发动机功率至少要满足上述 4 种情况下所确定的功率要求，即

$$P_{e\_min} = \text{Max}(P_{e1}, P_{e2}, P_{e3}, P_{e4}) \tag{5.8}$$

5.4.2 电动机

对于混合动力汽车的驱动电动机，需要确定的电动机特性参数主要有额定功率和峰值功率、额定转矩和峰值转矩、额定转速和最高转速。电动机功率需求是在电动机的稳态工作区，还是在短时工作区呢？一般来说，混合动力汽车整车动力性指标中的纯电动最高车速对应为稳态持续工作区，即电动机的额定功率的选择；而最大爬坡度和全力加速时间对应的应该是短时工作区(1~5min)，即电动机的峰值功率。

1. 电动机峰值功率匹配原则

电动机的峰值功率必须同时满足整车动力性指标中的最高车速、最大加速度以及加速时间的要求，同时还要满足以下三个方面的需要。

(1) 起动发动机能力：电动机在规定时间内起动发动机达到规定转速，其功率应满足

$$P_{m1} = \frac{1}{1000 t_{start}} \int_0^{\omega_{idle}} J_e \omega_e d\omega_e + \frac{T_d \omega_{idle}}{1000} \tag{5.9}$$

式中　t_{start}——发动机起动时间(s);
　　　J_e——发动机转动惯量;
　　　ω_e——发动机起动过程中的瞬时角速度(rad/s);
　　　ω_{idle}——发动机的怠速角速度(rad/s);
　　　T_d——发动机的摩擦转矩(N·m)。

(2) 单独起动整车能力:在规定时间内单独起动整车达到规定车速,且加速过程中最大功率 P_{max} 满足

$$P_{max} = \frac{1}{3600 t_m \eta_t}\left[\delta m \frac{u_m^2}{2} + mgf \int_0^{t_m} u_m\left(\frac{t^{0.5}}{t_m^{0.5}}\right)dt + \frac{C_d A}{21.15}\int_0^{t_m} u_m\left(\frac{t^{1.5}}{t_m^{1.5}}\right)dt\right] \quad (5.10)$$

(3) 整车加速能力:满足整车加速时间的要求,即满足式(5.5)。

2. 电动机额定功率和额定转速的匹配原则

由于驱动电动机的额定功率和额定转速直接影响着电动机的高效区,而电动机的高效区分布对混合动力汽车的燃油经济性影响很大。因此,应确定电动机额定功率和额定转速,以使电动机最大限度工作在高效率区域。一般电动机的最大效率点发生在 0.7~1.0 倍的额定功率范围内。

当电动机的峰值功率和最高转速确定后,电动机的额定转速和额定功率决定了驱动电机系统的高效率区域,系统的高效率区可以针对不同的行驶循环工况进行上下和左右调整,如图 5.4 所示。

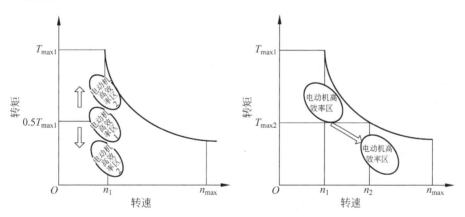

图 5.4　电动机高效区调整示意图

在驱动电机的效率脉谱(MAP)图中,还应尽量保持在额定功率点附近工作时,使电动机的实际工作点尽可能靠近额定功率。城市公交客车最常用的是以 20~50km/h 的速度行驶,应保证车辆以此速度行驶时,电动机工作在额定功率点附近。

3. 电动机峰值转矩和转速匹配原则

车用驱动电机具有低速、大转矩的特点。汽车利用这个特点可以获得很好的加速性能。电动机的最大转矩至少应该大于负载可能出现的最大转矩,且电动机的最大转矩越大,越有利于汽车的原地起步加速、爬坡。但过大的电动机转矩不仅会对电动机及其支撑的机械强

度、电动机及其控制器的电流提出更高的要求,增大了功率转换器硅钢片的尺寸和损耗,也增大了驱动转矩和传动部件的应力;如果使用多挡变速器,过大的电动机转矩还会导致低挡驱动力超过车辆的附着极限,使驱动力得不到充分利用。因此,电动机最大转矩选择应该满足车辆动力性要求,特别是低速最大爬坡度要求,同时应与传动系统最大传动比协调控制。

对于电动机本身,额定功率相同的电动机额定转速越高,体积越小,质量越小,造价越低;而且电动机功率恒定时,随着电动机额定转速和最高转速的增加,电动机的最大转矩会减小,从而避免造成最大转矩过大的不利影响。电动汽车选择高速电动机是比较有利的,但当电动机转速超过一定程度后,其转矩降低幅度明显减小。

5.4.3 电池组

电池是混合动力汽车参数匹配中的被动元件,其参数匹配主要考虑电池功率要求、能量要求和电压等级三个问题。参数设计的原则如下:

(1) 电压等级要与电力系统电压等级和变化范围一致;
(2) 最大充电和放电功率要满足电动机的功率要求;
(3) 要满足运行过程中的能量消耗。

在车用电池的使用过程中,电池的最大电流不应超过 300A。电动机的峰值功率越大,电驱动系统的电压等级越高,对保证电流不超过一定限值非常有利。但电压等级也不能超过电系统的最高电压限值,一般混合动力汽车的电压等级统计结果见表 5.2。

表 5.2 一般混合动力汽车电压等级统计结果

车 型	电压等级/V
传统轿车电起动系统(汽油机)	12
传统轿车 ISG 系统	36
采用 ISG 的混合动力轿车	144
采用串并联结构的混合动力轿车以及纯电动轿车	288~350
采用串并联结构的混合动力客车以及纯电动客车	350~650

电池的功率等级与电动机相关,即电池的输出功率要大于所选择电动机的功率总和,并且电池对其充/放电电流有一定的限制。否则,过大的充/放电电流会造成电池温度升高,降低电池的使用寿命。电池的充/放电电流与电池容量有关,最大电流一般限制在 $3\sim5C$(C 为电池容量)。在混合动力汽车中电动辅件改动易使整车成本提高,如果整车还保留传统汽车的附件由发动机供能,则只需考虑电动机的功率要求。

电池功率应和电动机功率相匹配,应满足

$$P_\mathrm{b} = \frac{P_\mathrm{m}}{\eta_\mathrm{c} \eta_\mathrm{m}} \tag{5.11}$$

式中 P_b——电池的功率(kW);
P_m——电动机的功率(kW);
η_m——电动机效率;

η_c——逆变器效率。

电池须保证满足电动机起动发动机的功率要求,以及急加速电动机助力时的功率要求,由于电压等级已经确定,电池的功率反过来就与其电池最大充/放电电流有关。

将电压等级以及电动机起动发动机的功率需求代入式(5.11),可计算电池的最大电流为

$$I_{\max} = \frac{P_m}{\eta_c \eta_m V} \tag{5.12}$$

式中 $I_{\max}$——电池最大放电电流(A);

V——电池电压(V)。

电池的容量与其最大充/放电能力有关,电池容量越大,其充/放电功率也越大。当电压等级确定时,其容量与其最大充/放电电流成正比,即容量越大,其允许的最大充/放电电流越大。因此,首先根据式(5.12)确定最大充/放电电流 $I_{\max}$,进而即可通过式(5.13)确定电池容量 C 为

$$C = C_{ci} \cdot I_{\max} = C_{ci} \cdot \frac{P_m}{\eta_c \eta_m V} \tag{5.13}$$

式中 C_{ci}——电池容量与其最大充/放电系数。

对于镍氢电池,C_{ci} 一般取值为 1/5～1/3;对于锂电池,由于正、负极材料种类不同,取值变化较大,C_{ci} 一般可以取 1/8～1/5。代入电动机的总功率、电压等级及其电动机和逆变器效率参数,即可计算确定电池的容量。考虑整车的纯电动功能,根据续驶里程行驶要求,电池容量的确定需要根据工况需要重新匹配。

5.4.4 动力耦合装置

由于电动机提供峰值功率,并在低速时具有高转矩性能,因此,在电动机和驱动轮之间配置单挡传动装置已能产生足够的转矩,以满足爬坡和加速的需求。然而,发动机和驱动轮之间配置多挡传动装置确实能改善车辆的性能。

多挡传动装置的应用,能有效地增加发动机的剩余功率,从而可改善车辆性能(加速和爬坡能力)。另外,可利用发动机较大的功率向能量存储装置充电。同时,多挡传动装置特定挡的应用,将使发动机得以运行于接近最佳的转速区,也就可以改善车辆燃油的经济性。此外,发动机较大的剩余功率将能快速充电,使能量存储装置由低荷电状态转化为高荷电状态。

但是,多挡传动装置比单挡传动装置复杂得多,而且它还需要复杂的齿轮换挡控制,因此,在并联式混合动力电动汽车设计中,必须采用某些折中方案。

5.5 设计实例及仿真分析

下面以某混合动力城市客车为例进行具体分析计算,整车质量、迎风面积、风阻系数及传动系部分参数等见表5.3。

表 5.3　混合动力客车基本参数和动力性要求

整车性能参数	
整备质量/kg	11 000
满载质量/kg	15 000
变速器	6 挡 MT
空气阻力系数	0.65
迎风正面面积/m²	6.5
滚动阻力系数	0.008
最高车速/(km·h⁻¹)	≥80
最大爬坡度/%	≥30
4%坡度上持续速度/(km·h⁻¹)	40
0～50km/h 的加速时间/s	≤25(满载)
0～50km/h 的加速时间/s	≤30

5.5.1　发动机基本参数

根据式(5.4)和式(5.5)的要求,将巡航车速(这里取其最高车速)及爬坡指标代入,即可计算其稳态功率分别为 $P_{e1}=68\text{kW}$, $P_{e2}=80\text{kW}$。考虑一定的附件余量,确定发动机的功率至少为 90kW。

不同坡度下的行驶车速与功率需求关系的仿真模拟结果如图 5.5 所示。由图可见,满足并联式混合动力城市客车给定技术要求的功率为 90kW。城市客车的发动机功率与整车原地起步加速时间关系的仿真模拟结果如图 5.6 所示。由图可见,发动机功率越大,整车加速时间越短。因此,从提高动力性角度,应选择大功率发动机。然而随着发动机功率的等幅增加,加速时间缩短的幅度在减小,对加速时间的影响程度减弱,因此发动机的功率不应该盲目增大。当功率大于 90kW 时,整车的加速时间已经小于传统客车,能够满足整车的动力性指标要求。

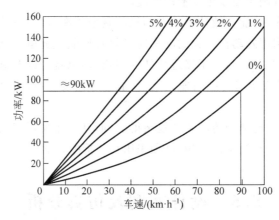

图 5.5　不同坡度下的行驶车速与功率需求关系的仿真模拟结果

在三种典型城市客车循环工况下,城市客车的发动机参数与整车经济性关系的仿真计算结果见表 5.4。

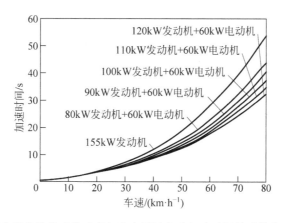

图5.6 城市客车的发动机功率与整车原地起步加速时间关系的仿真模拟结果

表5.4 城市客车的发动机参数与整车经济性关系的仿真计算结果

发动机功率/kW		120	110	100	90	80	传统客车
等效百公里油耗/L $SOC_0=0.7$	ETC_URBAN	30.8	30.7	30.2	29.1	27.4	39.1
	CBDBUS	37.1	35.1	32.9	30.5	28.3	42.1
	UDSHV	32.7	32.1	30.4	28.1	25.9	41.3

由表5.4可见,发动机功率越小,整车油耗指标越低。特别是随着发动机功率的等幅减小,整车油耗也等幅减小。从经济性指标考虑,应选择较小功率发动机。因此,确定发动机的功率为90kW,既满足单独驱动的功率要求和整车动力性指标的要求,又满足经济性指标最佳的要求。结合发动机的型号,确定城市客车双轴并联式混合动力总成的柴油发动机参数见表5.5。

表5.5 双轴并联混合动力总成的柴油发动机参数

最高转速/(r·min^{-1})	2500	额定功率/kW[对应转速/(r·min^{-1})]	90[2500]
最低比油耗/(g·kW^{-1}·h^{-1})	200	最大转矩/(N·m)[对应转速/(r·min^{-1})]	745[1400~1600]

5.5.2 驱动电动机参数

1. 电动机的峰值功率确定

(1)起动发动机的能力。为了满足在规定时间内起动发动机到规定转速的要求,需要分析电动机峰值功率和发动机的起动时间及转速的关系。仿真结果显示,影响起动时间的参数主要是起动转速 n_{es}、旋转部件的转动惯量 J、发动机的起动摩擦力矩 T_d 以及电动机的峰值功率,它们与起动时间的关系分别如图5.7~图5.10所示。

若电动机峰值功率大于40kW,则125kW的发动机可由电动机带动在0.2~0.3s内达到转速400r/min,在0.4~0.5s内达到转速600r/min。因此,考虑到电动机直接起动发动机的能力,电动机的峰值功率应大于40kW。

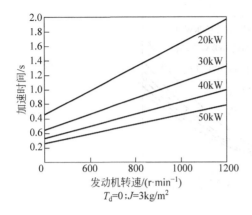

图 5.7　发动机转速与加速时间的关系

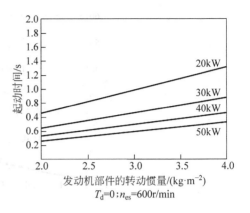

图 5.8　发动机转动惯量与起动时间的关系

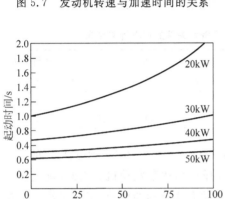

图 5.9　起动摩擦力矩与起动时间的关系

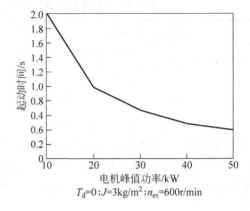

图 5.10　电动机峰值功率与起动时间的关系

（2）起动整车能力。为实现在规定时间内单独起动整车到规定车速的要求，需要分析电动机峰值功率和整车起动时间及车速的关系。整车起动时间及车速的关系的仿真结果如图 5.11 所示，由图可见，若要求起动能力与传统客车一致，则电动机的峰值功率应不低于 60kW。

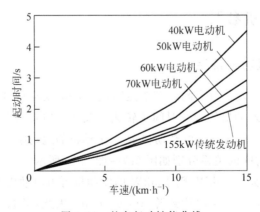

图 5.11　整车起动性能曲线

(3) 整车加速能力。为满足整车的加速时间和车速的要求,需要分析电动机的峰值功率与整车原地起步加速时间的关系,仿真结果如图 5.12 所示。为了进行加速能力比较,图中也给出了传统客车的加速时间。由图可见,当电动机的峰值功率大于 40kW 时,整车的加速能力已经超过传统客车。

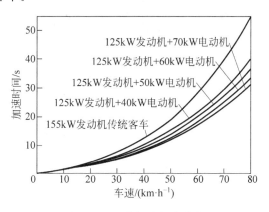

图 5.12 整车加速性能曲线

综上所述,可确定电动机的峰值功率为 60kW。

2. 电动机额定功率的确定

电动机额定功率的确定应保证在循环工况中额定功率值附近的区间电动机有较高的效率。一般并联式的电动机峰值功率为额定功率的 1.5～2 倍。电动机在车辆循环工况中的实际工作点如图 5.13、图 5.14 所示。仿真结果显示,工作点基本上分布在 30kW 曲线附近,因此确定电动机的额定功率为 30kW。

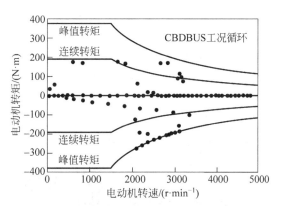

图 5.13 电动机在 CBDBDS 循环工况中的实际工作点

3. 电动机转速的确定

电动机的最高转速一般分两个档次,最高转速小于 6000r/min 的电动机为普通电动机,大于等于 6000r/min 的为高速电动机。二者在成本、结构和制造工艺等方面都有显著差异。一般高速电动机适用于混合动力轿车或 100kW 以上的大功率驱动电动机,其他情况下一般

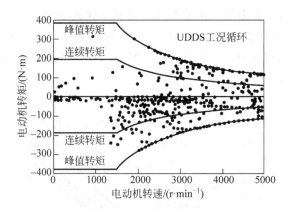

图 5.14 电动机在 UDDS 循环工况中的实际工作点

采用低速电动机。发动机和驱动电动机的转速成一定的比例关系,因此确定电动机的最高转速为 5000r/min,额定转速 1500r/min。

5.5.3 电池参数设计

(1) 电池功率参数。选定电池的电压等级为 360V,代入驱动电动机的总功率、电压等级及其电动机和逆变器效率参数,并计入效率的影响,可知电池的最大放电功率大于 60kW。

(2) 电池能量参数。计算确定电池的容量为 40~60A·h,按最小成本考虑,应取最小的 40A·h;考虑到整车的纯电动功能,需要满足 20km/h 的行驶速度要求,因此电池容量的确定应根据工况需要重新匹配。

根据电动机的峰值功率及混合动力汽车电池的工作特点,在运行过程中要使电量维持在一定水平上,因此要求电池的能量须满足运行过程中的消耗。在各种循环工况下,电池输入和输出能量以及储存能量变化的仿真结果如图 5.15~图 5.18 所示。由图可见,储存能量的变化量不超过 2kW·h,因此确定电池容量为 40A·h 可以满足整车的使用要求。

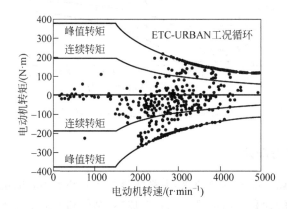

图 5.15 电动机在 ETC-URBAN 循环工况中的实际工作点

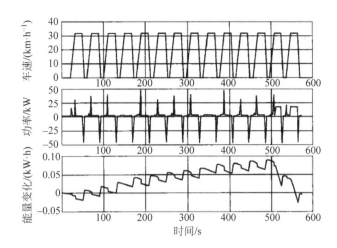

图 5.16 CBDBUS 循环工况中的电池功率和储存能量的变化

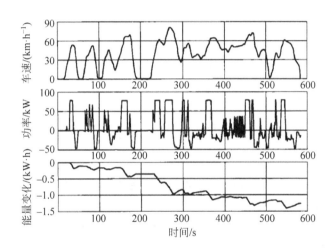

图 5.17 ETC_URBAN 循环工况中的电池功率和储存能量的变化

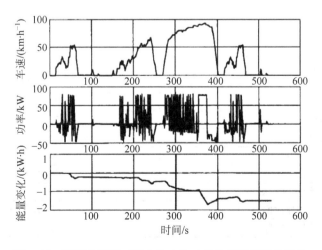

图 5.18 UDDS 循环工况中的电池功率和储存能量的变化

5.5.4 动力耦合装置参数设计

动力耦合装置完成发动机和电动机的动力合成或分解,主要是确定它们之间的速比关系,以满足动力性指标要求。动力耦合装置输出端(发动机和电动机)的外特性曲线的仿真结果如图 5.19 所示。

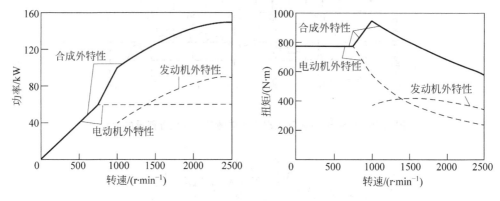

图 5.19 发动机和电动机合成外特性

思 考 题

1. 简述并联式混合动力汽车各工作模式及其能量传输路径。
2. 简单分析并联式混合动力汽车控制策略的类型和特点。
3. 简要叙述双轴并联式混合动力汽车各部件的参数匹配原则。
4. 下表为某混合动力汽车的性能参数及要求,请根据该表对各部件进行参数匹配设计。

整车性能参数	
整备质量/kg	11000
满载质量/kg	15000
变速器	4 挡 MT
空气阻力系数	0.3
迎风正面面积/m²	2.0
滚动阻力系数	0.01
最高车速/(km·h⁻¹)	≥110
最大爬坡度/%	≥30
5%坡度上持续速度/(km·h⁻¹)	50
0~50km/h 的加速时间/s	≤30(满载)
0~50km/h 的加速时间/s	≤35

参 考 文 献

[1] 于俊伟. 并联混合动力汽车传动系统建模及控制策略研究[D]. 武汉：武汉理工大学，2005.
[2] 于秀敏，曹珊，李君，等. 混合动力汽车控制策略的研究现状及其发展趋势[J]. 机械工程学报，2006，42(11)：10-16.
[3] Geering H P. Optimal Control with Engineering Applications[M]. Berhn Springer，2007.
[4] Paganelli G. and Delprat S. Equivalent Consumption Minimization Strategy for Parallel Hybrid Powertrains[C]. IEEE Vehicular Technology Conference，2002，4：2076-2081.
[5] Han J，Park Y，Kum D. Optimal adaptation of equivalent factor of equivalent consumption minimization strategy for fuel cell hybrid electric vehicles under active state in equality constraints[J]. Journal of Power Sources，2014，267(4)：491-502.
[6] 李卫民. 混合动力汽车控制系统与能量管理策略研究[D]. 上海：上海交通大学，2008.
[7] 牛礼民，杨洪源，周亚洲. 并联式混合动力汽车能量管理策略新分类与概述[J]. 机电工程，2017，34(04)：321-329.
[8] 赵航，史广奎. 混合动力电动汽车技术[M]. 北京：机械工业出版社，2012.
[9] 杨世春. 电动汽车设计基础[M]. 北京：国防工业出版社，2013.

第 6 章

混联式混合动力电动汽车设计

混联式混合动力汽车同时具备了并联式混合动力汽车机电耦合及串联式混合动力汽车电电耦合的特点。汽车的行驶动力由发动机、电动机-发电机通过机电耦合装置单独或联合提供。电动机控制器的供电来自于发动机-发电机组与动力电池组组成的串联式结构。整车综合控制器、电动机控制器、发动机控制器、发电机控制器、电池管理系统等通过通信线缆连接组成整车控制系统,依据控制系统的状态信息以及驾驶人操控信号、车速等整车反馈信息,由整车控制器实施既定的控制策略,并输出指令到电动机控制器,实施电动机-发电机的电动(驱动汽车行驶)、发电(再生制动能量回收)控制;输出指令到发动机控制器,实施发动机的开关控制以及输出功率控制;输出指令到发电机控制器,实施发电机的工作状态控制(工作转速或发电功率);输出指令到电池管理系统,实施动力电池组的充电、放电能量管理。其结构简图如图 6.1 所示。

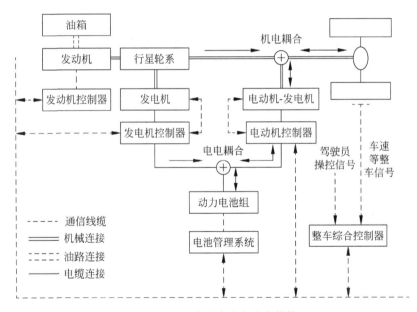

图 6.1 混联式混合动力汽车结构

6.1 工作模式

依据发动机、发电机、电动机-发电机的工作状态以及动力电池组的充/放电状态,混联式混合动力电动汽车具有 5 种工作模式,具体见表 6.1。

表 6.1 混联式混合动力汽车的工作模式列表

工 作 模 式	发 动 机	发 电 机	动力电池组	电动机-发电机	整 车 状 态
纯电动机驱动	关机	关机	放电	电动	驱动
再生制动充电	关机	关机	充电	发电	制动
纯发动机驱动	起动	发电	既不充电也不放电	电动	驱动
混合动力驱动	起动	发电	放电	电动	驱动
强制补充充电	起动	发电	充电	电动	驱动

各种工作模式的具体说明如下：

（1）当动力电池组具有较高的电量，且动力电池组输出功率满足整车行驶功率需求或整车需求功率较小时，为避免发动机工作于低负荷和低效率区，混联式混合动力汽车以纯电动机驱动模式工作，此时发动机处于关机状态。其功率流示意图如图 6.2 所示。

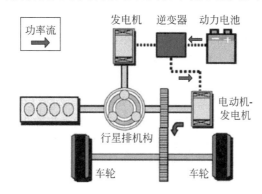

图 6.2 纯电动机驱动模式功率流示意图

（2）当汽车以纯电动机驱动行驶时，若汽车减速制动，电动机-发电机工作于再生制动状态，汽车制动能量通过再生发电回收到动力电池组中，即工作于再生制动充电模式。其功率流示意图如图 6.3 所示。

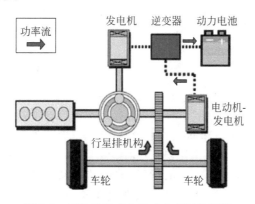

图 6.3 再生制动充电模式功率流示意图

（3）当汽车需求功率增加或动力电池组电量偏低时，发动机起动工作，若发动机输出功率满足汽车行驶功率且动力电池组不需要充电时，整车以纯发动机驱动模式工作，此时动力电池组既不充电也不放电，发动机输出的功率分为两部分，一部分直接输出到驱动轮，另一部分经过发电机、电动机转化后输出到驱动轮。其功率流示意图如图 6.4 所示。

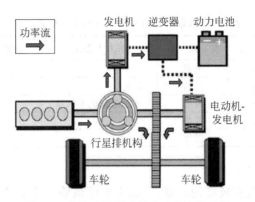

图 6.4 纯发动机驱动模式功率流示意图

（4）当汽车急加速需要更大的功率输出时，整车以混合动力驱动模式工作，此时发动机工作，动力电池组放电，发动机输出的功率分为两部分，一部分直接输出到驱动轮，另一部分经过发电机、电动机转化后输出到驱动轮。另外，动力电池组放电输出额外的电功率到电动机控制器，使得电动机输出更大的功率，满足汽车总功率需求。其功率流示意图如图 6.5 所示。

（5）当动力电池组的电量不足且发动机输出功率在驱动汽车的同时有富余时，实施动力电池组强制补充充电工作模式。此时，发动机工作，发动机输出的功率分为三部分：一部分直接输出到驱动轮；一部分经过发电机、电动机转化后输出到驱动轮；另一部分经过发电机后为动力电池组进行充电。其功率流示意图如图 6.6 所示。

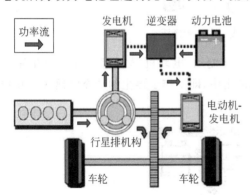

图 6.5 混合动力驱动模式功率流示意图

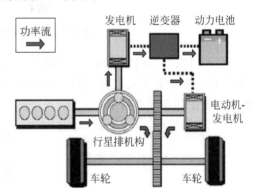

图 6.6 强制补充充电工作模式功率流示意图

以丰田 Prius 为例，汽车以纯电动机驱动模式起步，当汽车需求功率达到发动机起动要求时，发动机起动，汽车进入正常工作模式，如图 6.4 所示。发动机输出动力经过行星轮系分成两条路径：一条为驱动发电机发电，产生的电功率又直接输出到电动机-发电机，电动机-发电机电动运转并驱动车轮；另一条直接驱动车轮，整车综合控制器自动对两条路径的动力进行最佳分配，以最大可能地优化系统效率。当汽车高速行驶需要较高的动力输出时，动力电池组进行放电，额外增大了电动机-发电机的输出功率，整车获得的功率为发动机输出功率与动力电池组放电功率之和，如图 6.5 所示。当汽车减速制动时，混合动力系统自动实施再生制动能量回收，如图 6.3 所示。当汽车遇到红灯停车时，发动机自动熄火，避免了发动机怠速运转引起的不必要的油耗和污染物排放。

6.2 控制策略

6.2.1 发动机恒定工作点控制策略

发动机恒定工作点控制策略采用发动机作为主要动力源,电动机和电池通过提供附加转矩的形式进行功率调峰,使系统获得足够的瞬时功率。由于采用了无级变速器或行星齿轮等动力耦合机构,从而使发动机转速可以不随车速变化,这样可使发动机工作在最优工作点提供恒定的转矩输出,而剩余的转矩则由电动机提供。这样电动机负责动态部分,避免了发动机动态调节带来的损失,而且与发动机相比,电动机的控制也更为灵敏,容易实现。

6.2.2 发动机最优工作曲线控制策略

从静态的发动机万有特性出发,经过动态校正后,跟踪由驱动条件决定的发动机最优工作曲线,从而实现对发动机及整车的控制。在这种策略下,让发动机工作在万有特性图中最佳油耗线上。发动机在高于某个转矩或功率限值后才会打开。发动机关闭后,离合器可以分离(避免损失)或接合(工况变化复杂时,发动机起动更为容易)。只有当发电机电流需求超出电池的接受能力或者当电动机驱动电流需求超出电动机或电池的允许限制时,才调整发动机的工作点。

前面所述的发动机恒定工作点控制策略和发动机最优工作曲线控制策略都属于基于规则的逻辑门限控制策略范畴。按照现代混合动力汽车控制策略理论,混联式混合动力汽车能量管理策略也主要分为:基于规则的逻辑门限值控制策略、瞬时优化控制策略、全局优化控制策略和智能控制策略。

6.3 设计目标与要求

混联式混合动力汽车动力系统的设计应以满足汽车的动力性能要求为主要目标,而汽车行驶的动力性能可用以下 4 个指标来评价:

(1) 加速性能。车辆能够在设定时间内由静止加速到额定车速的能力。

(2) 爬坡性能。满载时汽车在良好路面上能爬上最大坡度的能力。

(3) 巡航车速稳定行驶的能力。对于混联式混合动力汽车,车载发动机应能够提供车辆以巡航车速稳定行驶的全部功率需求,并且还要提供满足爬坡率和经验值的充电功率。

(4) 最高车速稳定行驶的能力。汽车在城市间的高速公路上常以定速行驶,此时汽车工作在混联模式下。在这种情况下,发动机与电动机两者配合工作,可以体现出混联式混合动力系统的优点。对于混联式混合动力汽车,发动机和电动机的输出功率总和应能满足车辆以最高车速行驶的功率需求。

而混联式混合动力汽车电驱动系参数的设计原理,如发动机功率、电动机功率和峰值电源的功率的设计与串联式、并联式的电驱动系参数的设计非常相似。而电动机/发电机的转矩和功率容量的设计须进一步讨论。

6.4 参数设计

6.4.1 发动机功率设计

发动机应能供给足够的功率,以保证车辆在没有峰值电源的协助下,可按规定恒速运行于平坦或低坡度的路面上。同时,当车辆以停车-起动模式行驶时,发动机应能产生大于平均载荷功率的平均功率。

作为在平坦的或低坡度路面上规定的高速公路恒速行驶的要求,所需功率可表达为

$$P_e = \frac{u}{1000\eta_{t,e}}\left(mgf + \frac{1}{2}C_dAu^2 + mgi\right) \tag{6.1}$$

式中 $\eta_{t,e}$——电动机至驱动轮的传动装置效率;
m——整车质量(kg);
g——重力加速度;
f——滚动阻力系数;
C_d——空气阻力系数;
A——迎风正面面积(m^2);
u——车速(km/h);
i——坡度系数。

且设计的发动机功率应予以判断,以满足按停车-起动模式行驶时平均功率的要求。在一个行驶循环工况中,车辆的平均载荷功率可计算如下:

$$P_{ave} = \frac{1}{T}\int_0^T\left(mgfu + \frac{1}{2}C_dAu^3 + \delta mg\frac{du}{dt}\right)dt \tag{6.2}$$

式中 δ——车轮的转动惯量。

平均功率随再生制动程度而变化。两种极端情况是全再生制动和零再生制动的情况,全再生制动回收了在制动过程中全部消耗的能量,其平均功率可由式(6.1)算出,其中负的 dv/dt(减速)将会减小平均功率。然而,当车辆无再生制动时,其平均功率将大于具有全再生制动时的平均功率,后者由式(6.2)求得,即当瞬时功率小于零时,其被给定为零值。

6.4.2 电动机驱动功率设计

在混合动力电动汽车中,电动机的主要功能是向电驱动系提供所需的峰值功率。对于电动机的功率容量设计,车辆的加速性能以及在典型行驶循环工况中载荷的峰值功率是其主要关注点。

由给定的加速性能直接计算电动机功率是困难的,这是因为存在两个动力源,且它们的最大功率与车速相关联。一种有效的方法是根据给定的加速性能,开始先进行电动机功率

容量的估算,然后通过迭代模拟,得出最终的设计结果。

作为初始的估算,可假设稳态载荷(滚动阻力和空气阻力)由发动机承载,而动态载荷(加速中的惯性载荷)由电动机承载。基于这一假设,车辆的加速直接与电动机的输出转矩相关联,其关系式为

$$\frac{T_m i_{tm} \eta_{tm}}{r} = \delta m \frac{du}{dt} \tag{6.3}$$

式中 i_{tm}——电动机至驱动轮的传动比;

η_{tm}——电动机至驱动轮的传动装置效率。

6.4.3 峰值电源设计

峰值电源设计主要包含其功率和能量容量的设计,功率容量设计较为简捷。峰值电源的端口功率必须大于电动机的输入电功率,即

$$P_s \geqslant \frac{P_m}{\eta_m} \tag{6.4}$$

式中 P_m, η_m——电动机额定功率和效率。

峰值电源的能量容量设计与各种行驶模式中的电能量消耗密切相关,其中,主要是全负载加速和典型市区行驶循环工况时的能量消耗。

在加速期间,从峰值电源和发动机所提取的能量,可通过如下关系算出:

$$E_{pps} = \int_0^{t_a} \frac{P_m}{\eta_m} dt \tag{6.5}$$

$$E_{engine} = \int_0^{t_a} P_e dt \tag{6.6}$$

式中 E_{pps}, E_{engine}——从峰值电源和发动机所提取的能量;

P_m, P_e——从电动机和发动机所提取的功率。

峰值电源的能量容量也必须满足典型行驶循环工况中停车-起动模式的要求,即峰值电源中的能量不能完全释放。在峰值电源中的能量变化可通过如下关系算出:

$$E_{var} = \int_0^t (P_{pps-ch} - P_{pps-disch}) dt \tag{6.7}$$

式中 $P_{pps-ch}, P_{pps-disch}$——峰值电源的瞬时充电和放电功率。

事实上,并非所有储存在峰值电源中的能量都能完全地用于向驱动系传递充分的功率。在蓄电池组用作峰值电源的情况下,低荷电状态将限制其功率输出,且由于蓄电池内阻的增大,将同时导致其低效率。在超级电容器组用作峰值电源的情况下,低荷电状态将导致低的端电压,这就影响了牵引电动机的性能。类似地,当采用飞轮为峰值电源时,低荷电状态意味着飞轮转速低,因此,电动机(其功能如同能量交换的通道)的端电压低。这样,仅部分储存在峰值电源中的能量得到有效的应用,它可通过荷电状态或能量状态予以表达。从而,峰值电源的能量容量可按下式计算:

$$E_{c\text{-}pps} = \frac{E_{dis\text{-}max}}{SOC_t - SOC_b} \tag{6.8}$$

式中 $E_{dis\text{-}max}$——源于峰值电源的最大许可的放电能量;

SOC_t, SOC_b——峰值电源荷电状态的顶线和底线。

6.4.4 电动机/发电机转矩和功率容量的设计

发动机低于最低转速 $n_{e\text{-min}}$ 和高于最高转速 $n_{e\text{-max}}$ 的转速区域中，电动机/发电机的转矩要求与发动机转矩相平衡，使发动机在接近于节气门全开状态下运行。这样，电动机/发电机的转矩容量应取决于发动机在低转速和高转速区域中的最大转矩。但是，为了安全的目的，电动机/发电机的转矩容量理应设计为在发动机的整个转速范围内均能与发动机的最大转矩相平衡。电动机应在整个转速范围内，而不是在一个指定的运行点上，均能提供其最大转矩。因此，理想的电动机转矩-转速特性应在整个转速范围内为一恒定的转矩，其值为

$$T_{m/g\text{-max}} = \frac{T_{e\text{-max}}}{k_{ys}} \tag{6.9}$$

式中 $T_{e\text{-max}}$——与节气门全开对应的发动机的最大转矩。

在零车速时，电动机/发电机发出的功率最大。也就是说，所有发动机产生的功率送达电动机/发电机，因此电动机/发电机发出的最大功率应为

$$P_{m/g\text{-max}} = \frac{\pi}{30} T_{e\text{-max}} n_{e\text{-min}} \tag{6.10}$$

类似地，在最高车速 $u_{\max}$ 下，电动机/发电机呈现的最大驱动功率如式(6.11)所示：

$$P_{m/g\text{-max}} = \frac{i_{rw}}{k_{yr} r_w} T_{e\text{-max}} u_{\max} - \frac{\pi}{30} T_{e\text{-max}} n_{e\text{-max}} \tag{6.11}$$

6.5 设计实例及仿真分析

基于前述各节所讨论的设计和控制原理，对一辆1500kg客车以FTP75市区和高速公路行驶循环工况进行了仿真分析，该被模拟的车辆参数见表6.2。

表 6.2 车辆参数

整车质量/kg	1500
发动机功率/kW	28
牵引电动机功率/kW	40
发动机/电动机功率/kW	15
滚动阻力系数	0.01
空气阻力系数	0.3
迎风正面面积/m²	2.2

图6.7示出了在FTP75市区行驶工况中，车速、发动机功率、电动机/发电机功率、牵引电动机功率和峰值电源荷电状态的仿真分析结果。可以看出，由于低车速，电动机/发电机始终运行在发电机状态(负功率)。通过电动机/发电机的再生制动，以及由发动机借助于电动机/发电机的充电，峰值电源的荷电状态能容易地保持其高电平，从而峰值电源始终可为加速向电驱动系统提供足够的功率。

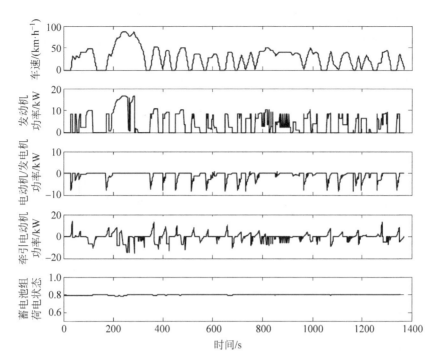

图 6.7　FTP75 市区行驶工况下车速、发动机功率、电动机/发电机功率、牵引电动机功率和蓄电池组荷电状态

图 6.8 在发动机油耗图上描绘了发动机的运行点。该图表明，发动机在大部分时间中均运行于高效率区。在轻载和峰值电源高荷电状态下，单一的发动机牵引运行模式导致某些发动机的运行点远离其高效率区。由仿真可得，在 FTP75 市区行驶工况中该车百公里油耗为 5.88L。

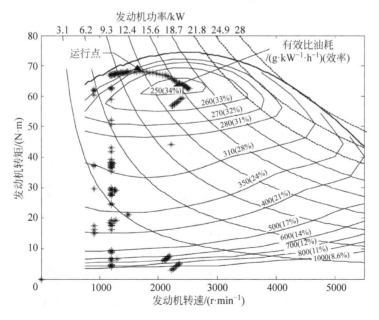

图 6.8　FfP75 市区行驶工况下发动机油耗图上的发动机运行点

图6.9和图6.10示出了在FTP75高速公路行驶工况中的仿真分析结果。可以看出，除在起始工况的短暂时间中电动机/发电机的功率为零，这意味着电驱动系统在大部分时间运行于纯转矩耦合模式（中心齿轮和电动机/发电机被锁定在车梁上）。仿真表明，在FTP75高速公路行驶工况中该车百公里油耗为4.96L。

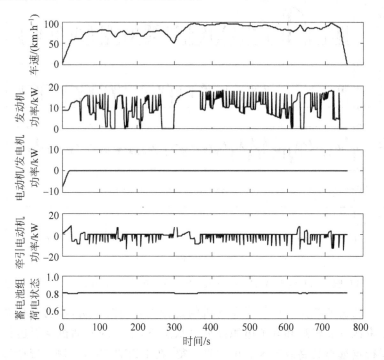

图6.9 FTP75高速公路行驶工况下车速、发动机功率、电动机/发电机功率、牵引电动机功率和蓄电池组荷电状态

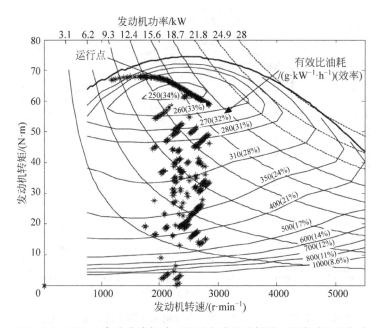

图6.10 FTP75高速公路行驶工况下发动机油耗图上的发动机运行点

思 考 题

1. 简单分析混联式混合动力汽车控制策略的类型和特点。
2. 混联式混合动力汽车动力系统参数匹配的原则是什么?
3. 混联式混合动力汽车动力传动系统由哪几部分组成,相比于其他类型的混合动力汽车有何不同?
4. 根据上述实例的步骤,对一辆轿车在FTP75市区和高速公路行驶工况进行仿真分析,得到该车在FTP75市区和高速公路行驶工况中的油耗(参见表6.3)。

表 6.3 车辆参数

整车质量/kg	1420
发动机功率/kW	51.3
牵引电动机功率/kW	32.5
发动机/电动机功率/kW	18
滚动阻力系数	0.012
空气阻力系数	0.3
迎风正面面积/m^2	1.7

参 考 文 献

[1] Ehsani M, Gao Y, Emadi A. 现代电动汽车、混合动力电动汽车和燃料电池车:基本原理、理论和设计[M]. 2版. 倪光正,倪培宏,熊素铭,译. 北京:机械工业出版社,2010.

[2] 郭海龙. 基于行驶状况识别的混联式HEV多模式能量控制策略研究[D]. 广州:华南理工大学,2013.

[3] Gao Y, Ehsani M. A torque and speed coupling hybrid drive train architecture, control, and simulation [J]. IEEE Transactions on Power Electronics, 2006, 21(3): 741-748.

[4] Chan C C, Chau K T. Modern Electric Vehicle Technology[M]. NewYork: Oxford University Press, 2001.

[5] Husani I. Electric and Hybrid Vehicles—Design and Fundamentals[M]. NewYork: CRC Press LLC, 2003.

[6] Ehsani M, Gao Y, Butler K. Application of electrically peaking hybrid (ELPH) propulsion system to a full size passenger car with simulated design verification[J]. IEEE Transaction on Vehicular Technology, 1999, 48(6): 1779-1787.

第 7 章

插电式混合动力电动汽车设计

7.1 工作模式

插电式混合动力汽车(PHEV)的基本工作模式可用图 7.1 所示的典型行驶工况来说明。曲线 AB 段为汽车由静止起步缓慢加速过程；BC 段为低速匀速行驶阶段；CD 段为急加速阶段；DE 段为高速匀速行驶阶段；EF 段为制动阶段；FG 段为停车阶段。这一行驶曲线体现了 PHEV 的 6 种基本工作模式：AB 段为纯电动起步和电机单独驱动模式；BC 段为发动机驱动并同时充电或电机单独驱动模式，由电池电量决定；CD 段急加速，为发动机和电机共同驱动模式；DE 段为高速匀速行驶，为发动机单独驱动模式；EF 段为制动模式，又可细分为再生制动、摩擦制动和混合制动，当处于再生制动时，电机作发电机使用，给电池充电；FG 为停车充电模式。

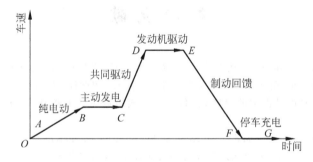

图 7.1 典型工况的基本工作模式

具体工作模式的能量流动情况，分析如下：

1. 纯电动驱动

对于发动机，在低速区域的效率并不理想；另外，电动机具有较宽的转速范围，在低速下可以实现较大转矩并且运行平稳。因此，在低速行驶时，使用锂离子电池组给电动机供电驱动车辆行驶。但当电池组 SOC 值低于一定门限值时，要利用发动机带动发电机发电，给电池充电，此时切换到充电模式，如图 7.2 所示。

2. 发动机单独驱动

当需求转矩位于发动机高效负荷区，并且电池 SOC 值大于目标设定值时，电动机不工

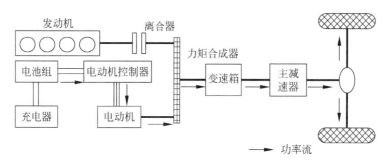

图 7.2　纯电动模式

作,发动机产生的动力直接驱动车轮。当 SOC 值小于设定最小值时,切换到发电模式,如图 7.3 所示。

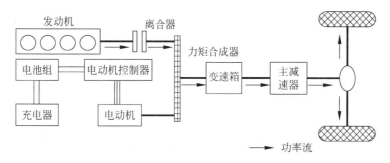

图 7.3　发动机单独驱动模式

3. 发动机和电动机共同驱动

当车辆需要加速时,如爬陡坡或急加速,此时电池也给电动机提供电力,来加大整车的驱动力,通过发动机和电动机共同驱动,车辆可以实现良好的加速性能,如图 7.4 所示。

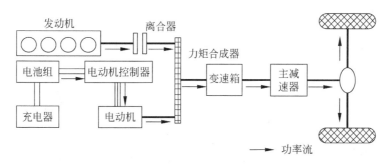

图 7.4　发动机和电动机共同驱动模式

4. 发动机驱动并同时为电池充电

当电池 SOC 值低于设定最小值时,发动机在驱动车辆的同时,提供富余的功率给电池充电。或者当需求功率处于发动机中低负荷时,发动机通过给电池充电来增加负荷,工作在效率较高的区域,如图 7.5 所示。

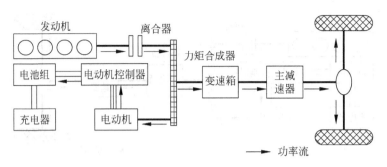

图 7.5　行车充电模式

5. 再生制动

当踩制动踏板和松加速踏板时,通过车轮的旋转力带动电动机运转,将其作为发电机使用,减速时通常以摩擦热形式散失的能量,此时被转化成电能,储存到电池组中,如图 7.6 所示。

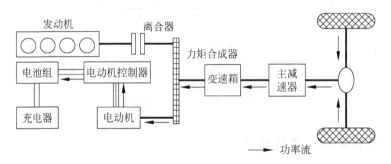

图 7.6　再生制动模式

6. 停车充电

停车时动力系统全部停止,此时通过车载充电器,从外接电网对电池组进行充电,以备下次使用,如图 7.7 所示。

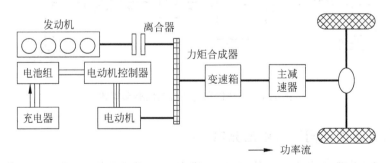

图 7.7　停车充电模式

7.2 控制策略

PHEV控制系统是满足整车动力性、提高燃油经济性、降低排放的关键,是当前开发PHEV的重点和难点。控制系统的开发包括软件、硬件部分,其核心在于控制算法即控制策略的制定。整车控制策略需要分别对发动机、电动机、动力电池进行优化控制,同时需要具有制动能量回收的功能。

为了合理分配两种能量源的能量流动,减少整车的能量消耗,节省运营成本,需要制定相应合理的插电式混合动力汽车能量管理控制策略,比较简单常见的规则是CD-CS能量管理系统,主要分为两个模式,即电量消耗模式(charge-depleting,CD)和电量维持模式(charge-sustaining,CS)。

在插电式混合动力汽车运行的初始时刻,动力电池的SOC处于最高值状态,此阶段,电池是唯一的动力源,进行一段续驶里程的纯电动模式行驶。为了保护动力电池,延长动力电池的寿命,动力电池的SOC值不能过低,需要设定SOC的下限值。当动力电池的SOC下降到所设定的最小SOC值时,发动机开始启动驱动车辆行驶,多余的能量用于动力电池充电,进入电量维持模式,其控制策略示意图如图7.8所示。

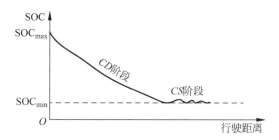

图7.8 CD-CS能量管理控制策略

近年来,国内外对插电式混合动力汽车控制策略的研究越来越多,控制方法也不断创新,主要可以归纳为以下几类:基于规则的逻辑门限值控制策略、瞬时优化控制策略、全局优化控制策略和智能控制策略。

7.3 设计目标与要求

插电式混合动力电动汽车(PHEV),是指可外接充电的新型混合动力汽车,它兼有一般混合动力汽车与纯电动汽车的功能特征。这个名词指车上使用了混合动力装置,而其高压蓄电池还可以通过外接电源(充电站或者家用插座)来充电。这类车上装备有一台可为动力电池充电的充电器。它在很多工况下可以当作一台纯电动车来使用,只要单次使用不超过电池可提供的续驶里程,它就可以做到零排放和零油耗。

PHEV 的总体设计涉及动力系统的参数匹配、整车布置等诸多要素。混合动力电动汽车的参数匹配是在约束条件下的多目标、多变量优化问题,其中一般以降低油耗和排放为目标,以整车的动力性能为约束条件。PHEV 的电力系统直接影响纯电动续驶里程的大小和在纯电动模式下的动力性能,因此动力系统参数匹配尤其重要。

PHEV 的动力系统参数包括发动机功率、电动机功率、电池组容量、变速器速比及主减速器速比等,它们之间的合理匹配对整车的动力性、燃油经济性、排放性能和纯电动续驶能力都有显著的影响。

PHEV 与一般混合动力汽车在系统结构上几乎没什么差别,同样有串联、并联、混联和双模四种结构形式。唯一的差别是增加了一套将公用电网的交流电转化成直流电给动力电池补电的外接充电控制单元,即 AC-DC 充电器。插电式混合动力汽车动力系统结构如图 7.9 所示。并且插电式混合动力系统必须达到以下设计目的与要求:

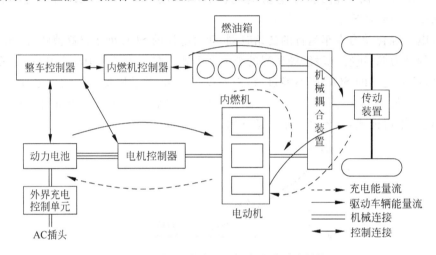

图 7.9　插电式混合动力汽车动力系统结构

(1) 具有纯电动汽车零排放、低噪声、高能效的优点。可大大减少传统 HEV 有害尾气的排放,提高排放品质、燃油经济性和动力性。

(2) 具有较长的纯电动行驶距离,也能以混合动力模式工作,驱动模式灵活,续驶里程长。

(3) 可利用外部电网对蓄电池充电,能够改善电厂发电机组效率、削峰填谷缓解供电压力。

(4) 与传统 HEV 相比,蓄电池大部分电能来源于外部电网,而非发动机充电,所以 PHEV 对燃油的消耗更少。

7.4　参 数 设 计

PHEV 混合动力系统关键部件的动力参数决定了 PHEV 的基本动力性能,是后续开展能量管理策略研究设计的前提基础,混合动力系统参数匹配的合理与否,直接影响能量管理策略的制定和控制效果,因此 PHEV 的混合动力系统的参数匹配非常关键。在车辆的设计初期,从具体的设计要求出发,通过理论和工程分析,辅以适当的仿真校验来匹配动力系统的主要参数,其中有些参数需要前后协调考虑。

参数匹配设计流程如图 7.10 所示。首先根据设计要求初步估算整车质量,电动机的峰值功率应该大于城市道路循环(Urban Dynamometer Driving Schedule,UDDS)工况下的最大功率需求,这样才能在此工况下实现纯电动驱动行驶。一旦确立了电动机的峰值功率,进而可以确定电池的最大放电功率。电池参数选择时还要与电动机的电压等级等参数相匹配。考虑到电池的寿命和老化问题,电池的功率和容量参数选取时都要留有一定的余量。当电动机功率、发动机功率和电池容量参数改变时,根据确定的部件参数对整车质量进行调整,验证整车的动力性能约束是否能得到满足,不能满足则进入下一次迭代循环,直到动力性能约束条件满足为止。

目前,PHEV 研究通常都是从某一成熟的车型出发,对其动力系统进行改造和重新设计。在基本保持原车动力性能的前提下,选择功率密度和能量密度高的动力电池组,来增大纯电动续驶里程,并增加外接充电功能。

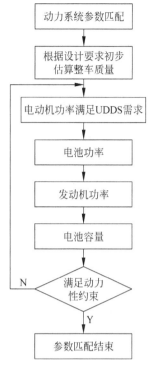

图 7.10 参数匹配设计流程

7.4.1 电动机

纯电动模式下,驱动电动机功率的大小对插电式混合动力汽车的动力性起决定性的作用,下面将通过对纯电动驱动模式下的插电式混合动力汽车最高车速、0~100km/h 的加速时间、最大爬坡度等动力性能指标要求的分析,确定驱动电动机所需的最大功率。

(1) 根据插电式混合动力汽车纯电动模式下最大车速确定的电动机最大功率 P_{m1},即

$$P_{m1} = \frac{u_{\max}}{3600\eta}\left(mgf + \frac{C_d A u_{\max}^2}{21.15}\right) \tag{7.1}$$

式中　m——整车质量(kg);
　　　g——重力加速度;
　　　f——滚动阻力系数;
　　　C_d——空气阻力系数;
　　　A——迎风正面面积(m^2);
　　　$u_{\max}$——纯电动驱动模式下所要求车辆达到的最大车速(km/h);
　　　η——传动效率。

(2) 根据插电式混合动力汽车纯电动模式下加速性能确定电动机最大功率 P_{m2},即

$$P_{m2} = \frac{1}{\eta}\left(\frac{mgfu}{3600} + \frac{C_w A u^3}{76\,140} + \frac{\delta m u}{3600}\frac{du}{dt}\right) \tag{7.2}$$

式中　u——车速(km/h);
　　　δ——车辆质量换算系数。

(3) 根据插电式混合动力汽车纯电动模式下的最大爬坡度确定电动机最大功率 P_{m3}，即

$$P_{m3} = \left(mg\sin\alpha + mgf\cos\alpha + \frac{C_d A u_i^2}{21.15}\right)\frac{u_i}{3600\eta} \tag{7.3}$$

式中 α——纯电动模式下最大坡度倾斜角；

u_i——最大爬坡度时要求的车速。

综上，驱动电动机的最大功率即峰值功率为 $P_m = \max\{P_{m1}, P_{m2}, P_{m3}\}$。

7.4.2 发动机

选择插电式混合动力汽车的发动机时，首先要考虑满足汽车性能要求的发动机额定功率与尺寸问题。对于插电式混合动力汽车，由于车辆在加速和爬坡时并不需要发动机单独提供峰值功率电动机辅助驱动，所以，相对于传统内燃机汽车，插电式混合动力汽车发动机的额定功率可以适当减小。另外，为了达到车辆的节能和低排放目标，要控制发动机使其工作在高效区，即在低负荷时由电动机提供驱动功率，而发动机关闭；在高负荷（整车需求功率高于发动机最大功率）时，由电动机辅助驱动。

根据插电式混合动力汽车混合驱动模式下最高车速确定动力系统最大功率 P_{s1}，即

$$P_{s1} = \frac{u_{\max}}{3600\eta}\left(mgf + \frac{C_d A u_{\max}^2}{21.15}\right) \tag{7.4}$$

式中 $u_{\max}$——混合驱动模式下所要求车辆达到的最大车速（km/h）。

根据插电式混合动力汽车加速性能确定动力系统最大功率 P_{s2}，即

$$P_{s2} = \frac{1}{\eta}\left(\frac{mgfu}{3600} + \frac{C_d A u^3}{76\,140} + \frac{\delta m u}{3600}\frac{du}{dt}\right) \tag{7.5}$$

根据插电式混合动力汽车最大爬坡度确定动力系统最大功率 P_{s3}，即

$$P_{s3} = \frac{u_i}{3600\eta}\left(mg\sin\alpha + mgf\cos\alpha + \frac{C_d A u_i^2}{21.15}\right) \tag{7.6}$$

式中 α——混合驱动模式下最大坡度倾斜角。

综上，发动机的最大功率即峰值功率为 $P_s = \max\{P_{s1}, P_{s2} - P_{m\_max}, P_{s3} - P_{m\_max}\}$。

7.4.3 储能装置

对插电式混合动力汽车动力电池的要求主要有以下几点。

(1) 功率密度大。为了能使在加速行驶、爬坡能力和负载行驶等方面与传统燃油汽车相竞争，就要求电池具有高的功率密度。

(2) 相对稳定性好。电池应当在快速充/放电和充/放电过程变工况的条件下保持性能的相对稳定，使其在动力系统使用条件下能达到足够的充/放电循环次数。

(3) 使用成本低。除了降低电池的初始购买成本外，还要提高电池的使用寿命以延长其更换周期。

(4) 安全性好。电池应不会引起自燃或燃烧，在发生碰撞等事故时，不会对乘员造成伤害。

电池的参数主要是电压等级、功率、能量和容量,电池参数的匹配主要考虑以下原则:
(1) 电压和电流范围必须覆盖电机的电压和电流的工作范围;
(2) 充/放电功率范围必须覆盖电机驱动和再生制动的最大功率范围;
(3) 电池能量满足整车按标准循环工况行驶的要求。

① 电池的电压定级。

如果电动机的峰值功率较大,电力系统的电压等级越高,则有利于保证电流不超过一定限值,但电压等级也不能超过电力系统的最高电压限值。电压等级的统计结果如表7.1所示。

表 7.1 各种车型的电压等级统计结果

车 型	电压等级/V
传统轿车电起动系统(汽油机)	12
传统轿车 ISG 系统	36
采用 ISG 的混合动力轿车	144
采用串并联结构的混合动力轿车以及纯电动轿车	288~350
采用串并联结构的混合动力客车以及纯电动客车	350~650

② 电池的功率参数。

动力电池参数的选取主要由以下两个因素决定:

a. 动力电池的最大充放电功率要和电动机相匹配。

为满足电动机峰值功率 P_{m_max} 的要求,动力电池最小容量 C_{min} 由下式得到:

$$C_{min} = \frac{P_{m\_max}}{U_{cell} \cdot I_{max}} C_{cell} \tag{7.7}$$

式中 U_{cell} ——单体电池额定电压(V);

I_{max} ——单体电池充放电最大电流(A);

C_{cell} ——单体电池额定容量(kW·h)。

b. 动力电池的容量要能满足 PHEV 的纯电动行驶里程要求。

纯电动行驶距离所需电池能量用数学公式可以表达如下:

$$E_b = \frac{\int_0^T P_r dt}{(SOC_{max} - SOC_{min})\eta_t} \tag{7.8}$$

式中 E_b ——所需电池能量(kW·h);

T ——总行程时间(s);

P_r ——需求功率(kW);

η_t ——传动系效率;

SOC_{max} 和 SOC_{min} ——电池的工作区间,对于锂电池可以分别取值 1.0 和 0.3。

7.5 设计实例及仿真分析

基于前述各节所讨论的设计和控制原理,进行插电式混合动力汽车动力传动系统与控制参数匹配设计。

7.5.1 整车动力传动系统参数选择

1. 动力传动系统结构

如图7.11所示,汽车在一般情况下,采用纯电动驱动起步并在低速时保持纯电动运行模式,当车速提高到中高速时,切换至纯发动机模式驱动;当遇到急加速或爬陡坡时,转入混合模式驱动;当汽车减速制动时,则切换至再生制动能量回收模式。

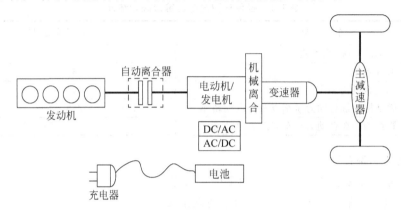

图7.11 参数匹配设计流程

整车主要参数:整备质量 $m_0=12000\text{kg}$;满载质量 $m=16\,500\text{kg}$;空气阻力系数 $C_d=0.65$;迎风面积 $A=7.85\text{m}^2$;滚动阻力系数 $f=0.011$;传动效率 $\eta_t=0.85$;车轮滚动半径 $r=0.47\text{m}$。整车的动力性能指标见表7.2。

表7.2 插电式并联混合动力客车动力性指标

最高车速/(km·h^{-1})	≥80	0~50km/h 加速时间/s	≤25
最大爬坡度/%	20	0~25km/h 纯电动加速时间/s	≤10
电动续驶里程(载荷65%)/km	50		

2. 发动机功率的选择

发动机排量对整车燃油经济性影响很大,为此选择了两种不同的设计方案。第一种方案是以满足汽车最高车速行驶,同时能够长时间连续爬坡的功率需求来确定发动机功率,见式(7.9)。再加上发动机附件和空调消耗功率,选取发动机额定功率为132kW/2500(r/min)。第二种方案是根据汽车的最高车速确定发动机功率,并加上发动机附件和空调消耗功率,选取发动机额定功率为105kW。

$$P_e = \left(\frac{mg\cos\alpha fu}{3600} + \frac{mg\sin\alpha u}{3600} + \frac{C_d Au^3 a}{76\,140}\right) \Big/ \eta_t \tag{7.9}$$

式中 P_e——发动机功率(kW);
u——行驶车速(km/h);

g——重力加速度；
α——道路坡度(°)。

3. 电动机特性参数的选择

针对所选择的两种发动机排量，分别确定电动机的性能参数。对于第一种方案的发动机，其搭配的电动机连续功率应满足汽车纯电动最高车速要求，为此选取电动机连续功率为 50kW，最大转矩为 340N·m。电动机的峰值功率和转矩要满足两个条件：①满足汽车全油门起步加速时，由静止加速到 50km/h，发动机和电动机联合驱动的加速时间要求；②满足汽车在中国典型城市公交循环工况中运行时的行驶功率和转矩要求。经计算，电动机峰值功率选取为 100kW，最大转矩为 680N·m。对于第二种方案的发动机，所搭配的电动机连续运行功率要满足汽车纯电动最高车速 60km/h 的要求，同时满足电动机和发动机联合驱动时汽车最大爬坡度的要求，再加上电动空调、动力转向助力和制动所消耗的功率，选取电动机连续运行的额定功率为 75kW，最大转矩为 475N·m。电动机峰值功率和转矩的确定方法与前述相同。其余参数见表 7.3。

表 7.3 两种方案电动机参数

方案 参数	额定功(kW) /最大转矩(N·m)	峰值功率(kW) /峰值转矩(N·m)	最高转速/(r·min^{-1})
电动机/发电机	50/340	100/680	3500
电动机/发电机	75/475	150/950	3500

4. 动力电池组的确定

蓄电池连续运行额定功率和峰值功率以在荷电维持阶段分别满足牵引电动机连续功率和峰值功率需求来确定，并加上电动动力转向泵、电动空压机等所消耗的功率。蓄电池的额定容量和总能量根据汽车的纯电动里程确定，锂电池的总电压选择为 539.6V，经计算蓄电池的容量为 130A·h，考虑到电池容量的衰减，选择电池组的额定容量为 150A·h。蓄电池组的总能量由下式计算，为 81kW·h。

$$W_\mathrm{b} = \frac{(mgf + C_\mathrm{d}Au_\mathrm{m}^2/21.15)s}{3.6\eta_\mathrm{t}\eta_\mathrm{m}(\mathrm{SOC}_0 - \mathrm{SOC}_\mathrm{f})} \tag{7.10}$$

式中 W_b——电池的总能量(kW·h)；
u_m——车速，$u_\mathrm{m}=40$km/h；
s——纯电动里程(km)；
SOC_0——初始 SOC；
SOC_f——终点 SOC。

7.5.2 整车性能仿真分析

(1) 采用正交设计优选出的整车动力传动系统参数和控制参数，在中国典型城市公交循环工况下进行燃油经济性仿真，图 7.12 为 2 个循环工况下的仿真结果图。

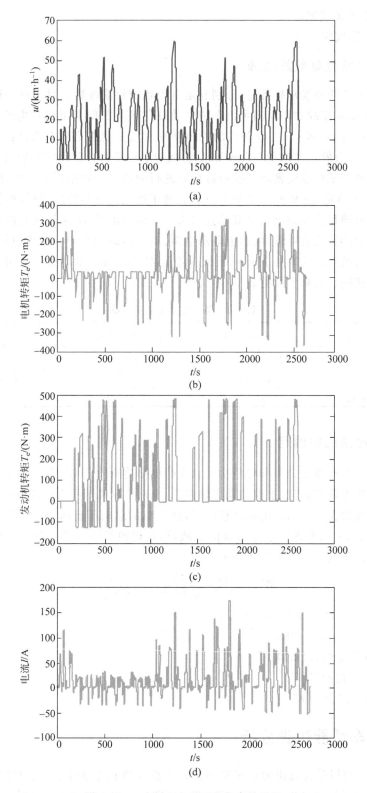

图7.12 2个循环工况下的仿真结果图

（2）在42个中国典型城市公交循环工况下动力性和燃油经济性仿真结果见表7.4，表明其动力性完全满足要求。百公里油耗为18.6L，与参数优化之前的车型相比（19.7L），油耗降低5.58%，燃油消耗有明显降低。

表7.4 仿真结果

仿真项目	技术要求	仿真结果
最高车速/(km·h^{-1})	≥80	84.3
最大爬坡度/%	≥20	22.4
电动续驶里程（载65%）/km	≥50	54.9
0～50km/h 加速时间/s	≤25	21.9
0～25km/h 纯电动加速时间/s	≤10	6.9
百公里油耗/L	—	18.6

7.5.3 仿真结果分析

图7.13～图7.15所示为42个中国典型城市公交循环工况下电动机、发动机工作点分布图和电池SOC变化曲线。由图7.13可知，电动机的正负转矩工作点主要集中在高效率区域，说明整车动力传动系统参数和控制参数匹配能够很好地满足动力与制动能量回收的需要。由图7.14可知，发动机工作点主要集中在燃油消耗率比较低的中高负荷区域附近，说明制定的电动机辅助控制策略能使发动机大部分时间工作在高效率区域，提高了汽车的燃油经济性。由图7.15可知，当电池SOC值大于25%时，处于荷电消耗阶段，降到25%时，转入荷电维持阶段。

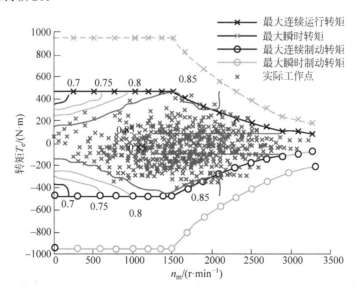

图7.13 42个循环工况下电动机运行点分布图

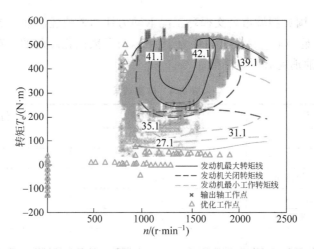

图 7.14 42 个循环工况下发动机运行点分布图

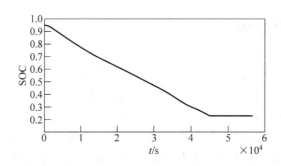

图 7.15 电池 SOC 变化曲线

思 考 题

1. 简述插电式混合动力汽车各工作模式及其能量传输路径。
2. 简单分析插电式混合动力汽车控制策略的类型和特点。
3. 分析插电式混合动力汽车与传统混合动力汽车之间的区别。

参 考 文 献

[1] 罗欢. 混合动力汽车工作模式研究及分离离合器控制策略[D]. 合肥：合肥工业大学,2015.
[2] 郑君峰. 混合动力客车自适应控制策略研究[D]. 长春：吉林大学,2006
[3] 杨世春. 电动汽车设计基础[M]. 北京：国防工业出版社,2013.
[4] 张冰战. 插电式混合动力电动汽车能量管理策略研究[D]. 合肥：合肥工业大学,2011.
[5] 舒红,彭大,袁月会. 插电式并联混合动力汽车动力传动系统与控制参数匹配设计[J]. 汽车工程学报,2012,2(2)：105-112.
[6] 潘二东. 插电式混合动力汽车参数匹配及优化控制研究[D]. 昆明：昆明理工大学,2016.

第 8 章

增程式混合动力电动汽车设计

8.1 工作模式

增程式电动汽车是在纯电动汽车基础上开发的电动汽车。之所以称为增程式电动汽车,是因为车辆追加了增程器,目的是进一步提升纯电动汽车的续驶里程,使其能够尽量避免频繁地停车充电。

根据增程器是否工作,可以分为纯电动和增程两种工作模式。纯电动模式,与发动机和发电机无关,电池是唯一的动力源,这种工作模式与纯电动汽车一样,相当于一辆纯电动汽车。不同之处是,增程式的纯电动行驶里程可以设置得相对较小,不必装备大量的蓄电池组。增程模式,是在电池电量达到预设的 SOC 最低值时,增程器系统起动,发动机运行在最佳的状况,使发电机发电,一部分用于驱动车辆行驶,多余的电量为蓄电池充电。

按照不同的行驶工况,可以分为 5 种工作模式:纯电动模式、混合驱动模式、增程模式、再生制动模式和停车充电模式。

1. 纯电动模式

在动力电池剩余电量容许范围内,且满足车辆行驶功率需要,增程式电动汽车以动力电池为动力源,增程器不工作。此模式下,车辆基本实现零排放,相当于纯电动汽车,区别在于增程式电动汽车纯电动行驶里程可以相对短一些,因此动力电池容量可以配置得小一些,降低成本。增程式电动汽车纯电动模式能量传递如图 8.1 所示。

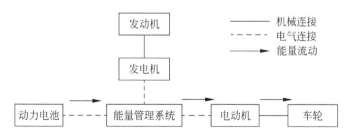

图 8.1 增程式电动汽车纯电动模式能量传递

2. 混合驱动模式

当车辆需要大功率时,如驾驶员猛踩加速踏板或车辆爬坡时,增程器起动,动力电池和增程器同时为电动机提供能量。增程式电动汽车混合动力模式能量传递如图 8.2 所示。

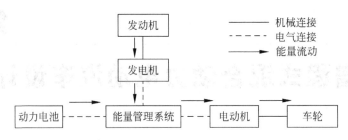

图 8.2　增程式电动汽车混合驱动模式能量传递

3. 增程模式

当动力电池 SOC 值降低到设置的下限时,发动机起动并根据制定的控制策略运行,带动发电机产生电能,供给电动机驱动车辆,多余的电能储存到电池中。增程式电动汽车可以采用恒功率控制策略、功率跟随策略、自适应控制策略、神经网络控制策略等。增程模式下能量传递如图 8.3 所示。

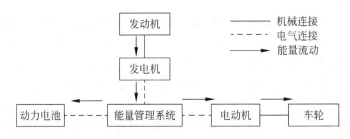

图 8.3　增程式电动汽车增程模式能量传递

4. 再生制动模式

当车辆减速制动时,电动机用作发电机,将车辆机械能转变为电能储存到电池中,回收了部分能量,提高了车辆的能量利用率。在城市道路行驶时,再生制动可以降低车辆排放和油耗,效果明显。增程式电动汽车再生制动模式能量传递如图 8.4 所示。

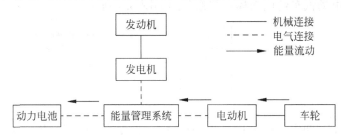

图 8.4　增程式电动汽车再生制动模式能量传递

5. 停车充电模式

车辆停止行驶时,动力系统全部停止运行,增程式电动汽车可以通过充电桩或专用车载充电器给动力电池充电,以便于车辆能够以纯电动模式行驶更长里程。此模式可以减少发动机使用,降低汽车使用成本,减少污染物排放。增程式电动汽车停车充电模式能量传递如图 8.5 所示。

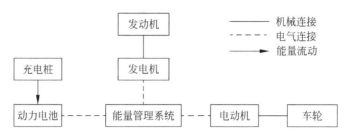

图 8.5　增程式电动汽车停车充电模式能量传递

8.2　控 制 策 略

增程式电动汽车的各个动力部件参数在满足整车动力性的前提下,车辆的机械部件和电气部件协调工作是影响整车经济性的一个关键因素。为了使整个动力传动系统中的机械部件和电气部件协调工作以及满足增程式电动汽车在不同工作模式下的切换,制定一个简捷高效的控制策略是非常重要的。

增程式电动汽车两种工作模式(纯电动和增程式)之间的切换采用了基于逻辑门限的控制策略。基于增程式电动汽车的特殊运行模式,在纯电动模式下仅靠电池的能量驱动车辆行驶,增程模式下首先由发动机-发电机组为驱动电动机提供驱动电能,多余的电量为电池充电,因此增程模式下能量管理控制策略的好坏不仅直接影响整车的动力性和经济性,也对新车型的设计研发具有直接的影响。增程模式下的控制策略主要有以下几种:发动机恒功率模式控制策略、发动机功率跟随控制策略、将恒功率与功率跟随模式结合起来的综合控制策略、优化算法控制策略等。

1. 恒功率模式控制策略

发动机恒功率模式控制策略,就是增程器起动后,发动机在预设的工作点按恒定功率输出,输出功率不随工况的变化而变化,该工作点可以是最佳功率点,也可以是保证动力性前提下的最低油耗点,工作点的选取应兼顾发动机的燃油消耗、功率及转速。该控制策略下发动机的输出功率优先用来驱动车辆,当车辆的驱动功率需求较小时,额外的功率给电池组充电。此外,为了在电池 SOC 值较低的情况下也能提供充足的电能,满足不同工况的行驶需求,要求发动机能够在较高的转速下工作,发动机恒功率运行的工作过程,应该持续到将电池组充电的 SOC 值达到最大,然后关闭增程器或者使发动机怠速运行。

恒功率模式控制策略的优点在于可以将发动机的工作点调至低油耗、高效率区间,从而提高整车的燃油经济性。缺点是电池放电时的电流随着工况的变化而产生较大的波动,这样会降低蓄电池的使用寿命。

2. 功率跟随控制策略

功率跟随控制策略，具体分为三点功率跟随控制策略和发动机沿固定曲线段运行的曲线功率跟随控制策略。

三点功率跟随控制策略，就是预先选定三个最优工作区域的发动机功率值，根据不同的工况环境来确定相应的工作点，与恒功率控制策略相比，其优点是：①大部分的发动机功率可以经过动力传递路线传递给驱动电动机驱动车辆，降低了能量转化过程中的损失及电动机功率损失，提高了整车效率；②蓄电池的充/放电波动小，可有效避免蓄电池的过放电，提高其使用寿命和工作稳定性。

曲线功率跟随控制策略，就是当发动机的运行沿着固定的曲线变化时，选择燃油经济性最佳时的发动机功率曲线作为目标跟随曲线。该控制策略由车辆的具体行驶工况确定。所以，车辆在某一工况时刻下的需求功率，决定了这一功率下的最低燃油消耗率点的数值。该控制策略下，当蓄电池的 SOC 值达到最低限值时，增程器开启，发动机沿着最佳燃油消耗曲线运行，此时发动机能够提供给蓄电池充电的功率很少，降低了化学能和电能之间的转换，极大地提高了动力性和燃油经济性。这种控制策略的缺点是发动机的工作区间变化大，发动机怠速时能量利用率低。

3. 瞬时优化控制策略

瞬时优化控制策略多用于混合动力汽车中以燃油消耗为主的动力系统。燃油消耗是发动机直接消耗燃油和电池间接消耗燃油之和，在计算时将动力电池消耗的电能等效为燃油消耗量。该控制策略可以有效地结合燃油消耗和排放，对电池和燃油消耗进行准确的评估。

4. 自适应控制策略

自适应控制策略，是通过定义权重系数来突出降低整车的燃油消耗和降低排放的控制策略。控制的因素有加速时间、百公里油耗、HC、CO、PM 及 NO 化合物含量，根据车辆的行驶工况环境确定各因子的权值。该策略的优点是驾驶员可以根据环境或者自己的意愿调整自己的驾驶目标，提高了驾驶灵活性。此外，该策略同时将整车动力性和燃油经济性作为影响因子，综合考虑了发动机和电动机的最佳工作点。因此，车辆的综合性能较好。

5. 模糊控制策略

模糊控制策略以发动机最高效率区域和最低燃油消耗为目标，由模糊控制器和处理器组成，模糊逻辑控制器驱动发动机工作。控制器又由模糊化接口、反模糊化接口、模糊推理和知识库四部分组成。

模糊逻辑控制策略的优点是不需要建立明确的数学模型，而是通过试验数据进行分析和处理，将采集到的信号数据做模糊化处理，作为模糊计算的输入数据，根据预设的推理方法和知识规则，得出模糊结论。缺点是要有大量的工程试验数据作为模糊计算的参考依据。此外，基于试验得到的数据处理模糊算法规则非常有限，不同配置的汽车发动机，规则的建立非常困难，处于技术不成熟阶段，不能有效定制有效的、复杂的、系统的控制策略。

8.3 设计目标与要求

增程式混合动力汽车主要使用电能驱动车辆工作,额外增加的发动机-发电机组作为增程器单元。在电量充足时汽车以纯电动模式行使,达到零排放。当车辆在增程模式下,增程式混合动力汽车的设计目标就是在保证车辆动力性的前提下,达到最佳的燃油经济性,提高能量利用率,兼顾电池的循环使用寿命。

车辆在实际行驶过程中,工况是复杂多变的。因此增程式混合动力汽车控制策略要根据不同的路况及车辆的运行需求,合理分配能量,主要设计要求如下:

(1) 纯电动模式和增程模式的切换控制应合理,充分使用电池能量,实现无污染的零排放。

(2) 避免频繁对蓄电池的过充电和过放电,延长电池的使用寿命。

(3) 在起动增程器后,发动机的起停控制要合理。当增程器为电池充电的电量达到一定程度时,才可关闭增程器,使用电能驱动,这样能量多级转化后损失较大;但当增程器起动后为电池充电的电量较小,就切换到纯电动模式,则需要频繁起动发动机,这样发动机的寿命将受到影响。

(4) 发动机长期不用时,要设置蓄电池以最低电量运行的特殊控制模式,以使长期不用的增程器得到维护。

8.4 参数设计

增程式电动汽车动力系统是一个集成了机械、电气、化学和热力学的非线性系统,为了实现车辆的不同工作模式,系统的各个零部件之间要进行参数匹配,并通过能量管理策略协调,实现车辆的工作模式切换和能量流动分配。

8.4.1 发动机

增程式电动汽车动力系统设计中最重要的就是发动机的功率设计,设计时按照汽车行驶的最高车速初步确定发动机功率。一般汽车的加速性能和爬坡性能可以由汽车的最高车速来体现,设计依据式(8.1),即

$$P_e = \frac{1}{3600\eta_m \eta_g}\left(mgfu_{\max} + \frac{C_d A u_{\max}^3}{21.15}\right) + \frac{\Delta P}{\eta_g} \tag{8.1}$$

式中 P_e——发动机功率(kW);
  m——整车质量(kg);
  f——滚动阻力系数;
  C_d——空气阻力系数;
  A——迎风正面面积(m^2);
  $u_{\max}$——最高车速(km/h);
  η——电动机到车轮的机械效率;
  η_g——ISG电机效率;

η_m——电动机效率；

ΔP——车辆附件功率需求(kW)。

8.4.2 电动机

电动机在增程式混合动力汽车中的作用，一方面为汽车的起动和运行提供能量，另一方面在汽车减速或者制动时，回收制动能量。一般电动机功率的确定可从以下三个方面考虑：

(1) 根据汽车最高车速来确定，忽略加速阻力与坡度阻力的影响，此时电动机输出功率为

$$P_\mathrm{m} = \frac{1}{\eta}\left(\frac{mgfu_\max}{3600} + \frac{C_\mathrm{d}Au_\max^3}{76\,140}\right) \tag{8.2}$$

(2) 根据最大爬坡度确定电动机功率。在车辆满载的情况下，爬坡时所受到的阻力包括滚动阻力、空气阻力和爬坡阻力，因此电动机输出功率为

$$P_\mathrm{m} = \frac{u_\mathrm{p}}{3600\eta}\left(mgf\cos\alpha_\max + mg\sin\alpha_\max + \frac{C_\mathrm{d}Au_\mathrm{p}^3}{21.15}\right) \tag{8.3}$$

$$\alpha_\max = \arctan i_\max \tag{8.4}$$

(3) 根据汽车的加速性能确定电动机的功率。车辆在水平路面上加速行驶时，所受到的阻力包括滚动阻力、空气阻力和加速阻力，因此电动机的输出功率为

$$P_\mathrm{m} = \frac{1}{\eta}\left(\frac{mgfu}{3600} + \frac{C_\mathrm{d}Au^3}{76\,140} + \frac{\delta Gu}{3600g}\frac{\mathrm{d}u}{\mathrm{d}t}\right) \tag{8.5}$$

最终，电动机功率选择上述计算结果中的较大值。

8.4.3 动力电池

目前，电动汽车常用动力电池主要有锂离子电池、铅酸电池、镍氢电池、镍铬电池等。其中，铅酸电池技术最成熟，成本低，车用电瓶使用较多，但由于能量密度低，因此不适合电动汽车。镍氢电池虽然比功率和比能量大，但SOC使用空间较窄，成本高，温度特性差。镍铬电池使用寿命低，且使用了对环境有害的材料，不适用于电动车。锂离子电池虽然成本高，但具有更高的能量密度、功率密度和使用寿命，且单体电压高，大批量采购可以降低成本。

为保证车辆的动力性和续驶里程，动力电池的参数匹配主要考虑其最大输出功率和非增程模式下电池所需能量。最大放电功率需满足

$$P_\mathrm{bat\_max} \geqslant \frac{P_\mathrm{m\_max}}{\eta_\mathrm{m}\eta_\mathrm{bat}} + \frac{P_\mathrm{acc}}{\eta_\mathrm{bat}} \tag{8.6}$$

式中　$P_\mathrm{bat\_max}$——动力电池组最大输出功率(kW)；

P_acc——车辆附件平均功率(kW)；

η_m——电动机效率。

电动车辆续驶里程 S 所需能量，可用工况法和等速法计算。初步设计采用等速法进行续驶里程计算，后续设计中采用工况法仿真校核。根据增程式电动汽车纯电动续驶里程需不小于75km，所以车辆以60km/h等速行驶所需电池能量为

$$E_\mathrm{bat} = \frac{S\left(Gf_\mathrm{r} + \dfrac{C_\mathrm{d}Au^2}{21.15}\right)}{\eta_\mathrm{t}\eta_\mathrm{m}\eta_\mathrm{bat}\mathrm{DOD}} \tag{8.7}$$

式中　E_bat——车辆等速续驶里程为 S 所需能量；

S——增程式电动汽车纯电动模式续驶里程;
DOD——放电深度;
u——行驶速度。

动力电池电压等级与驱动电机工作电压相匹配,动力电池总能量为

$$E_{bat} = C_{bat}U_{bat}/1000 \tag{8.8}$$

式中 C_{bat}——动力电池容量;
U_{bat}——动力电池电压。

另外,动力电池在急加速、爬坡等工况下会出现大电流放电情况,会对电池造成损伤,减少放电时间和电量,同时也会缩短电池使用寿命。因此,要尽量避免大电流放电情况,选取动力电池时也应考虑最大放电电流这一参数。

8.4.4 传动系统

传统燃油汽车传动比包括变速器的传动比和主减速器的传动比。电动机与发动机特性不同,前者具有低速大扭矩、高速恒功率的特点,可以满足车辆在爬坡、起步等大扭矩需求工况和高速行驶需求。电动机的转速转矩特性接近车辆理想的运行特性,因此,可以不必像发动机那样采用多挡变速器改善其特性,而采用具有固定传动比的主减速器作为传动系的设计方案。

车辆以最高车速行驶时,挡位在最小传动比处。在最大爬坡度工况下,挡位在最大传动比处。为同时满足高速行驶和爬坡的要求,电动汽车可以选择两挡变速器,如果主减速器传动比能满足整车动为性能要求,则可以用直接挡。当驱动电动机输出特性一定时,传动比的选择取决于车辆动力性能指标要求,即车辆传动系参数必须同时满足最高车速、最大爬坡度和加速性能这三方面的要求。

1. 传动比上限

最高车速决定车辆的最小传动比,该参数由驱动电机最大转速和最高车速确定,即

$$u_{max} = 0.377 \frac{rn_{max}}{i_o} \tag{8.9}$$

$$i_o \leqslant \frac{0.377 rn_{max}}{u_{max}} \tag{8.10}$$

式中 i_o——主减速传动比;
n_{max}——驱动电动机最高转速(r/min);
u_{max}——最高车速(km/h);
r——车轮有效半径(m)。

2. 传动比下限

爬坡性能决定车辆的最大传动比,即

$$\frac{T_{tqmax}\eta_T i_o}{r} = Gf\cos\alpha_{max} + G\sin\alpha_{max} + \frac{C_d A u_p^3}{21.15} \tag{8.11}$$

$$i_o \geqslant \frac{(Gf\cos\alpha_{max} + G\sin\alpha_{max} + C_d A u_p^3)r}{\eta_t T_{tqmax}} \tag{8.12}$$

式中 T_{tqmax}——驱动电机在最高转速运行时输出的转矩(N·m)。

8.5 设计实例

本节增程式电动汽车的设计是以某款纯电动汽车为原型进行改装,因此需要对动力系统各个关键部件进行参数匹配,以使增程式电动汽车的性能达到各项设计指标。整车设计指标如表 8.1 所示。

表 8.1 整车设计指标

参 数 名 称	参数值	参 数 名 称	参数值
整车质量/kg	≤1650	百公里纯电里程耗电量/(kW·h)	≤17
最高车速/(km·h^{-1})	≤130	百公里综合油耗/L	≤5.5
百米加速时间/s	≤14	纯电动续驶里程/km	≥75
最大爬坡度/%	≤25	最大续驶里程/km	≤450

在车辆设计过程中,参数修改会对整车质量产生影响,通过采取在传统燃油车基础上增减设备部件质量的方式,忽略变速箱、空调、冷却系统等质量变化不大的设备的影响,主要考虑增程器、驱动电动机、动力电池等部件的影响,经计算增程式电动汽车整车质量约为 1650kg。

由于增程式电动汽车运行工况特点,它对驱动电动机有特殊的要求。增程式电动汽车驱动电动机应具有频繁起动、调速范围宽、低速大扭矩、高速高功率输出等特点。永磁同步电动机具有高功率密度、高工作效率等优点,广泛应用于电动汽车领域。

驱动电动机需保证增程式电动汽车在各种工况下都能正常行驶,因此所选的驱动电动机必须使增程式电动汽车满足最高车速、最大爬坡度及加速性能等指标。

1. 驱动电动机功率的确定

最高车速需求的功率 P_1 为

$$P_1 = \frac{1}{\eta}\left(\frac{mgfu_{\max}}{3600} + \frac{C_d A u_{\max}^3}{76\,140}\right) \tag{8.13}$$

式中　m——汽车总质量(kg);
　　　f——滚动阻力系数;
　　　C_d——空气阻力系数;
　　　A——迎风正面面积(m^2);
　　　η——电动机到车轮的机械效率;
　　　$u_{\max}$——最高车速(km/h)。

经求解得出最高车速需求的功率 $P_1=29.5$kW。
根据最大爬坡度计算功率 P_2 为

$$P_2 = \frac{u_p}{3600\eta}\left(mgf\cos\alpha_{\max} + mg\sin\alpha_{\max} + \frac{C_d A u_p^3}{21.15}\right) \tag{8.14}$$

$$\alpha_{\max} = \arctan i_{\max} \tag{8.15}$$

式中　$i_{\max}$——最大爬坡度;
　　　u_p——最大爬坡度下对应的车辆稳定行驶车速。

一般取 $u_p=20$km/h,代入公式可求得 $P_2=26.5$kW。
车辆起步加速过程速度可按下式计算:

$$u = u_m \left(\frac{t}{t_m}\right)^x \tag{8.16}$$

式中 u_m——加速过程末速度(km/h);

t_m——加速过程时间(s);

x——拟合系数,一般取 0.5。

车辆在水平路面加速直线行驶,根据该过程的动力学方程,加速瞬态过程总功率为

$$P_{total} = \frac{1}{3600\eta}\left(mgf\frac{u}{1.5} + \frac{C_dAu^3}{21.15 \times 2.5} + \delta mu\frac{du}{dt}\right) \tag{8.17}$$

$$\delta = 1 + \delta_1 + \delta_2 i^2 \tag{8.18}$$

式中 P_{total}——加速过程总功率(kW);

δ——转动惯量系数,δ_1 代表车轮的作用,δ_2 代表与动力装置相关的旋转部件的作用,经估算取值 1.13。

车辆加速到最后时刻,电动机输出最大功率,因此在加速过程需求的最大功率 P_3 为

$$P_3 = \frac{1}{1000\eta}\left(mgf\frac{u_a}{1.5} + \frac{C_dAu_a^3}{190.3} + \delta m\frac{u_a^2}{2t_a}\right) \tag{8.19}$$

式中 u_a——加速过程末速度(km/h);

t_a——加速过程时间(s)。

根据百公里加速时间要求,通过上式可以求得,$P_2 = 60.8$kW。驱动电动机的峰值功率必须满足最高车速、最大爬坡度和加速性能的功率需求,所以满足以下条件:

$$P_{max} \geqslant \max(P_1, P_2, P_3) \tag{8.20}$$

额定功率为

$$P_e = \frac{P_{max}}{\lambda} \tag{8.21}$$

其中 λ——驱动电极的过载系数,取值范围为 2~3,这里取 2。

经计算电动机的峰值功率取值为 62kW,额定功率为 31kW。

2. 电池组容量的确定

为保证车辆的动力性和续驶里程,动力电池在参数匹配上主要考虑其最大输出功率和非增程模式下电池所需能量。最大放电功率需满足以下条件:

$$P_{b\_max} \geqslant \frac{P_{m\_max}}{\eta_m \eta_b} + \frac{P_{acc}}{\eta_b} \tag{8.22}$$

式中 P_{b_max}——动力电池组最大输出功率(kW);

P_{acc}——车辆附件平均功率,一般取 4.5kW;

η_m——电动机效率;

η_b——动力电池放电效率,一般取 0.95。

根据增程式电动汽车纯电动续驶里程不小于 75km,车辆以 60km/h 等速行驶所需电池能量为

$$E_b = \frac{S\left(mgf + \frac{C_dAu^2}{21.15}\right)}{\eta \cdot \eta_m \cdot \eta_b \cdot DOD} \tag{8.23}$$

式中 E_b——车辆等速续驶里程为 S 所需的能量(kW·h);

DOD——放电深度,一般取 0.65。

动为电池电压等级与驱动电动机工作电压相匹配,电动机额定电压为 384V,取动力电

池电压 $U_b=384\text{V}$，动力电池总能量为

$$E_b = \frac{C_b U_b}{1000} \tag{8.24}$$

代入数据得动力电池最小容量 $C=35\text{A}\cdot\text{h}$。

3. 发动机输出功率的确定

增程式混合动力汽车的增程器主要由发动机和 ISG 电机组成，发动机不直接驱动车辆，而是通过装配驱动电动机的动力系统驱动车辆，保证车辆的动力性。发动机输出功率可按式(8.25)计算，即

$$P_e = \frac{1}{3600\eta_m \eta_g}\left(mgfu + \frac{C_d A u^3}{21.15}\right) + \frac{\Delta P}{\eta_g} \tag{8.25}$$

式中　P_e——发动机输出功率(kW)；
　　　η_g——ISG 电机效率；
　　　ΔP——车辆附件功率需求(kW)。

u 的取值应根据车辆动为性能的要求而定。车辆一般不以最高车速行驶，若 u 取最高车速，发动机功率偏大。若 u 取平均车速，则基本能满足车辆行驶需求，却不能起到对蓄电池电能的补充，发动机功率偏小。因此，u 应介于两者之间，取 90km/h。根据上式计算得出发动机输出功率为 19kW。

ISG 电机主要作用是快速起动发动机和用作发电机发电，其发电区域需尽量与发动机高效工作区吻合，以使发动机工作在低排放、低油耗高效区间。最终确定 ISG 电机连续发电功率为 12~34kW。其工作电压与动力电池工作电压相匹配，额定电压为 384V。

8.6　仿真分析

为验证本章所设计的增程式电动汽车动力系统方案正确性，本节将基于 Matlab/Simulink 搭建的模型运用 ADVISOR 平台，对动力系统参数匹配结果和制定的控制策略进行仿真分析。将增程式电动汽车整车参数、仿真参数及控制策略输入 ADVISOR。本例所采用的是功率跟随控制策略，该控制策略根据驱动电动机和动力电池的工作状态调整发动机的工作点，协调控制动力源和动力系统要求，使车辆以所在工况下最合理的方式行驶。控制策略模型如图 8.6 所示。

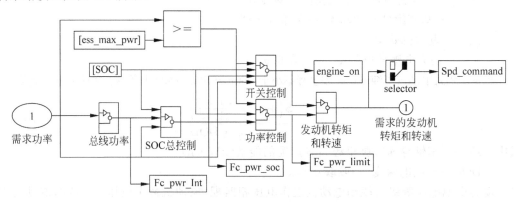

图 8.6　ADVISOR 平台中控制策略模型

1. 整车性能仿真分析

选择 NEDC 行驶工况作为增程式电动汽车动力性能仿真运行工况,如图 8.7 所示。图 8.8 所示为模拟车辆在 CD 模式下的运行情况,图中依次为循环工况车速、动力电池 SOC 变化记录、发电机输出功率(即增程器输出功率)和动力电池放电功率。根据图中动力电池

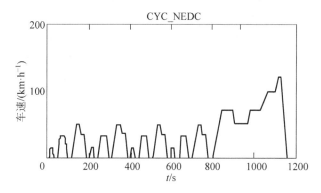

图 8.7　NEDC 工况速度随时间变化图

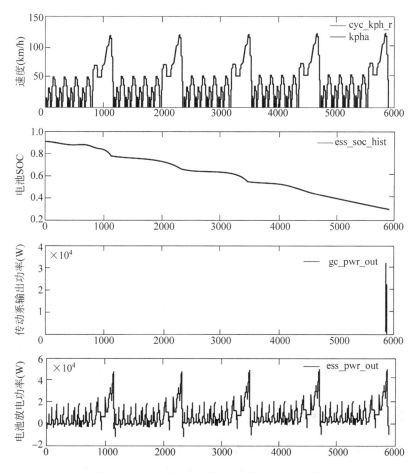

图 8.8　增程式电动汽车 CD 模式下仿真结果

SOC 变化记录和发电机输出功率可知,在动力电池电量充足时动力电池提供给车辆所需功率,增程器不起动。

图 8.9 所示为模拟车辆在 CS 模式下的运行情况。为使车辆尽快进入 CS 模式,动力电池初始 SOC 值设为 0.27。随着车辆行驶,动为电池电量不断减少。当动力电池的 SOC 值下降到最低限度时,动力电池和增程器共同为车辆提供电能。在车速较小、动力电池 SOC 值低于下限,满足车辆需求功率的情况下,增程器给动力电池充电。在车速较大、动力电池 SOC 值高于下限且低于上限时,发动机所在高效工作点能够满足车辆功率需求情况下,由增程器单独驱动车辆,多余的能量给动力电池充电;发动机所在高效工作点不足以提供车辆所需功率需求情况下,动力电池和增程器共同为车辆提供电能。在车辆减速制动时,电动机用作发电机,回收制动能量,给动力电池充电。增程器工作时,其工作点根据车辆不同需求功率进行切换。

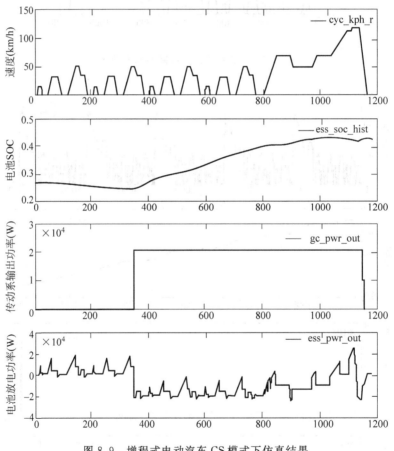

图 8.9 增程式电动汽车 CS 模式下仿真结果

2. 整车动力性能仿真分析

整车动力性能仿真是验证动力系统参数匹配是否合理的主要途径。整车动力性能主要包括车辆最高速度、最大爬坡度和加速时间等。参照《混合动力电动汽车 动力性能 试验方法》(GB/T 19752—2005)对车辆进行动力学性能仿真。图 8.10 为 NEDC 环工况仿真及加速性能和爬坡性能试验仿真结果。爬坡性能试验中,车辆以 20km/h 的速度爬坡,最大坡度为 26.2%。加速性能试验中,车辆行驶在平直公路上,不考虑爬坡阻力,只考虑空气阻力和滚动阻力。根据仿真结果,0~100km/h 加速时间为 12.7s,最高车速为 133.6km/h,满足设计指标要求。

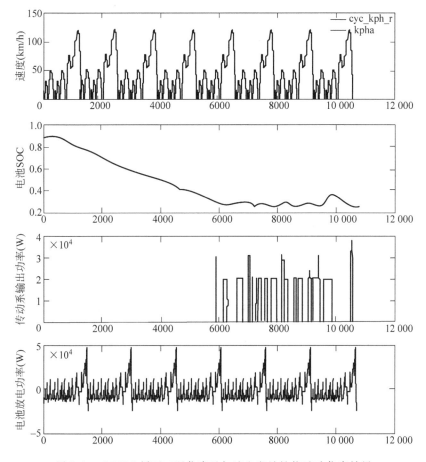

图 8.10　NEDC 循环工况仿真及加速和爬坡性能试验仿真结果

3. 整车经济性能仿真分析

整车经济性是车辆的关键指标,通常由一定工况下百公里油耗来衡量。增程式电动汽车的经济性用纯电动模式下电耗和整车综合油耗评价。纯电动模式下增程式电动汽车的经济性可用满电状态下纯电动续驶里程来表示。本例中采用等速法测量增程式电动汽车纯电动续驶里程,行驶速度为 60km/h。图 8.11 为 60km/h 等速行驶循环工况仿真结果,经计算在车速 60km/h 工况下,纯电动续驶里程为 76.8km,满足 75km 的纯电动续驶里程要求。此外,图 8.10 中包括 9 个 NEDC 循环过程,总续驶里程 98.4km。由仿真结果知,该过程燃油消耗 3.5L,电能消耗 8.3kW·h,百公里综合油耗为 3.4L。

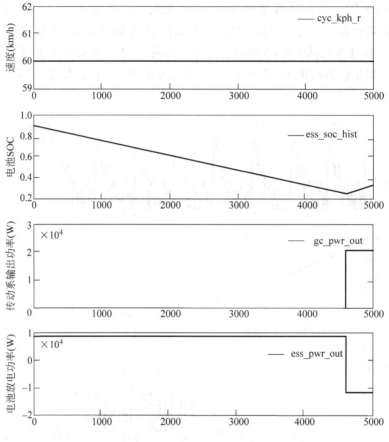

图 8.11 60km/h 等速行驶循环工况仿真结果

思 考 题

1. 增程式混合动力汽车有哪几种工作模式？
2. 增程式混合动力汽车的控制策略有哪些？
3. 增程式混合动力汽车的设计原理是什么？
4. 如何确定增程式混合动力汽车的驱动电动机功率？

参 考 文 献

[1] 高龙. 增程式电动汽车电动机驱动系统研究与设计[D]. 成都：西南交通大学，2012.
[2] 王达. 增程式电动汽车的动力分布设计方法与控制策略研究[D]. 长春：吉林大学，2016.
[3] 崔胜民. 新能源汽车技术[M]. 北京：北京大学出版社，2014.
[4] 顾杰. 增程式电动汽车能量管理策略研究[D]. 合肥：合肥工业大学，2013.
[5] 宋传学，王达，宋世欣，等. 基于动力分布设计的增程式电动汽车[J]. 吉林大学学报，2015,45(3)：681-688.
[6] 张方强. 增程式电动汽车动力系统参数匹配与仿真优化研究[D]. 杭州：浙江大学，2017.

第 9 章

燃料电池电动汽车设计

9.1 工作模式和控制策略

在车辆控制器中预置的控制策略,控制燃料电池系统、峰值电源和驱动系统之间的功率流,它应确保以下功能:

(1) 电动机的输出功率始终满足车辆功率要求;
(2) 峰值电源的能级始终维持在最佳范围;
(3) 燃料电池系统运行在最佳运行区。

驾驶员通过加速踏板或制动踏板给出牵引指令或制动指令,它显示为功率指令 P_{comm},即预期由电动机所产生的功率。这样,在牵引模式中,输入至电动机驱动装置的电功率可表达为

$$P_{\text{m-in}} = \frac{P_{\text{comm}}}{\eta_m} \tag{9.1}$$

式中 η_m——电动机驱动装置的效率。

但在制动时,电动机运行为发电机状态,此时由电动机输出的电功率可表示为

$$P_{\text{m-out}} = P_{\text{mb-comm}} \eta_m \tag{9.2}$$

式中 $P_{\text{mb-comm}}$——对电动机给出的制动功率指令。它可能有别于来自制动踏板的功率指令 P_{comm},因为并非全部的制动功率 P_{comm} 均可由再生制动供给。

按照电动机的功率指令和其他车辆信息,例如峰值电源的能级和燃料电池系统的最小运行功率(低于该功率时,燃料电池的效率将显著下降),控制燃料电池系统和峰值电源以产生相应所需的功率。驱动系统的各种运行模式,以及相应的功率控制策略详述如下。

1. 停顿模式

燃料电池系统和峰值电源都不向驱动系供给功率,燃料电池系统可运行在空载状态,如图 9.1 所示。

2. 制动模式

燃料电池系统运行在空载状态,而峰值电源依据制动系统运行特性吸收再生制动能量,如图 9.2 所示。

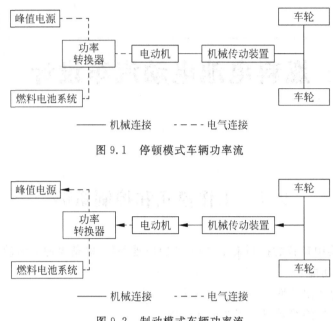

图 9.1 停顿模式车辆功率流

图 9.2 制动模式车辆功率流

3. 牵引模式

（1）若受指令控制的电动机输入功率大于燃料电池系统的额定功率，则应用牵引模式，此时燃料电池系统运行在其额定功率状态，而剩余的功率需求由峰值电源供应。燃料电池系统的额定功率可设置在燃料电池最佳运行区的顶线处，如图 9.3 所示。

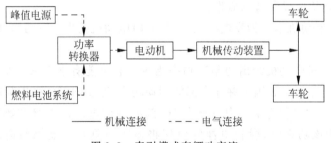

图 9.3 牵引模式车辆功率流

（2）若受指令控制的电动机输入功率小于燃料电池系统预设的最小功率，且峰值电源需要充电（其能级小于最小值），则燃料电池系统以额定功率运行，其一部分功率用于驱动系统，另一部分功率用于峰值电源。在其他方面，若峰值电源不需要充电（其能级接近于最大值），则燃料电池系统运行在空载状态，且峰值电源单独驱动车辆。在后一种情况下，峰值电源提供的峰值功率大于受指令控制电动机的输入功率，如图 9.4 所示。

（3）若负载功率大于燃料电池所预设的最小功率，并小于燃料电池的额定功率，同时峰值电源不需要充电，则由燃料电池系统单独驱动车辆。否则，若峰值电源需要充电，则燃料电池系统以额定功率运行，其中一部分功率用于驱动系统以驱动车辆，另一部分功率用于向峰值电源充电，如图 9.5 所示。

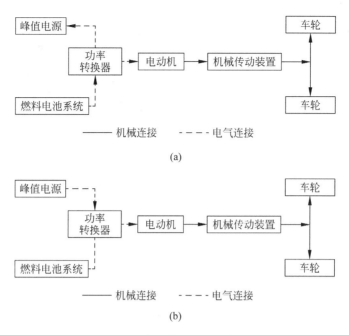

图 9.4 牵引模式车辆功率流
(a) 电动机输入功率小于系统预设的最小功率；(b) 峰值电源不需要充电

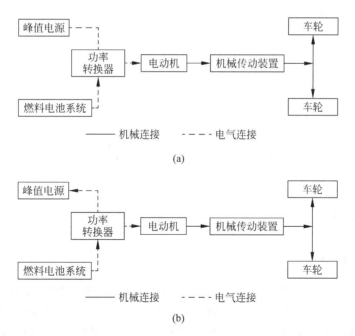

图 9.5 牵引模式车辆功率流
(a) 负载功率大于燃料电池所预设的最小功率；(b) 负载功率小于燃料电池所预设的最小功率

图 9.6 阐明了这一控制策略的流程框图。

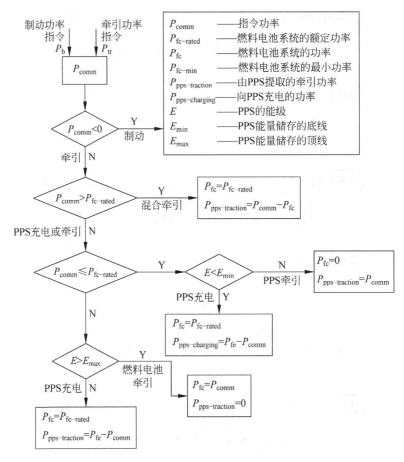

图 9.6 控制策略流程图

9.2 参数设计

9.2.1 驱动电动机

1. 电动机的选型

受有限的车内空间、恶劣的工作环境及频繁的运行工况切换影响,燃料电池汽车用电动机必须具有以下特性:高功率密度,以满足布置要求;瞬时过载能力强,以满足加速和爬坡要求;宽的调速范围(包括恒转矩区和恒功率区);转矩动态响应快;在运行的整个转矩-转速范围内具有高效率,以提高能量利用率;四象限运行,状态切换平滑;高可靠性及容错控制;成本合理。

燃料电池汽车用电动机的选型必须结合整车开发目标,综合考虑电动机驱动系统的特点。具体可参考表 9.1 所示的电动机驱动系统综合性能评价指标。由表 9.1 可知,异步电动机及永磁同步电动机总体性能较好,与世界范围内燃料电池汽车电动机驱动系统的发展趋势相一致。由于空间布置以及功率需求的原因,通常燃料电池客车较多采用异步电动机驱动系统,而燃料电池轿车较多采用永磁电动机驱动系统。

表 9.1 电动机驱动系统综合性能评价

项 目	直流电动机	异步电动机	永磁同步电动机	开关磁阻电动机
功率密度	2	3	5	3
效率	2	3	5	3
成本	4	5	3	4
可靠性	3	5	4	5
控制性	5	4	5	3
技术成熟度	5	5	4	3
安全性	4	5	3	5
总计	25	30	29	26

2. 电动机参数的确定

与传统汽车相类似,为保证各种行驶工况需要,满足汽车动力性要求,必须根据车辆动力性指标研究电动机驱动系统的性能参数,即由最高车速、加速时间和最大爬坡度 3 个指标来评定。电动机参数主要包括额定功率、最大功率、最大转矩、额定转速、最高转速以及扩大恒功率区系数。

定义扩大恒功率区系数 β 为电动机的最高转速 n_{max} 和额定转速 n_e 之比,即

$$\beta = \frac{n_{max}}{n_e} \tag{9.3}$$

(1) 电动机的最高转速。电动机的最高转速由最高车速和机械传动系统传动比确定,增大电动机的最高转速有利于降低体积、减轻质量,最高转速的增大导致传动比增大,从而会加大传动系统的体积、重量和传动损耗,因此应综合考虑各方面因素决定电动机的最高转速,即

$$n_{max} = \frac{30 u_{max} i}{3.6 \pi r} \tag{9.4}$$

式中 n_{max}——电动机最高转速(r/min);
u_{max}——汽车最高车速(km/h);
i——传动系统传动比,对于电动汽车,由于电动机转速较高,因此传动比较大,一般传动比为 8~15;
r——车轮滚动半径(m)。

(2) 最大转矩、最大功率、额定转速。电动机的最大转矩由最大爬坡度确定,汽车爬坡时车速很低,可忽略空气阻力,则有

$$T_{gmax} = \frac{r}{\eta i_0}(mg f \cos\alpha_{max} + mg \sin\alpha_{max}) \tag{9.5}$$

式中 T_{gmax}——根据最大爬坡度确定的最大转矩(N·m);
m——整车质量(kg);

f——滚动阻力系数；

η——机械传动系统效率；

$\alpha_{\max}$——最大坡道角(°)。

电动机的最大功率取决于加速时间，并与扩大恒功率区系数有关。在最高转速一定，并保证同等加速能力的情况下，电动机的扩大恒功率区系数越大，其最大功率越小，并随着扩大恒功率区系数的增大，最大功率趋于饱和。因此，扩大恒功率区系数的取值，对于降低电动机系统功率需求、减小电动机驱动系统重量与体积、提高整车效率，有着非常重要的意义。扩大恒功率区系数的取值取决于电动机驱动系统类型及控制算法，通常取 2～4。

水平路面上，车辆从 0 到目标车速 u_a 的加速时间为

$$t = \int_0^{u_a} = \frac{\delta m}{F_t - F_f - F_w} du \tag{9.6}$$

式中　δ——旋转质量换算系数；

F_t——车辆行驶驱动力(N)；

F_f——滚动阻力(N)；

F_w——空气阻力(N)。

车辆行驶驱动力与电动机峰值功率、最大转矩之间的关系为

$$F_t = \begin{cases} 9500 i_0 \dfrac{P_{\max}\eta}{n_e r} = T_{a\max}\eta i_0/r, & n \leqslant n_e \\ 9500 i_0 \dfrac{P_{\max}\eta}{nr}, & n > n_e \end{cases} \tag{9.7}$$

式中　$T_{a\max}$——为根据峰值功率 $P_{\max}$ 折算的恒转矩区电动机最大转矩。

给定汽车加速时间后，可根据式(9.5)和式(9.7)求得电动机峰值功率。一般峰值功率 $P_{\max}$ 满足加速性能指标要求，其折算后的最大转矩 $T_{a\max}$ 也可以满足汽车爬坡性能指标要求，即 $T_{a\max} > T_{g\max}$，因此，电动机最大转矩可设计为 $T_{\max} = T_{a\max}$，如果车辆爬坡度有特殊要求，则取 $T_{\max} = T_{g\max}$，并通过调整最大功率和扩大恒功率区系数重新匹配。

(3) 额定功率和额定转矩。电动机额定功率主要克服滚动阻力和空气阻力，可由式(9.8)确定：

$$P_e = (F_f + F_w)\frac{u}{3600\eta} \tag{9.8}$$

式中　u 可按车辆最高设计车速的 90% 或我国高速公路最高限速 120km/h 取值。

电动机的额定转矩为

$$T_e = 9550 P_e/n_e \tag{9.9}$$

(4) 工作电压。工作电压的选择涉及用电安全、元器件的工作条件等问题，工作电压过低，导致电流过大，从而导致系统电阻损耗增大；而工作电压过高，会对逆变器的安全性造成威胁。一般燃料电池汽车工作电压为 280～400V，但目前工作电压的设计有增高的趋势。

9.2.2 传动系统传动比

传动系统的总传动比是传动系统中各部件传动比的乘积,主要是变速器和主减速器的传动比的乘积。

电动机的机械特性对驱动车辆十分有利,因此,传动系统有多个挡位时,驱动力与内燃机汽车相比也有其特殊性,所以在选择挡位数和速比,确定最高车速时也与内燃机汽车不同。下面对可能出现的几种情况进行分析。

(1) 电动机从额定转速向上调速的范围足够大,即 $u_{max}/n_e \geqslant 2.5$ 时,选择一个挡位即可,即采用固定速比。这是一种理想情况。

(2) 电动机从额定转速向上调速的范围不够宽,即电动机最高转速不能满足 $u_{max}/n_e \geqslant 2.5$ 时,应考虑再增加一个挡位。

(3) 电动机从额定转速向上调速的范围较窄,满足 $u_{max}/n_e \leqslant 1.8$,此时增加一个挡位后车速无法衔接起来,或说明电动机参数与整车性能要求不匹配,可考虑再增加挡位,或者应考虑重新选择电动机的参数。

由于燃料电池电动汽车的动力全部由电动机提供,通过控制电动机能够在较大的范围满足车速要求,最大传动比根据电动机的最大转矩和最大爬坡度对应的行驶阻力确定,即

$$i \geqslant \frac{F_{amax} r}{\eta T_{max}} \tag{9.10}$$

式中 F_{amax}——最大爬坡度对应的行驶阻力(N)。

汽车大多数时间是以最高挡行驶的,即用最小传动比的挡位行驶。因此,最小传动比的选择是很重要的,应考虑满足最高车速的要求和行驶在最高车速时的动力性要求。

(1) 由最高车速和电动机的最高转速确定传动系最小传动比的上限,即

$$i_{min} \leqslant \frac{0.377 n_{amax} r}{u_{max}} \tag{9.11}$$

(2) 由电动机最高转速对应的最大输出转矩和最高车速对应的行驶阻力,确定传动系最小传动比的下限,即

$$i_{min} \geqslant \frac{F_{umax} r}{\eta T_{umax}} \tag{9.12}$$

式中 F_{umax}——最高车速对应的行驶阻力(N);

T_{umax}——电动机最高转速对应的最大输出转矩(N·m)。

9.2.3 燃料电池

燃料电池功率的选择,对燃料电池电动汽车动力系统的结构设计非常重要。燃料电池功率偏大,车辆的成本增加;燃料电池功率偏小,在某些大负荷行驶工况(如加速、爬坡等)需要辅助能源提供的动力增加,这使得燃料电池数量增加,整车质量、成本上升,系统效率下降,整车布置难度增加,燃料电池均衡控制难度增加等。

燃料电池电动汽车是由燃料电池提供平均行驶功率。在加速、爬坡、高速等大负荷工况下蓄电池输出电能辅助驱动,因而燃料电池功率选择的依据是平均行驶阻力功率。

平均行驶阻力功率是由车辆整车参数和行驶工况决定的,可用下式表达,即

$$P_{\text{ave}} = \frac{1}{T}\sum_{i=1}^{n}P_i t_i \tag{9.13}$$

式中　P_{ave}——平均行驶阻力功率(W);
　　　t_i——第 i 个功率区行驶时间(s);
　　　T——总的行驶时间(s)。

对于燃料电池城市客车,平均行驶阻力功率也可以选取中国典型城市循环工况来确定,如图 9.7 所示。

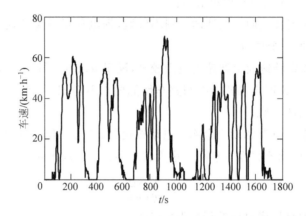

图 9.7　中国典型城市客车循环工况

平均行驶阻力功率可由加速和匀速行驶过程中消耗的能量来计算:

$$P_{\text{ave}} = \frac{1}{t_a + t_v}\left[\sum_{i=1}^{n}\int_{0}^{t_{a\_i}} F_t u \mathrm{d}t + \sum_{j=1}^{n}\int_{0}^{t_{v\_j}} F_t u \mathrm{d}t\right] \tag{9.14}$$

式中　$t_a = \sum_{i=1}^{m} t_{a\_i}$;
　　　$t_v = \sum_{j=1}^{n} t_{v\_j}$;
　　　t_{a_i}——第 i 个加速行驶时间(s);
　　　t_{v_j}——第 j 个匀速行驶时间(s);
　　　u——车速(m/s)。

实际计算中,燃料电池电动汽车的燃料电池应能单独提供汽车最大速度稳定运行所要求的功率,并留有一定的富余功率对蓄电池充电,所以按汽车的最高车速下的平均行驶阻力功率计算燃料电池的需求功率:

$$P_{\text{fc}} = \frac{1}{\eta_t \eta_m \eta_c}\left(\frac{Gfu_{\max}}{3600} + \frac{C_d A u_{\max}^3}{76\,140}\right) \tag{9.15}$$

式中　P_{fc}——汽车最高车速下的平均行驶阻力功率(W);
　　　η_m——转换器的效率;
　　　η_c——DC/DC 转换器的效率。

燃料电池输出功率大部分转化为驱动能量,剩余部分用于满足辅助系统的功率需求。在纯燃料电池驱动的情况下,输出功率为

$$P_{fc\_out} = P_{fc} + P_{fc\_par} \tag{9.16}$$

式中 P_{fc_out}——燃料电池的输出功率(W);

P_{fc_par}——辅助系统的功率需求(W)。

在车辆实际运行时,为了保证对电动机的电力供应以及对蓄电池进行充电,燃料电池应留有一定的后备功率。

由此可见,燃料电池功率的选择应遵循以下原则:

(1) 荷电状态 SOC 值在循环工况前后维持不变,从而确保燃料电池是整个行驶过程中功率消耗的唯一来源,因此燃料电池的功率应大于平均行驶阻力功率。

(2) 燃料电池的最大功率应不高于车辆以最高车速稳定行驶时的需求功率,避免燃料电池单独驱动状态下有过多的富余功率。

9.2.4 辅助动力源

燃料电池电动汽车的辅助动力源为蓄电池组,在汽车起步时,完全由辅助动力源提供动力;当汽车在加速或爬坡等工况时,辅助动力源为主动力源提供能源补充,同时在汽车制动时吸收制动回馈的能量。

1. 电池类型的选择

辅助动力源用的蓄电池要在整车有较大功率需求时,可以进行大电流的放电,待燃料电池响应跟上后放电电流就大幅降低,大电流放电的持续时间不长;在整车进行制动回馈时,又可以在短时间内接受较大电流的充电,即电池要具有瞬间大电流充/放电的能力。虽然充/放电电流很大,但由于持续时间都较短,因此电池的充电或放电深度都不大,电池的 SOC 值的波动范围也不大。表 9.2 介绍了几种不同类型的辅助动力源蓄电池主要性能的比较。

表 9.2 几种不同类型的辅助动力源蓄电池主要性能

电池类型	能量密度/ $(W \cdot h \cdot kg^{-1})$	功率密度/ $(W \cdot kg^{-1})$	适用类型	其他描述
铅酸电池	30~45	200~300	辅助动力	现有生产维护设备完善,回收利用率高,但低温性能差
镍镉电池	40~60	150~350	辅助动力	现有生产维护设备完善,但高温性能差,需要有散热系统,回收困难且费用高,对人体有害
金属氢化物镍电池	60~70	150~300	两者皆可	高温时电压变化大,自放电率高,需要有散热系统,制造成本较高
锂离子电池	90~130	250~450	两者皆可	高温时周期寿命下降,低温放电时电压特性较差,使用时要严禁过充过放,安全性要求很高

从表 9.2 的分析看,电池的选型存在诸多方案,但目前主流是金属氢化物镍电池和锂离子蓄电池。其中,金属氢化物镍电池目前已在电动工具、电动车辆和混合动力汽车中逐步得到应用,如日本丰田汽车公司的混合动力汽车 Prius 中采用的就是金属氢化物镍电池。而锂离子蓄电池的诸多优点也引起世界各国极大的研究兴趣,日本、美国、加拿大、法国、德国等都已经在电动车用锂离子蓄电池的开发方面取得了很大进展,如通用汽车公司为了在其新版的 Hy-Wire 上提高效率,配备了法国 SAFT 公司生产的锂离子蓄电池。

对于燃料电池电动客车,超级电容器作为辅助动力源是一个新选择。超级电容器是依靠电解质与电极间形成特有的电双层结构和电极表面的氧化还原反应来存储能量,比能量是普通电容的 10~100 倍,循环使用寿命是 500 000 次。

超级电容器在充/放电的整个过程中,没有任何化学反应和高速旋转等机械运动,不存在对环境的污染,也没有任何噪声,结构简单,重量轻,体积小,是一种更加理想的储能器。超级电容器极低的能量密度使得它不可能单独用作电动客车的能量源,但作为辅助能量源使用时具有显著优点:在汽车起动和爬坡时快速提供大功率电流,在正常行驶时为主动力源快速充电,在制动时快速存储发电机产生的大电流,这可以减少电动客车对蓄电池大电流充电的限制,提高电动客车的实用性。

2. 蓄电池参数的确定

蓄电池的参数由以下因素确定:
(1) 能回收大部分制动能量;
(2) 在混合驱动模式下,能满足车辆驱动和辅助电器系统的功率需求。

蓄电池的功率需求包括最大放电功率需求和最大充电功率需求。对于燃料电池汽车,蓄电池的首要作用是提供瞬时功率。根据整车的动力性能要求,分析各个工况,如汽车起步、爬坡、超车等的功率需求,除以机械效率,可以得到对动力源的最大功率需求。该功率由蓄电池和燃料电池共同提供。

当汽车长时间匀速行驶时,可以认为此时功率仅由燃料电池提供。由此可以计算出燃料电池的功率,则系统对蓄电池的放电功率需求为总功率需求减去燃料电池的功率。

另外,汽车在紧急制动时产生的制动功率很大,但以此功率来设计蓄电池的最大充电功率是不合理的。实际上,制动能量回收效益最明显的是在城市循环工况下,根据城市循环工况的统计特性来选择最大充电功率。

根据上述分析,蓄电池的额定功率可由式(9.17)确定:

$$P_{\text{bat\_rat}} = \frac{P_{\max}}{\eta_{\text{m}}} + P_{\text{aux}} - P_{\text{fc\_out}} + P_{\text{fc\_par}} \tag{9.17}$$

式中　$P_{\text{bat\_rat}}$——动力蓄电池的额定功率;
　　　P_{aux}——车辆辅助电气系统的功率需求。

蓄电池的质量为

$$m_{\text{bat}} = \frac{P_{\text{bat\_rat}}}{\rho_{\text{bat\_pow}}} \tag{9.18}$$

式中　m_{bat}——蓄电池的质量(kg);
　　　$\rho_{\text{bat\_pow}}$——蓄电池的功率密度(W·h/kg)。

蓄电池的额定容量为

$$Q_{\text{bat}} = \frac{m_{\text{bat}}\rho_{\text{bat\_en}}}{U_{\text{bat\_rat}}\eta_{\text{bat\_dis}}} \tag{9.19}$$

式中　Q_{bat}——蓄电池的额定容量（A·h）；

　　　$\rho_{\text{bet\_en}}$——蓄电池的能量密度（W·h/kg）；

　　　$U_{\text{bat\_rat}}$——蓄电池的额定电压（V）；

　　　$\eta_{\text{bat\_dis}}$——蓄电池的放电效率。

9.3　设计实例及仿真分析

应用上述章节中构筑的设计方法，已完成一辆配置燃料电池混合动力驱动系的客车设计。为进行比较，也完成了单独配置燃料电池系统的该同型客车的仿真研究。仿真结果示于表9.3、图9.8和图9.9中。设计与模拟结果显示，相比于单独配置燃料电池的车辆，在相同性能前提下，燃料电池混合动力车辆具有更高的燃料效率。

表 9.3　1500kg 客车分别采用燃料电池混合动力配置和燃料电池单独配置设计的仿真结果

		燃料电池混合动力配置	燃料电池
车辆质量/kg		1500	1500
电动机额定功率/kW		70	70
燃料电池系统额定功率/kW		40	83
峰值电源最大功率/kW		43	—
峰值电源中最大能量储存/(kW·h^{-1})		1.5	—
0～100km/h 加速时间/s		12	12
爬坡能力（在100km/h 车速下）/%		5	5
燃油经济性	恒定车速(100km/h)	1.81L/100km 或 130mile/USgal（汽油，等值） 0.475kg(H$_2$)/100km 或 131mile/kg(H$_2$)	1.91L/100km 或 123mile/USgal（汽油，等值） 0.512kg(H$_2$)/100km 或 124mile/kg(H$_2$)
	FTP75 市区行驶工况	2.93L/100km 或 80mile/USgal（汽油，等值） 0.769kg(H$_2$)/100km 或 80.4mile/kg(H$_2$)	4.4L/100km 或 53.4mile/USgal（汽油，等值） 1.155kg(H$_2$)/100km 或 53.7mile/kg(H$_2$)
	FTP75 高速公路行驶工况	2.56L/100km 或 87.7mile/USgal（汽油，等值） 0.695kg(H$_2$)/100km 或 89.1mile/kg(H$_2$)	2.9L/100km 或 81mile/USgal（汽油，等值） 0.762kg(H$_2$)/100km 或 81.4mile/kg(H$_2$)

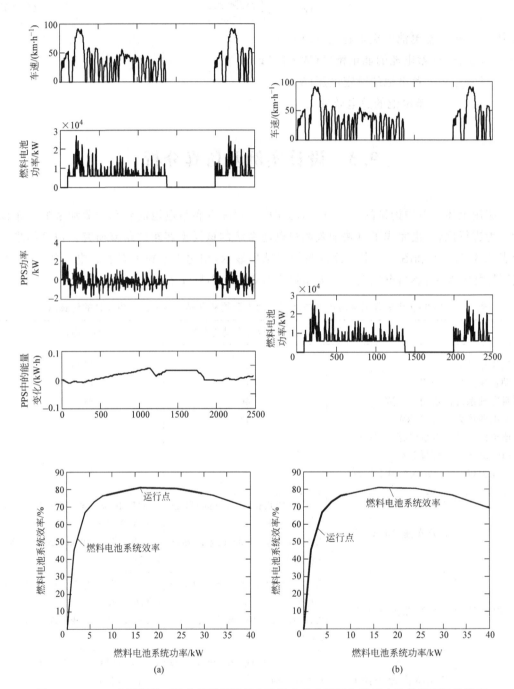

图 9.8 FTP75 市区行驶工况分别采用燃料电池混合动力配置和燃料电池单独配置的客车
(a) 混合动力驱动；(b) 燃料电池单独配置的驱动系

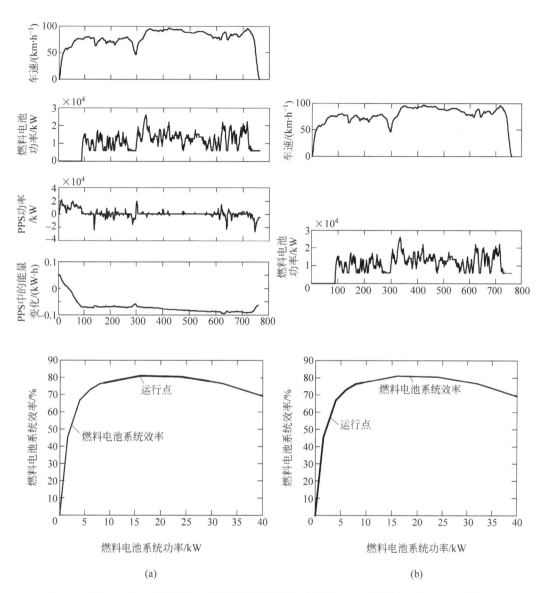

图 9.9 FTP75 高速公路行驶工况分别采用燃料电池混合动力和燃料电池单独配置的客车
(a) 混合动力驱动系统；(b) 燃料电池单独配置的驱动系

思 考 题

1. 燃料电池汽车有哪些类型？其特点是什么？
2. 燃料电池汽车由哪几部分组成？其作用是什么？
3. 在燃料电池汽车设计中，如何确定燃料电池、电动机和蓄电池参数？

参 考 文 献

[1] 崔胜民. 新能源汽车概论[M]. 北京：北京大学出版社, 2015.
[2] Gao Y, Ehsani M. Systematic design of fuel cell powered hybrid vehicle drive train[J]. Society of Automotive Engineers (SAE) Journal, Paper No. 2001-01-2532, Warrendale, PA, 2001.
[3] Tran D, Cummin M. Development of the jeep commander fuel cell hybrid electric vehicle[Z]. SAE Technical Paper, 2001-01-2508, 2001, https：//doi.org/10.4271/2001-01-2508.
[4] Ott J B, Boeriogoates J. chemical thermodynamics: advanced applications [M]//Chemical Thermodynamics: Advanced Applications. 2000.
[5] Sandler, Stanley I. Chemical and Engineering Thermodynamics[M]. Wiley, 2002.
[6] Messerle H K, Declaris N, Booker H G. Energy Conversion Statics[J]. Energy conversion statics, 2013, 26(6): 332-333.